教育部人文社会科学研究项目"司法裁判中的中国思维"
（20YJA820026）研究成果
山东大学（威海）2021年度教学研究与教学改革重点项目"法科学生实践理性养成模式及路径研究"（Z2021009）研究成果

多元法律逻辑与思维研究

张传新　贾建军 / 著

DUOYUAN FALÜ LUOJI YU SIWEI YANJIU

知识产权出版社
全国百佳图书出版单位
—北京—

图书在版编目（CIP）数据

多元法律逻辑与思维研究／张传新，贾建军著．—北京：知识产权出版社，2023.9
ISBN 978－7－5130－8935－7

Ⅰ.①多… Ⅱ.①张… ②贾… Ⅲ.①法律逻辑学 Ⅳ.①D90－051

中国国家版本馆 CIP 数据核字（2023）第 179458 号

责任编辑：李学军　　　　　　　　责任校对：潘凤越
封面设计：刘　伟　　　　　　　　责任印制：孙婷婷

多元法律逻辑与思维研究

张传新　贾建军　著

出版发行	知识产权出版社有限责任公司	网　　址	http://www.ipph.cn
社　　址	北京市海淀区气象路 50 号院	邮　　编	100081
责编电话	010－82000860 转 8559	责编邮箱	752606025@qq.com
发行电话	010－82000860 转 8101/8102	发行传真	010－82000893/82005070/82000270
印　　刷	北京建宏印刷有限公司	经　　销	新华书店、各大网上书店及相关专业书店
开　　本	720mm×1000mm　1/16	印　　张	15.25
版　　次	2023 年 9 月第 1 版	印　　次	2023 年 9 月第 1 次印刷
字　　数	236 千字	定　　价	98.00 元
ISBN 978－7－5130－8935－7			

出版权专有　侵权必究
如有印装质量问题，本社负责调换。

目 录 Contents

绪　言 ……………………………………………………………… 1

　　一、传统法律逻辑 ………………………………………………… 3
　　二、经典法律逻辑 ………………………………………………… 6
　　三、非形式法律逻辑 ……………………………………………… 14
　　四、现代广义模态法律逻辑 ……………………………………… 18

第一章　法律分析中的形式逻辑与非形式逻辑　　23

　　一、对形式逻辑作为法律思维基础的批判 …………………… 23
　　二、三个论证的形式逻辑表达理论 …………………………… 25
　　三、作为法律分析工具的形式逻辑与非形式逻辑的关系 …… 35

第二章　标准道义逻辑及其悖论与消解　　39

　　一、经典道义逻辑系统 CDL ……………………………………… 39
　　二、一元标准道义逻辑系统 SDL ………………………………… 43
　　三、二元标准道义逻辑系统 DSDL ……………………………… 55

第三章　规范推理的优先性、可废止性及其逻辑刻画　　67

　　一、规范推理的优先性与可废止性 …………………………… 68
　　二、基于特异性的缺省道义逻辑 ……………………………… 76
　　三、可废止道义逻辑论辩框架 ………………………………… 82

1

四、基于偏好（优先）的可废止道义逻辑 …………………… 88

五、多重优先性的可废止道义逻辑 ………………………… 97

第四章　自适应逻辑的基本思想及其标准格式　　111

一、自适应逻辑的主要思想 …………………………………… 111

二、SAL 的一般结构 …………………………………………… 112

三、SAL 的证明论 ……………………………………………… 114

四、SAL 的语义模型 …………………………………………… 117

五、SAL 的上限逻辑的性质 …………………………………… 118

六、SAL 的可靠性和完全性 …………………………………… 119

七、SAL 的其他一些重要性质 ………………………………… 120

第五章　一个容纳规范冲突的自适应逻辑系统 ALCDPM　　122

一、容纳规范冲突的道义逻辑的各种可能进路及其批判 …… 122

二、规范推理的基本模式及相关概念的界定 ………………… 127

三、自适应道义逻辑 ALCDPM 的基本元素 ………………… 132

四、自适应道义逻辑 ALCDPM ……………………………… 151

五、结语 ………………………………………………………… 156

第六章　法律推理的一般过程与特征　　158

一、法律推理的含义 …………………………………………… 158

二、法律推理的一般过程 ……………………………………… 159

三、法律推理的特征 …………………………………………… 160

四、形式法律推理与实质法律推理 …………………………… 163

第七章　法律中的逻辑分析方法　　171

  一、逻辑分析方法的含义和作用 …………………… 171
  二、关于法律逻辑的误解及澄清 …………………… 175
  三、法律逻辑分析方法的特点 ……………………… 180

第八章　司法审判中的求同思维批判　　183

  一、"5·18"案件简介 ……………………………… 184
  二、"5·18"案件中的求同思维 …………………… 187
  三、求同思维的制度性根源及改进 ………………… 194

第九章　当下司法中权变思维的滥用与规制　　200

  一、司法实践中的权变思维 ………………………… 200
  二、权变思维滥用的原因解析 ……………………… 207
  三、权变思维滥用的规制 …………………………… 210
  四、结语 ……………………………………………… 214

第十章　社会学解释：法官职业思维与大众传统思维的兼容路径　　215

  一、法官职业思维与大众传统思维的冲突 ………… 215
  二、社会学解释对法官职业思维与大众传统思维的协调 …… 220
  三、社会学解释在我国司法实践中的具体适用 …… 223
  四、结语 ……………………………………………… 225

参考文献　　227

后　记　　237

绪　言

在国内召开的一些以法律逻辑为主题的学术研讨会上，常常有一些与会的法学家（通常是会议组织方的领导）会说："我不懂逻辑。"笔者不明白，这仅仅是一种谦辞，还是表明不懂逻辑并不影响对法学的学习和研究。如果说国内法学家对法律逻辑的"蔑视"看起来还比较含蓄的话，域外法学界对法律逻辑的质疑就更为直截了当了，如英国法学家哈特所言："本世纪初以来，法理学者尤其是美国的法理学者，主要从事法院审判案件的推理方式的批判性研究。在这种研究中，产生了各种各样的理论。这些理论都在讨论司法判决过程中，常常模糊地被称为'逻辑'的东西的实际或恰当的地位，其中大多数人属于怀疑论，怀疑论者试图表明，尽管表面上演绎推理和归纳推理起着重要作用，但实际上它们仅起着次要作用。这些论者对'逻辑'和'经验'进行比较（正像霍姆斯著名格言所说的：'法律的生命不在于逻辑，而在于经验"），或者一方面对'演绎主义'或'形式主义'，另一方面对'创造性选择'或'合理的直觉'进行比较。一般来说，这种理论倾向于主张，虽然司法判决过程的表面特点表现为逻辑方法和逻辑形式，但这种过程的真正特点表现为'经验''形式主义'或'合理的直觉'。根据这种理论的某些变种理论，虽然演绎推理和归纳推理意义上的逻辑不起什么作用，但仍有法院在判案中确实或应当遵循的其他法律推理程序或理性标准，而根据较为极端的变种理论，法院判决基本上是任意的。"[①]

以上情况或许反映了法学界对于法律逻辑的一般态度，而那些坚决捍卫逻辑对于法学具有重要意义的学者的回应似乎也不客气。奥地利法学家伊尔

[①] ［英］哈特：《法律推理问题》，刘星译，载《环球法律评论》1991年第5期。

玛·塔麦洛在谈到逻辑对于法律人的作用时,引用了其悉尼的同事让·克林格讲的一则寓言故事。"应用法律逻辑进行思维与不应用法律逻辑进行思维的法律人之间的差异,同四脚走路的人与直立行走的人之间的差异是完全相同的。那些法律逻辑的嘲笑者的论调同四脚走路者的论调从本质上也是完全相同的。"① 这则故事对于那些怀疑逻辑的法律人而言似乎刻薄了些,但更重要的是人们可能会质疑,即使不用逻辑进行法律思维如同四脚爬行,但如果已经习惯了四脚爬行,并且爬得很稳,也能够顺利地到达希望去的地方,为什么非得改为直立行走呢?毕竟伊尔玛·塔麦洛自己也承认:"要真正认识到现代逻辑在法律中的应用价值就必须接受足够的现代逻辑训练,掌握应用现代逻辑的专门知识和技能。很显然这是很多法律人不愿意或难以做到的。"② 随着社会的发展,法律体系日益复杂庞大,法律人掌握更专业的法律知识理论、方法技能已属不易,真不能奢望他们都成为逻辑学家,或者拥有现代逻辑的基本素养。因此,要揭示逻辑方法对于法律思维的重要意义,我们不能仅限于过于专业的逻辑知识理论体系,应基于大逻辑观,多角度、多方位地探究逻辑在法律实践中的广泛应用,而基于逻辑观念的历史演化,笔者认为这些角度至少涉及传统逻辑、现代逻辑与非形式逻辑三个面向。

1880 年,霍姆斯在批评兰德尔的逻辑至上法学理论时,讲了一句被后人广为引用的法律格言:"法律的生命不在于逻辑,而在于经验。"然而,霍姆斯与兰德尔都没有意识到,一年之前,一场以弗雷格《概念文字》的发表为标志的逻辑学革命已经开始③。之后,逻辑学在 100 多年的时间内获得突飞猛进的发展,而关于逻辑对于法律的价值与作用的争论日趋激烈。大量的文献及学术活动可以说明,在近现代法学理论研究中,法律与逻辑的关系问题是一个重要并且依然众说纷纭的论题。有把逻辑三段论视为法制基石的概念法学;有极力否定法律中逻辑作用的自由法学、现实主义法学和后现代法学。

---

① [奥] 伊尔玛·塔麦洛:《现代逻辑在法律中的应用》,李振江、张传新、柴盼盼译,中国法制出版社 2012 年版,序言。
② [奥] 伊尔玛·塔麦洛:《现代逻辑在法律中的应用》,李振江、张传新、柴盼盼译,中国法制出版社 2012 年版,序言。
③ Susan Haack, On Logic in the Law: "Something, but not All", Ratio Juris, Vol. 20, No. 1, March 2007, pp. 1 – 31.

在建构相关法律逻辑体系方面，有坚持逻辑方法是分析和评价法律论证的最古老理论模式，在逻辑方法中，形式有效性的标准是最基本标准的形式逻辑学派，如克卢格、索特曼、魏因博格尔等；有强调形式逻辑对于法学的局限性，倡言以法律论辩、修辞学理论基础建立法律论证模式的非形式逻辑学派，如图尔敏、佩雷尔曼、麦克米克、阿历克西、哈贝马斯、阿尔尼奥、佩策尼克等；也有基于现代广义模态逻辑理论，建立形式化的法律推理模型并对其有效性予以判定的现代逻辑学派，如普拉肯、哈格、萨特等。之所以产生如此大的分歧，根本原因之一在于不同的人对逻辑有不同的理解。逻辑学是一门古老的科学，从它产生至今已有两千多年的历史。逻辑理论的历史大致经历了传统逻辑和现代逻辑两个阶段；而现代逻辑的发展又经历了由经典逻辑到非经典逻辑的变革。不同法律逻辑理论的逻辑基础并不相同，如果不对各类法律逻辑的性质、特点、范围、功能进行深入分析，关于法律与逻辑关系的讨论是不会得出什么有价值的结论的。

一、传统法律逻辑

逻辑学的产生与发展都与法律有密切的关系。首先，逻辑学的产生与法律有密切的关系，人们普遍认为，法庭论辩是传统逻辑学产生的两大源泉之一。古希腊智者学派最先将逻辑知识和技能运用于法庭论辩，如普罗泰格拉等，而我国春秋战国时期的逻辑学家邓析等人也是著名的讼师，并广泛运用逻辑技巧作为其法律论辩的重要工具。同时，逻辑学对于法学的发展也产生了极大的推动作用。逻辑史学家黑尔蒙曾指出，三段论的逻辑形式早在古埃及和美索不达米亚的司法判决中就已经有所运用了。古巴比伦的《汉谟拉比法典》也是用逻辑的对立命题与省略的三段论方式来宣示法律规则的。[①] 在西方，古希腊哲学家亚里士多德等发展起来的一套严密的逻辑理论体系对于罗马法的发展曾产生了深远的影响，加上罗马的法学家们对于各种法律概念、法律关系的探讨和阐述，终于使罗马法摆脱了其他古代法律体系不合理性、

---

① 转引自《中国逻辑思想论文选（1949—1979）》，生活·读书·新知三联书店1981年版，第5页。

不合逻辑的轨迹，成长为一个博大精深、结构严谨的体系。这种讲究逻辑严密的传统对后世西方各国的立法与司法影响至大。①

19世纪中叶以前，以亚里士多德逻辑为主的传统逻辑支配着逻辑领域。公元前4世纪，亚里士多德建立了历史上第一个演绎逻辑系统（主要是三段论学说），像我们熟悉的三段论图式"所有的As是Bs，所有的Bs是Cs；因此，所有的As是Cs"。他还研究了归纳理论，确定了逻辑思维的基本规律，从而建立了比较完整的逻辑体系。在亚里士多德之后，古希腊的斯多葛学派着重研究了假言命题、选言命题、联言命题等"复合命题"的推论理论。在该逻辑中，论证"如果p，那么q；p；所以q"可以被形式地表达。"传统逻辑"主要是指后来有所发展的这两部分理论，尤其是亚里士多德的理论。传统逻辑在当时被认为是绝对的完美而不受质疑，所以，康德说"逻辑是一种完成了的科学，它的一切要点在亚里士多德著作中就完成了"。也正是因为对于逻辑学的这种自信，促使人们将法律制度的确定性、稳定性、一致性建立在了传统逻辑学的基石之上。这一理论的主要代表是分析法学，其主要特点是：第一，以法治为基础，第一次确立了作为制度形态的法律推理的自主性。第二，在法律推理标准上，法律推理要求使用内容明确固定的规则，并将其法典化，裁判者根据纠纷中各方实质上的是非曲直作出决定，追求形式正义和正当性。它把一致地适用普遍的规则看作正义的基石，并认为只有独立于相互冲突的价值观而选择的标准或原则，其推理结论才具有真正的有效性。第三，在推理方法上以逻辑推理为主导形式。这种观点认为，一切法律问题都可以通过应用明确的、不变的规则作出决定，因此，一切法律问题的答案都是在人们的意料之中，唯一可用的法律推理方法就是逻辑的演绎三段论。在这种模式中，法律规则是大前提，案件事实是小前提，法官只需通过逻辑的演绎推理便能得出明确的法律判决结果。② 这样一种观点建立在以下理论

---

① 贺卫方：《中国古代司法判决的风格与精神：以宋代判决为基本依据兼与美国比较》，载《中国社会科学》1990年第6期。王洪：《司法判决与法律推理》，时事出版社2002年版，第80页。
② 这方面的成就之一是1804年《法兰西民法典》，按照拿破仑的观点："将法律化成简单的几何公式是完全可能的，因此，任何一个能识字的并能将两个思想连接在一起的人，就能做法律上的裁决。"转引自沈宗灵：《现代西方法理学》，北京大学出版社1992年版，第329页。

设计之上：第一，每一项具体的法律决定都是某一抽象的法律命题对某一具体"事实情景"的适用；第二，在每一具体案件中，都必定有可能通过逻辑的方法从抽象的法律命题中导出判决；第三，法律必须实际上是一个由法律命题构成的"无空隙"的体系，至少也要如此被看待；第四，所有不能用法律术语合理分析的东西都是与法律无关的；第五，人类的所有社会行为都必须构成或者是对法律命题的"适用"或"执行"，或者是对它的"违反"，因为法律体系的"无空隙性"必然导致对所有社会行为的无空隙的"法律排序"。但是，事实证明，这种认定制定法律完整无缺、法律和事实严格对应、法官如同"自动售货机"的法治观念，不过是一种幻想，一种"法律神话"。1912年《瑞士民法典》对法律缺漏以及法官补缺作用的明确承认，则是对这种法治观念的彻底否认。[①] 这种法律逻辑观点最大限度地保证了判决结果的确定性和一致性，从而满足了人们对法律的这方面的要求，并且这一理论建立在分权的政治基础之上，而数学、科学在推动社会进步方面的巨大作用也诱使人们把数学、科学领域所运用的推理方法扩张到社会科学、人文科学包括法学的研究中来，因此，以奥斯汀为代表的分析法学的法律推导理论成为近现代最为重要的法律推理理论之一。[②] 但是这一理论的缺陷也是显而易见的，法律规则常常是模糊不清的，甚至相互矛盾或者存在一些漏洞，因此在法律推理过程中往往存在着实质的争辩和驳难，在这些情况下，形式主义推理理论的僵化和无奈就暴露无遗，使逻辑在法律中的作用日益受到挑战，法律思维中的道德和社会价值等实质性问题受到重视。特别是分析法学的一支被称为"概念法学"的理论在德国兴起，其理论的片面性，以及它实际上为希特勒纳粹政府所利用的历史，使它在第二次世界大战以后为人们所摒弃，传统的分析法学也因此蒙上了阴影，被认为是不顾法律的道德性，为专制和

---

① 《瑞士民法典》第1条第2、3款规定：如本法没有可为适用之规定，法官应依据习惯法，习惯法也无规定时，法官应根据其作为法官阐发的规则判案，在此他要遵循业已公认的学说和传统。它以鲜明的语言表达了自形式主义法学衰微以来人们普遍承认的一个事实：法律存在漏洞，需要法官通过创制活动予以填补。法国法学家惹尼说："也许这是现代立法者第一次以一般规定正式承认法官在立法上的不可缺少的作用。"该法典的做法代表了大陆法系国家以后的立法走向。转引自张志铭：《法律解释操作分析》，中国政法大学出版社1999年版，第28页。

② 这一理论在我国也有广泛影响，一些以法律逻辑命名的教材和一些法理学教材中采用此观点。

暴政辩护的法学理论的代名词,受到强烈的责难和批判,直到以哈特为代表的新分析法学才重新获得声誉。自20世纪初以来,法理学者尤其是美国的法理学者,对法院审判案件的推理方式进行了广泛而深刻的批判性研究。在这些研究中,产生了各种各样的理论。"这些理论都在讨论司法判决过程中,常常模糊性地被称为'逻辑'的东西的实际或恰当的地位,其中大多数属于怀疑论。怀疑论者试图表明,尽管表面上演绎推理和归纳推理起着重要作用,但实际上它们仅起着次要作用。一般来说,这种理论倾向于主张,虽然司法判决过程的表面特点表现为逻辑方法和逻辑形式,但这种过程的真正特点表现为'经验''形式主义'或'合理的直觉'。根据这种理论的某些变种理论,虽然演绎推理和归纳推理意义上的逻辑不起什么作用,但仍由法院在判案中确实或应当遵循的其他法律推理程序或理性标准;而根据较为极端的变种理论,法院判决基本上是任意的。"① 对传统法律逻辑的责难主要包括以下几个方面:(1)逻辑推理只能解决简单案件,而不能解决疑难案件。(2)法律文本的不周延性、相互矛盾及缺漏,使推理无法进行下去,因而需要实质推理加以补充。(3)真正的法律推理实际上从来没发生过,所谓的三段论式推理的依法判案,不过是一种包装。(4)逻辑推理模式使法律出现了机械性和僵化模式。②

二、经典法律逻辑

传统法律逻辑受到广泛的批判而声名狼藉,主要原因之一是它的野心,企图以逻辑的方法一劳永逸地解决法律的难题。但是,在历史上这个靶子真的存在吗?就以霍姆斯对兰德尔的批判来说,事实上兰德尔并不拒绝,而是明确地承认"每一个学说和原则,也就是法律体系的每一个核心概念的真实性,都是经历了一个缓慢的发展过程才达到现在这种状况;……它在不断地发展,在数个世纪内的许多案件中不断地扩展。"③ 也就是说,虽然兰德尔强

---

① [英] 哈特:《法律推理问题》,刘星译,载《法学译丛》1991年第5期。
② 谢晖、陈金钊编:《法理学》,高等教育出版社2005年版,第476–481页。
③ Susan Haack, On Logic in the Law: "Something, but not All", Ratio Juris, Vol. 20, No. 1, March 2007, pp. 1–31.

调逻辑的重要性，甚至至上性，但并不认为逻辑是法律的一切。而新分析法学代表人之一伊勒玛·塔麦洛也说："逻辑学家们无意使他们对法律的服务超出律师为方便地、忠实地用智力去处理法律问题时所必须具备东西的范围。法律逻辑学者们在他们所从事的法律方面的工作中，并没有泛逻辑的劲头或野心。那些有这些劲头或野心的人们证明自己对形式法律推理的性质和范围的认识有缺陷，总的来说，他们对逻辑学并不内行。就法律领域的实际工作而论，逻辑学仅仅是律师为透彻而深刻地处理他们的问题所必须凭借的若干基本思维学科之一。"[①] 假如这个靶子根本不存在，或者说仅仅是出于误解，那么对它的批评也就属于无的放矢了。笔者认为传统法律逻辑受到批判与其说是它的形式化野心太大，不如说是第二个原因，即它所依赖的逻辑技术过于薄弱。传统逻辑的建立和发展，在人类文明进步的历史中意义是重大的，但它也有很大的缺陷和局限性。主要表现为其非严格的形式化方法及其有限的推理形式不能严格、精确地解释大量的法律推理，这与近代社会以来人们对于理性思维的精确性要求发生冲突。因此，在17世纪末，德国哲学家莱布尼兹提出用数学方法处理演绎逻辑，把推理变成逻辑演算的光辉思想。1879年，德国数学家、逻辑学家弗雷格构造了一个严格的逻辑演算公理系统（一阶谓词演算）。由弗雷格首创，后来得到改进和发展的一般逻辑理论被称为经典的现代逻辑。到20世纪中期，经过布尔、皮尔士、弗雷格、罗素、歌德尔等人的不懈努力，经典逻辑的谓词演算、模型理论、公理集合论、递归论和证明论相继建立。现代逻辑发展的关键一步是布尔逻辑代数，它可以被解释成命题演算、概率演算或者类的演算。不像以前的其他逻辑，它的命题逻辑和谓词逻辑是统一的，并且能够表达涉及关系谓词的论证。不像亚里士多德三段论只能用一元谓词表达一元性质，像"马"或者"动物"。弗雷格-皮尔斯逻辑可以表达关系，即可以用多元谓词表达多元关系，像"A比B高"。这样它就能够表达此类论辩"所有的马是动物，所以，任意东西如果是马头，那么它是动物头"。更重要的是，表达涉及关系谓词像"更高、后继的

---

① ［美］伊勒玛·塔麦洛：《形式法律推理的潜力和展望》，蔡希杰、陆升、张兆梅译，载《逻辑学会资料（一）》，北京市逻辑学会1982年1月编印。

后继"。① 霍姆斯对兰德尔的批判明显是建立在把逻辑理解为亚里士多德逻辑，即主要是三段论的基础之上的，兰德尔的方案中存在一些相当明显的缺陷，而霍姆斯却没有发现。第一，霍姆斯没有指出兰德尔对法律概念进行分析的方案的不充分之处。例如，兰德尔告诉我们，他提供的不是对契约概念的一般分析，而是对契约的法律概念的分析。乍看起来他的意思一定是"对于所有的合同案例来说的一般概念"———一些大概有待于通过统查所有相关案例及其核心概念而作出判断的概念。但是，需要注意的是，在1880年，邮筒规则在有些州存在，在另一些州并不存在，不免让人困惑：在什么管辖范围内的法律概念——在纽约，还是在马萨诸塞州？什么时候的法律概念——1880年，还是2006年？当兰德尔断言一些案件判决错误，因为法院使用的契约法律概念错误时，这意味着他承认不存在一个对所有的案件都通用的融贯的概念。然而如果是这样，他用什么样的标准判断一些案件被正确地判决，而另一些案件没有被正确判决呢？另外，霍姆斯也没有质疑究竟怎样运用亚里士多德逻辑语言表示兰德尔合同法科学中的关键原则和论辩，或者说没有注意到兰德尔关于邮筒规则的论证的陈述所应用的三段论形式事实上根本不是三段论的形式，因为契约概念本质上是涉及关系的，不只是因为一个契约本质上是相关的——A 承诺 B，接着为了该承诺又承诺 C，去做 X；而是因为逻辑学家们明白，在霍姆斯和兰德尔进行这样的论述时，亚里士多德逻辑无法处理本质上涉及关系的辩论。②

  发展经典逻辑的初衷虽然是给数学研究提供更有力的工具，并因此又被称为数理逻辑，但是，从逻辑学发展史的角度看，数理逻辑主要是一种逻辑方法的突破。我国逻辑学家陈波教授认为：经典逻辑的特点是使用特制的人工符号语言，运用公理化、形式化的方法，这种方法的优势在于其高度的严格性和抽象性、构造性特点，体现出巨大的方法论优势。第一，它以严格形式给出初始概念和定义规则、演绎规则，从而排除了暗含前提的任何可能，

---

① Susan Haack, On Logic in the Law: "Something, but not All", Ratio Juris, Vol. 20, No. 1, March 2007, pp. 1–31.

② Susan Haack, On Logic in the Law: "Something, but not All", Ratio Juris, Vol. 20, No. 1, March 2007, pp. 1–31.

从而避免了传统逻辑由于依赖自然语言而造成的歧义等缺陷。第二，经典逻辑通过这种方法建立起来的是一个纯粹的符号系统，通过赋予这些符号不同的含义，也就是通过不同的语义解释，建立不同的模型，从而可以刻画不同的对象世界。第三，经典逻辑具有灵活的构造性特点，可以选择不同的初始概念、定义规则和演绎规则构造不同的理论系统。从经典逻辑的产生和发展来看，经典逻辑的研究方法和研究对象已经和传统逻辑有了很大不同，其研究对象已经不再是思维形式结构及其规律，而是研究命题之间的推理关系，从而为数学奠定严密的逻辑基础，因此，这时逻辑的定义是：关于推理形式及其有效性的科学。

经典逻辑强大的工具优势给那些关注法律逻辑的研究者以很大鼓舞，法律推理必须遵循被认为是形式逻辑的现代逻辑学的原则和方法。作为一门学科，法律逻辑学正式形成的标志是 1951 年克卢格《法律逻辑》一书的出版，在克卢格看来，法律逻辑是形式逻辑在法律领域中的应用。鉴于当代法律越来越复杂，以及随着它的实施而产生的各种问题的复杂化，今天已没有什么别的东西能代替这种逻辑。当然，律师的日常工作中有着并且今后也永远会有大量简单地套用经过法律经验的检验而确立的思考模式的先例即可。然而，在律师工作中会经常出现要求其充分运用其智力去处理的事情。在这种情况下，除非在他的专业知识和才能中包括一些工具，靠这些工具他能发现、揭露逻辑错误，能确定并保证逻辑的有效性和法律论证的其他形式方面的性质，否则，他就无法感到自己的头脑是靠得住的了。[1] 我们不免沮丧地发现，怎样把经典逻辑方法与法律结合起来，把一套组织严密、方便可用的思维形式工具交给法律人依然是法律逻辑需要解决的最大难题，这一点限制了逻辑学在法律工作中的实际作用。在 20 世纪 60 年代，伊勒玛·塔麦洛还乐观地认为"有理由相信，这种颇不景气的状况会在不远的将来得到克服"[2]。然而，几十年过去了，以经典逻辑为基础的法律逻辑依然不能令人满意。这不是因

---

[1] [美]伊勒玛·塔麦洛：《形式法律推理的潜力和展望》，蔡希杰、陆升、张兆梅译，载《逻辑学会资料（一）》，北京市逻辑学会1982年1月编印。

[2] [美]伊勒玛·塔麦洛：《形式法律推理的潜力和展望》，蔡希杰、陆升、张兆梅译，载《逻辑学会资料（一）》，北京市逻辑学会1982年1月编印。

为时间还不够长,而是经典逻辑自身所遵循的单调性、外延性等原则根本不符合法律思维的特点。这主要表现为两个方面。

第一,外延性原则。即在处理语词和语句时,只考虑它们的外延,并认为语词的外延是它所指称的对象,语句的外延是它所具有的真值,如果在某一复合语句中具有同样指称但有不同含义的语词或语句去替换另一语词或子语句,该复合语句的真值保持不变。① 根据该原则,经典逻辑并不对语词的具体内涵进行研究,而是通过集合的方式给出,可以确定的是对于特定对象 a,要么属于集合 X,要么不属于集合 X,不存在第三种可能。在传统逻辑方法中,对于概念外延的确定是通过其本质属性或特有属性加以判定的,然而,在现实世界,几乎每个概念都是多种属性的统一,假设一对象具有属性 a1,a2,a3,a4,概念 A1 的外延指具有属性 a1,a2,a3 的对象,概念 A2 的外延指具有属性 a2,a3,a4 的对象,那么,对象 a 应当属于 A1 还是 A2,显然这是一个见仁见智的可争论的问题。这一点成为法律逻辑最难解决的问题之一:首先,作为法律推理大前提的法律规范,虽然都表现为命题形式,并有着各自不同的逻辑结构,但它总是以某种法律概念为中心而展开,而表面看来非常明确的法律概念,其外延界限往往是模糊的。因为人们在确定法律概念并对之加以规定的时候,通常考虑的都只是、也只能是能够说明这个特定概念的最为典型的情形。实际上,正如美国法哲学家博登海默所说:"在法律的各个领域中,我们都发现了棘手的难以确定的两可情况,甚至像'糖果'这类术语,虽然说第一眼看上去似乎相当具体、明确,但它在其中新含义和含义模糊不清之处也会产生解释上的困难。"② 其次,法律概念、法律规则总是高度抽象、概括的,这与个体案件的具体性、多样性形成了矛盾。例如一条法律规定"任何车辆不得进入公园",而在现实生活中有不同种类的车辆,汽车、卡车是车辆,救护车、消防车也是车辆,这些车辆都包括在该条法律规定之中吗?当一名游客驾驶着一辆卡车进入公园游玩时,该辆卡车属于被禁止范围,当一名工人受公园管理者的委托,驾驶着该辆卡车将公园内枯死

---

① 陈波:《经典逻辑和变异逻辑》,载《哲学研究》2004 年第 10 期。
② [美]博登海默:《法理学法哲学与法律方法》,邓正来译,中国政法大学出版社 1999 年版,第 487 页。

的树干拉出去时,守门人能够以该条规定为依据拒绝该车的进入吗?"法律是应适用于个别事件的一种普遍规定。"① 它所调整的对象是一般的行为,因而具有抽象性和概括性。但法律思维的对象却是具体的案件,具有前者无法加以涵盖的复杂性和多样性。根据概念的内涵与外延的反变规律,"在可比较的概念之间,如果一类概念的外延愈大,它的内涵就愈少;如果一类概念的外延愈小,它的内涵就愈多"②。一个法律概念规范的范围越广,其内涵就必然越少,也就必然更抽象,更难以把握;而一个法律概念越具体、精确,它所规范的范围也就越窄。洛克说:"当我们用词把这样形成的抽象观念固定下来的时候,我们就有发生错误的危险。"③ 抽象概括的表述和具体事物之间不存在精确有序排列的对应关系。这一点早在古希腊的时候就已成为人们讥讽法律的一个口实,柏拉图认为:"法律绝不可能发布一种既约束所有人同时又对每个人都真正最有利的命令。法律在任何时候都不可能完全准确地给社会的每个成员作出何谓善德、何谓正当的规定。人之个性的差异、认知活动的多样性、人类事务无休止的变化,使得人们无论拥有什么技术都无法制定出在任何时候可以绝对适用于各种问题的规则。"④ 柏拉图认为,法律的原则是由抽象的、过于简单的观念构成的。然而,简单的原则是无论如何也不能用来解决复杂纷繁的事务状况的。这一问题同样被亚里士多德意识到,法律规则的一般性和刚性可能会使法官无法将该规则适用于个别案件的解决。法律的基本作用之一乃是使人类为数众多、种类纷繁、各不相同的行为与关系达致某种合理程度的秩序,并颁布一些适用于某些应予限制的行为或行为的行为规则和行为标准。为能成功地完成这一任务,在形成一般规则时,预期并提出各种将来可能产生的情况组合,是不可能的。这就产生了法律规则和判例的相对模糊性。任何规则无论怎样加以精确描述,总会遇到关于某些具体情况是否属于其规定范围的问题。而解决这些问题,又无法求助于语言

---

① [德]黑格尔:《法哲学原理》,范扬、张企泰译,商务印书馆1961年版,第223页。
② 河南大学《普通逻辑学》编写组编著:《普通逻辑学》,中国国际广播大学出版社1993年版,第30-31页。
③ 转引自[英]丹皮尔:《科学史》,李衍译,商务印书馆1975年版,第271页。
④ [美]博登海默:《法理学法哲学与法律方法》,邓正来译,中国政法大学出版社1999年版,第9页。

规范，求助于法律解释规则，甚至参考明确的或假定的立法目的也是无济于事的。在这种情况下，规则就会模糊不清或模棱两可。如果两个规则可适用于一种具体情况，同时又包含"合理的"或"实质性的"等不确定术语，那么类似的模糊性也会产生。要解决这些问题，只能依靠一些方法，这些方法的合理性不在于结论和前提之间具有逻辑关系。① 例如，法律禁止制造、贩卖淫秽物品，那么什么是淫秽物品呢？事实上，尽管法律有较为具体的规定，但在具体法律适用时对什么是淫秽物品的认定是极其难以依赖的，以至于一位法官说："对于什么是淫秽物品，只有我亲眼看到后才能认定。"

第二，法律推理的非单调性问题。单调性和非单调性是（形式）逻辑系统的特征。一个逻辑系统是单调的，当且仅当它满足一个句子集合S'是S的子集，根据该逻辑从前提集S'得出的结论集C'是从前提集S得出的结论集C的超（母）集。一个逻辑系统是非单调的，当且仅当它不是单调的。非单调推理是日常思维的重要形式，它的特点是推理结论是暂时性的，随着新信息的出现，结论可能会被废止，因此，非单调推理又被称为可废止推理。根据克林斯英语词典，可废止性最初是一个法律专门术语，指对于不动产的权力或者土地的收益权作废的效力，或者——可以说其他相同的事情——归于无效。在其论文《权利和责任的归属》中，哈特把这个观念的用法扩展到所有具有这种属性的概念，即其应用都有一定的条件，同样地，一种或多种情形一旦存在，就会终止这个概念的初始的运用。合同这个概念就是一个典型的例子。一个要约作出并被接受之后一个合同就成立了，但是，它可能因为一方涉及一个违约条件而无效，例如，欺诈性的错误意思表达，不适当地施加影响。在这种情况下，作废条件的激活是关键的；只有事实的发生并不足以废止合同。所以，可废止性区别于合同存在的一般条件，这些条件并不需要直接包含在内。理解可废止性的另一关键是合同的废止是有追溯力的。如果废止生效，那么事实必定发生了改变：在废止发生之前合同是有效的，废止之后合同变得无效。在现实中发生的这种改变是一种经常的现象，并不需要什么特殊的概念去表示它。例如，如果一扇开着的门被关上，那么，在

---

① ［英］哈特：《法律推理问题》，刘星译，载《法学译丛》1991年第5期。

关门的事件发生之前门是开着的,在关门的事件发生之后就是关上的。如果说开着的门被关上的事件所废止,就会是一件很奇怪的事情。使可废止的合同特殊的是废止的追溯力。只要合同没有被废止,它就是有效的,但是,只要它被废止,那么,它就被认为自始至终是无效的。因为这种可废止性涉及事实改变的追溯力,而不是关于事实的信念,所以,哈特建议称为本体论的可废止性。在其论文中,哈特对与废止有关的事实的关注比不上对概念的关注,诸如"(有效)合同"的概念应该是可废止的,因为如果没有涉及能够废止其适用性的条件,那么,它们就不能被充分地刻画。有人可能会引入一个新的术语:概念的可废止性,虽然在哈特看来,它并不能比清楚地阐明这些概念表示的现象更清楚地阐明可废止性与特殊概念之间的关联。①

之所以强调逻辑的非单调性问题是因为法律推理的本质是非单调推理,这主要是基于以下两个事实:首先,法律规范存在着例外。"一个法律规范可能给出一个一般的推理结构:如果 p,就应当(或者允许)做 q。但是,即使 p 是确定的,得出应当(或允许)q 的结论也是草率的。在多种情况下,法律规则对于例外是开放的,甚至关于例外的集合也是开放的,我们不可能提供一个详尽无缺的各种可能例外的集合。对于每一个新的案件,都有特别的因素出现,都可以据此证明该案件是一个例外。"② 其次,法律规范存在着不一致。"实体法系统是由人制定出来的,它们并非绝对完美的,在其内部总是存在着各种各样的相互冲突的地方,我们必须规定解决这些冲突的法律方法。因此,我们一般规定有所谓的优先原则(如后法优于前法原则、上位法优先原则、特别法优先原则),根据这些原则我们能够解决所谓的不一致性问题。但是,根据单调逻辑,我们能从不一致的前提集中推出所有的命题。因为单调逻辑预设一个不一致的前提集不可能是真的。所以,毫无疑问,在这个前提集合为真的可能世界里(也就是说,根本不存在),无论什么样的结论都是真的,即假前提能推出一切结论。这一问题促使人们不得不研究非

---

① Jaap Hage, Defeasible Reasoning in the Law: An Informal Introduction to Reason - based Logic. http://www.rechten.unimaas.nl/metajuridica/hage/.

② Arend Soeteman, Legal logic? Or Can We Do without? Artificial Intelligence and Law 11, pp. 197 - 210, 2003.

单调逻辑系统。在非单调逻辑系统中,一个论证是有效的,即使增加的新的信息可能使得这个论证变得无效。以非单调逻辑作为基础不会使实体法因为存在着不一致而崩溃:这时候就会用到形式化的优先规则。"[1]

外延性原则和单调性原则表现出经典逻辑僵化的一面,所以在此基础之上不可能产生真正意义上的法律逻辑,至多是逻辑在法律领域中的应用,近年来,我国的逻辑教学改革提出逻辑面向应用的问题,促进了人们对法律逻辑的重视,但是,由于一开始就把法律逻辑的基础建立在传统逻辑和经典逻辑的基础之上,所以一直难以摆脱"逻辑+案例"的困境。在这个意义上,传统法律逻辑和经典法律逻辑都难以为法律推理和论证提供令人满意的逻辑辩护,法律推理和论证评价需要寻找新的逻辑基础,法律逻辑自此走上了非形式化法律逻辑和现代广义模态法律逻辑两条道路。

三、非形式法律逻辑

相对于传统逻辑和经典逻辑只研究推理和论证的形式结构,非形式逻辑更多地着重于推理的语境等实质性要求,强调非形式特征就是与被称为形式逻辑的传统逻辑和经典逻辑区分开来。因为经典逻辑不可能很好地刻画法律推理,这也成为人们质疑逻辑对于法律的作用的主要原因。20世纪50年代始,各种被称为非形式逻辑的法律方法据此而兴起,非形式逻辑认为法律推理的逻辑是一个区别于形式逻辑的完整系统。"在这个系统中,各种法律推理的方法都可以视为广义的逻辑方法,如演绎逻辑、归纳逻辑、类比逻辑、概率逻辑、模糊逻辑、辩证逻辑乃至实践理性的经验逻辑等"[2]。佩雷尔曼认为:"逻辑不仅指形式逻辑,而主要是指价值判断。也就是说,逻辑学已不仅是指研究思维规律的科学,不仅是从形式方面去研究概念、判断和推理,而主要是研究它们的实质内容。"[3] 很显然,这里的逻辑不只是局限于一般意义上的形式逻辑,一些所谓的非逻辑法律推理实际上是指非形式逻辑法律推

---

[1] Arend Soeteman, Legal logic? Or Can We Do without? Artificial Intelligence and Law 11, pp. 197 – 210, 2003.
[2] 张保生:《法律推理的理论与方法》,中国政法大学出版社2000年版,第84页。
[3] 沈宗灵:《现代西方法理学》,北京大学出版社1992年版,第451页。

理。1931年,德国逻辑学家肖尔兹在《简明逻辑史》一书中首次使用了"非形式逻辑"这一概念。图尔敏提出了一个不同于"前提—结论"式的论证结构模型:给定证据事实D,既然依据W有B作为支撑,因此,带量词的主张C成立,除非存在特定的反驳使得这个推理不成立。图尔敏认为"演绎有效性对于真实论证的评价来说,既不是充分条件也不是必要条件",进而提出了他基于法律论证的评价模型——图尔敏模型。佩雷尔曼认为,形式逻辑对论证的评价是从真前提开始,但如何判定前提的真假超出形式逻辑所讨论的范围。真实论证未必都是从真前提出发的,往往只是从一致起点开始的。他们猜想主导非形式论证的理性可能来自修辞理论的原则,特别是听众的考虑与价值(一种非形式逻辑)。① 根据熊明辉教授的研究,非形式逻辑学家所研究的论证分为两种类型:一是作为静态结果的论证,二是作为动态过程的论证。基于这两种不同的论证类型,形成了非形式逻辑的两大学派:形式论辩学派和语用论辩学派,形式论辩学派和语用论辩学派的一个关键区别在于论证类型论。前者基于论证的传统分类把论证为演绎论证、归纳论证和谬误(或谬误论证)三种类型,而后者则大胆地把论证分为演绎论证、归纳论证和似真论证(或假定论证、传导论证)等。换句话说,前者在传统或主流的"逻辑"概念下研究论证的分析与评价;后者则超越了传统或主流的"逻辑"概念来研究论证的分析与评价,进而认为,传统意义上的非形式谬误并非都是谬误,有时恰恰是一种合理论证模式。这些理论为逻辑史研究提出了新课题。②

非形式逻辑兴起表明人们逐渐认识到把法律推理和论证归结为逻辑形式的有效既是不可能,也是不恰当的,就其本质而言,法律领域的逻辑的特点是:第一,法律推理是一种正当性证明的推理。自然科学和数学研究中的推理是一种寻找和发现真相和真理的推理,而法律领域中的推理不但要从前提出发得出一个结论,还要为该结论提供合理、充分的理由,并为结论的正当

---

① 熊明辉:《非形式逻辑的对象及其发展趋势》,载《中山大学学报(社会科学版)》2006年第2期。

② 熊明辉:《非形式逻辑的对象及其发展趋势》,载《中山大学学报(社会科学版)》2006年第2期。

性提供论证,这是法治区别与人治的根本标志之一。法律工作者"不仅要善于思考,而且要懂得怎样使别人信服他说的话是真实可靠的,信服他的看法是对问题的适当解答,信服他的意见按照法律界惯常的评价是正确的"①。第二,法律推理是实践推理。法律推理不仅仅是一系列的纯粹理性思维活动,从其出发点、推理过程和最终结果来说都具有社会实践性,法律调整的对象是社会生活中形形色色的复杂的社会关系,其目的在于探求最佳的社会纠纷解决方案。在法律事实简单、法律规则明确具体的时候,法律推理通常表现为演绎推理的模式,但法律并不具有严格的明确性、一致性和完备性,在法律规则存有矛盾或者相互竞争的情况下,演绎的推理方法往往就无能为力了,而是常常要诉诸社会正义、公平、惯例等社会的标准,对不同的法律理由和可能的推理结果通过辩论、评价、裁断的方式,作出一个法官本人认为最好的结果,这使得法律推理比其他推理包含着更直接的目的性和现实性。第三,法律推理是结果论的推理模式,它必须考虑以一种或另一种方式作出裁决结果,它关注结果的可接受性和不可接受性,即它在内在方面是评价性的;在对法律理由和推理结果进行评价和裁断时可以有多重标准,这些标准的最终确立除了受约束于特定的法律背景,还受法官本人的思想、经验、价值观等方面的影响,导致不同的法官由于对裁决标准的不同倾向而对同一案件作出不同的判决,因此,法律推理具有一定的主观性。

对于非形式逻辑的批判主要来自逻辑学界,他们认为传统逻辑和经典逻辑的本质都是形式化的,甚至可以说,逻辑本身就是形式化的,"在这门逻辑学的名字前添上'形式'二字是多余的"②。而非形式逻辑根本就不是逻辑,"虽然在谈到逻辑的各种引申的意思时,都有其历史根源,我们还是最好把'逻辑'这一术语专门用来指当前主要由我们称为的'逻辑学家',而不是由科学方法论者、知识论学者、形而上学家等所发展起来的那种思维科学。只要仔细看一下后面所有这些人的工作,我们就会发现,他们的专门研究跟我们通常称为的逻辑学家所研究的内容是完全不同的,因此把他们正在

---

① [波]齐姆宾斯基:《法律应用逻辑》,刘圣恩等译,群众出版社1988年版,第352页。
② [美]伊勒玛·塔麦洛:《形式法律推理的潜力和展望》,蔡希杰、陆升、张兆梅译,载《逻辑学会资料(一)》,北京市逻辑学会1982年1月编印。

各自专门从事的工作看作一种逻辑推理,对任何合理地组织思想的工作都会是有害的。"① 非形式逻辑的主要缺陷在于其对于什么是有效的或正确的推理和论证缺乏确定的判定标准。笛卡儿认为,一个主张要合乎理性,就必须建立在一种类似于数学家所具有的那种洞见的基础之上,只有那种被认为是具有绝对必然性的而且不会被质疑的东西,才属于理性认识的范围。在非形式逻辑建构的法律论证体系中包含四个层面②:第一,逻辑层面,界定论证是什么,也就是说,一系列信息如何被组织起来以对于某一个主张提供基本的支持。第二,论辩层面,集中讨论冲突的论证:它界定一些概念,如"抗辩""攻击""辩驳"和"击败"等,它也确定给定的一个论证的集合和评估标准,以决定哪一个论证成立。第三,程序层面,规范论证如何进行,也就是说,论证主体如何提出或者挑战一条新的信息以及陈述一个论证。程序层面区别于前两个层面的关键点在于,其他的层面假定存在一个固定的前提集,而在程序层面前提集是在论辩的过程中被动态地建构的,这一点也适用于发现的层面,即第四个层面,策略层面或者直观推断的层面,为一个争论能够在一个第三层面的程序的进行提供理性的方法。③ 在这四个层面中,只有逻辑层面的演绎推理方式被经典逻辑看作有效的推理模式,而论辩层面和程序层面只有一些约定的非形式化的规则,策略层面或直观推断层面运用了大量的在经典逻辑中被视为无效的推理模式,如溯因推理、似真推理等。逻辑对于理性认识的作用之一就在于其能够为正确的推理提供明确的、严格的判定标准,而非形式逻辑虽能提供一些合情论证的方法,使前提对结论有一定的支持和评估,这对于日常思维也许是有益的,但是,不同于经典逻辑,非形式逻辑不能得出一个必然的结论,这一点对于法律推理而言可能是致命的缺陷,因为"只要一个法律论证不能被刻画为是形式有效的,一个可替代的结论就是可能的,即使一个人完全接受这个论证的前提,那么,其结论最

---

① [美]伊勒玛·塔麦洛:《形式法律推理的潜力和展望》,蔡希杰、陆升、张兆梅译,载《逻辑学会资料(一)》,北京市逻辑学会1982年1月编印。
② 首先对前三个层面进行结合讨论的是普拉肯(1995)。布雷夫卡和戈登(1994)对第一和第三个层面进行了讨论。普拉肯(1997)增加了第四个层面,萨尔托尔(1997)也进行了讨论。
③ Henry Prakken and Giovanni Sartor, The Role of Logic in Computational Models of Legal Argument - A Critical Survey, http://www.cs.uu.nl/staff/henry.html.

终就没有被完全的证立。存在太多的法律论证超过单纯的司法论证，但是对于司法论证来说，结论得到证明是最重要的：当事人可能被送往监狱或者被判决赔付一大笔钱。同样许多其他的重要的结论被法官作出。在另外的一些法律论证中，其重要性也许没有这么严重，但也是重要的，因此，当一个人给出一个论证证明某结论时，其意思是该结论是证立的"[1]。

四、现代广义模态法律逻辑

现代广义模态逻辑是非经典逻辑的一支，它的发展是建立在逻辑学认知转向的基础之上的。所谓逻辑学认知转向是指从起源于弗雷格的以数学基础研究为背景的逻辑学转向构造认知过程的规范性或描述性模型的逻辑学。这引起逻辑学领域中的变革，认知转向的目标是给出知识获取、知识表达以及知识的扩展和修正的方法和模型。[2]

经典逻辑相对于传统逻辑显示出其强大的一面，离开它便不可能有计算机理论以及计算机带给人类的一切。但是，数学知识是人类知识的一部分，数学的表达方式只是人类所拥有的众多表达方式的一种。正如当今非经典逻辑所表明的那样，采用经典逻辑对其他领域的知识进行表达和推理是不恰当的。因此，逻辑学本身要求继续寻找新的发展方向。经典逻辑的假定和预设曾经被认为是普遍有效的逻辑规律，甚至被认为是逻辑的本质，但是，随着研究对象领域的不断扩展，这些预设和假定只不过是作为数学基础的逻辑的特色，而并非永恒有效的，这些被视为逻辑基本原则的假设或预设不断地被修正和突破。根据奎因和哈克对逻辑修正主义的阐述，既然允许多个逻辑类型并存，也就允许有新的逻辑类型的产生，甚至成为逻辑发展的主流。经典逻辑发展的势头在 20 世纪 40 年代前后开始变弱，到 20 世纪 60 年开始处于相对停滞状态。而作为一种方法和工具，逻辑学研究的对象不断扩展，从单纯的为数学研究奠定基础扩大到认知、伦理、法律、经济、人工智能等领域，人们发现，不同的对象领域体现出不同的推理、论证特征和要求，经典逻辑

---

[1] Arend Soeteman, Legal logic? Or Can We Do without? Artificial Intelligence and Law 11, pp. 197 – 210, 2003.

[2] 鞠实儿：《论逻辑学发展的方向》，载《中山大学学报（社会科学版）》2003 年第 43 卷。

的一些基本假定和原则已不能适应或者不符合这些对象领域的需要，亟须对经典逻辑理论进行修正和补充。自20世纪初以来，先后出现了一些非经典逻辑，它们分别从不同角度解决经典逻辑的异常现象。例如，1907年，荷兰数学家、直觉主义逻辑创始人布劳维尔提出在无穷集的推理中排中律不适用的思想；1920年，波兰逻辑学家卢卡西维茨提出了三值命题演算，建立了历史上最早的多值逻辑系统。到了20世纪60年代前后，非经典逻辑如雨后春笋般在广泛的对象领域茂盛地发展起来，如模态逻辑、时态逻辑、道义逻辑、认知逻辑、问句逻辑、直觉主义逻辑、相干逻辑、多值逻辑、模糊逻辑、量子逻辑、偏逻辑、自由逻辑、次协调逻辑等。按照苏珊·哈克的观点，这些逻辑理论可以做以下划分[1]：

"扩展"逻辑——模态逻辑

　　　　　　时态逻辑

　　　　　　道义逻辑

　　　　　　认知逻辑

　　　　　　优选逻辑

　　　　　　祈使逻辑

　　　　　　疑问逻辑

"异常"逻辑——多值逻辑

　　　　　　弗协调逻辑

　　　　　　非单调逻辑

　　　　　　可废止逻辑

　　　　　　直觉主义逻辑

　　　　　　量子逻辑

　　　　　　自由逻辑

所谓扩展型的非经典逻辑是指在经典逻辑系统的基础上增加一些新算子，从而构造成经典逻辑的扩展系统，例如模态逻辑是在经典逻辑基础上，增加"可能""必然"等算子；道义逻辑增加了"应该""允许""禁止"等算子；

---

[1] ［英］苏珊·哈克：《逻辑哲学》，罗毅译，商务印书馆2003年版，第8页。

时态逻辑增加"过去""现在""将来"等算子。一般来说，扩展逻辑不触及经典逻辑的基本公理和推理规则，并且保留了原有的基本算子，只是为了适应新情况而增加能体现对象领域特点和要求的概念作为新系统的基本算子。异常型非经典逻辑是指对经典逻辑进行修改或限制，它与经典逻辑具有同样的词汇，但有不同的公理和规则。非经典逻辑的发展对于法律逻辑的发展开辟了新的道路：一方面，它采用了现代逻辑这一更强大的工具，使对逻辑思维的表达、判定更加精确和深刻；另一方面，它又摆脱了经典逻辑的一些限制，使现代逻辑不只是局限于作为数学分析的工具，研究范围更加广泛。特别是它和人工智能理论的融合，既可以通过功能模拟的方法建立智能法律专家系统，也使得人们第一次打开了神秘的法律思维的"黑匣子"，从整体和局部两个方面对法律思维进行分析和评价。自 20 世纪 70 年代开始，包括道义逻辑在内的现代广义模态逻辑日益成为国际上法律逻辑研究的重要领域之一。

以非经典逻辑为基础，建立法律推理和论证的广义模态框架是人工智能与法律研究者们提出的。他们企图将基于形式逻辑的框架和基于非形式逻辑的框架整合在一起，建构相应的法律论证智能逻辑模型。在人工智能与法律领域，第一个在具有对抗性质的条件下研究法律推理的也许是麦卡蒂的（局部实现的）税收方案，其目标在于建构一个关于一些导向性的美国税法案例中持不同意见的仲裁员的论点的大多数的推理路线。第一个明确定义争论与对话的作用的人工智能与法律系统也许是里斯兰和阿什利的 HYPO 系统，这是一个模拟运用法律案例的对抗性推理系统，它把一个法律案件中原告与被告之间的争论分为三个层面，其中的每一个争论层面都包括被告对原告主张的攻击和原告针对被告的攻击所作的防卫和反攻这样一个相互交替的过程。这一研究在里斯兰和斯卡拉克的 CABARET 方案、阿尔芬和阿什利的 CATO 方案得以继续，这两个方案的研究同样面临设计的难题。这些方案的主要焦点都集中在定义说服性论证的步骤，这些步骤都是一个"好的"人类律师所应当作出的。[1]

---

[1] Henry Prakken and Giovanni Sartor, The Role of Logic in Computational Models of Legal Argument – A Critical Survey, http：//www.cs.uu.nl/staff/henry.html.

对于现代广义模态逻辑的法律方法人们存在着一种认识，认为它只是逻辑学家和人工智能专家感兴趣的事情，对于法律人而言似乎意义不大，至少在可靠的智能法律专家系统真正应用于法律实践之前，它是无用的。笔者认为这种理解是错误的：一方面，现代广义模态法律逻辑通过对法律思维功能的模拟，有助于真正揭示法律思维的结构和模式。它通过分支融合的方法引入其他影响法律判断的时态、意愿、行为、主体等因素，使人们对这些因素在法律思维中的作用和意义有了更加清晰、深刻的认识。另一方面，可废止、弗协调等推理模式被广泛地应用，从而对法律推理、法律论证的逻辑特征带来更富启迪性的认识。这种方法对于直接的实践而言也许因为过于复杂而显得价值不大，但作为理论探索工具随着研究的深入其价值会被不断地展现出来。

我们说诸多不同逻辑的差异主要是基于不同领域客观逻辑对象的不同和研究方法的不同，从而表现出不同的逻辑规律，当然也要求以其为认识对象的逻辑学有不同的规则和预设，从而形成不同的逻辑体系，这些体系相互间是不可替代的，也不是竞争的关系。对于传统逻辑而言，它以思维形式结构及其规律为研究对象，以半形式化的自然语言为对象语言，揭示人类思维的一些基本的逻辑方法和规律，其优势在于贴近人类的日常思维，易于被人们接受和使用，这对于并非每人都是逻辑学家的法律人来说特别重要，其缺陷是表达能力有限，所揭示的方法和规律也缺乏严格的精确性。经典逻辑以揭示有效推理为研究对象，以精确的人工语言为对象语言，采用形式化、公理化方法，其主要优势在于相比传统逻辑具有更强大的表达能力，具有高度的严密性和精确性，缺陷在于其体系预设的僵化性，特别是其外延性原则和单调性原则并不适于法律推理和论证。非形式逻辑以建构法律论证为研究对象，采用了一些逻辑方法，以合情论证作为演绎论证的补充，其优势在于全面揭示法律思维的动态性、可废止性和多主体性等特点，缺陷是缺乏明确的判定方法，其所倡导的合情论证模式并不满足法律结论必然得出的要求。现代广义模态逻辑基本上采用了现代形式化、公理化方法，也就是通过建构一种严密的人工形式化语言，刻画不同法律领域内在的逻辑规律，对经典逻辑所预设的一些原则予以变异和扩充。这种方法最主要的优势在于在保证法律推理严密性和精确性的前提下，能够灵活地揭示法律思维非单调性、开放性、多主体性等特征，较真实地刻画法律思维的逻辑特征，缺陷是这种形式语言要真正实现对研究对象的可靠表达，可能变得非常复杂，从而不利于在日常生活中使用。

总之，逻辑对于法律而言是重要的，但它同其他法律方法一样都不是法律方法的全部，全面否定逻辑方法对于法律思维的意义，将使法律失去确定性、一致性和稳定性，从而使法制成为完全的不可能，过分强调逻辑方法又会使法律陷入僵化，失去其公平、正义的价值追求。笔者认为伊勒玛·塔麦洛论述的逻辑对于法律的展望今天依然有效：法律逻辑对合理地探讨法律问题是必不可少的。法律逻辑是对基本法律思想的其他学科的补充。法律逻辑不是法律内容的来源，而是法律思想的一种工具。法律逻辑是正确地运用现代技术为法律服务的一个先决条件。法律逻辑必须成为旨在提高法律推理的方便性、有效率和完整性的法律训练的一个组成部分。

第一章

法律分析中的形式逻辑与非形式逻辑

一、对形式逻辑作为法律思维基础的批判

法律与逻辑具有密切的关系。虽然各种法学理论对逻辑的态度各有不同，但都非常关注对逻辑基础的探讨，近代法学一般把形式逻辑（演绎推理①）作为其理性主义的基石，人们通常认为，演绎推理的结论是必然的，它能满足人们对确定性、稳定性、一致性的心理需求，建构概念清晰、位序适当、逻辑一致的法律逻辑体系，对于所有的法学家都有难以抵御的魅力。但是，自19世纪中后期开始，自由主义法学、现实主义法学、后现代法学、批判法学等法学理论的研究表明，这种认定制定法律完整无缺、法律和事实严格对应、法官如同"自动售货机"的法治观念，不过是一种幻想，一种"法律神话"。也正是在这样的背景下，开始了对三段论推理模式、基于形式逻辑的法律逻辑进行严厉清算的过程。法学家们对形式法律逻辑的责难主要包括以下几个方面：（1）逻辑推理只能解决简单案件，不能解决疑难案件。（2）法律文本的不周延性、相互矛盾及缺漏，使得推理无法进行下去，因而需要实质推理加以补充。（3）真正的法律推理实际上从来没发生过，所谓的三段论式推理的依法判案不过是一种包装。（4）逻辑推理模式使法律出现了机械性

---

① 很显然，形式逻辑与演绎逻辑并不表达同一个概念。形式逻辑主要是指采用符号语言进行形式化研究的逻辑，符号语言与自然语言相比具有更精确、严格的特点，从而使其成为更精确、有效的分析、表述工具。演绎逻辑是指基于特定前提必然推出结论的逻辑。虽然二者所指并不必然同一，在现代逻辑成为逻辑的主流后，因为它通常采用了形式化的方法，又是以演绎推理作为主要研究对象，所以，在不做严格区分的情况下，通常被作为同一个概念使用。人们对于形式逻辑的指责，通常包括演绎逻辑的必然得出的推理机制和形式化方法两个方面，基于行文的方便，这里把形式逻辑和演绎逻辑作为同一个概念使用。

和僵化模式。① 对这些批判的分析及回应不是本书的重点，本书重点讨论的是对形式逻辑作为法律思维分析和评价工具的来自另一个方面的批评，即来自非形式逻辑方面的批判。自20世纪中期以来，一些以法律逻辑为研究对象的学者提出了各种各样的理论，这些理论可以冠以不同的名称，如论辩推理、实质推理、非形式推理、辩证推理等。这些理论对形式逻辑的批判主要包括以下几个方面：（1）形式逻辑是建立在命题真值的语义基础之上的，它不适于无关真假的命题的推理评价。例如，澳大利亚逻辑学家汉布林认为，对于前提来讲"真"是个不恰当的标准，因为它既不是充分的也不是必要的。说"真"不是充分的，是因为一个本体论意义上为真的前提并不一定为论证者所知道为真，即认识论意义上未必为真；说"真"不是必要的，因为在许多领域"真"的观点是有疑问的，真的思想可能假定了不可能的上帝眼中的立场来看待事物。② 佩雷尔曼认为，形式逻辑对论证的评价是从真前提开始，但如何判定前提的真假已经超出形式逻辑所讨论的范围。真实论证未必都是从真前提出发的，往往只是从一致起点开始的。他们猜想，主导非形式论证的理性可能来自修辞理论的原则，特别是听众的考虑与价值（一种非形式逻辑）。③（2）形式逻辑研究的核心是演绎推理的有效性，而法律论证的可接受性并不依赖于逻辑的有效性。图尔敏认为，演绎有效性对于真实论证的评价来说，既不是充分条件也不是必要条件。除了逻辑标准，法律论证尚需另一种可供选择的非形式的、实质的有效性标准。进而提出了他基于法律论证的评价模型——图尔敏模型。（3）形式逻辑是单调、封闭、协调、单主体、静态的系统，而法律思维具有非单调性、弗协调性、开放性、多主体性、动态性等特点，对于法律思维的这些特点形式逻辑是无法表达的。（4）形式逻辑缺乏语境敏感性。形式逻辑只从语法、语义两个方面研究思维的形式有效性，而实际的思维还是语境相关的，即没有涉及逻辑的语用研究。问题的第三个

---

① 谢晖、陈金钊：《法理学》，高等教育出版社2005年版，第476－481页。
② cf. Eemeren, F. H. van et al, Fundamentals of Argumentation Theory, Lawrence Erlbaum, 1996, p. 180. 转引自熊明辉：《论证评价的非形式逻辑模型机器困境》，载《学术研究》2007年第9期。
③ 熊明辉：《非形式逻辑的对象及其发展趋势》，载《中山大学学报（社会科学版）》2006年第2期。

方面与第四个方面有密切的关系，都涉及批判者所持的逻辑观念是什么。一些非形式逻辑学家认为："20 世纪上半叶，论证结构被理想化了。数学证明被人们当作成功论证的范式，论证完全被从自然语言的语境中抽象出来。论证研究者们，特别是逻辑学家们主要关注的是作为结果的论证，而不是作为过程的论证。在传统论证理论中，论证被看作是静态性的、缺乏背景敏感性的、无目的性和不考虑主体性的。然而，现实生活中的真实论证却具有动态性、背景敏感性、目的性、多主体性等诸多特征。我们显然无法用基于传统逻辑或经典逻辑的论证评价模型来处理真实论证的上述特征。"[1]

以上对形式逻辑的批判虽然看起来有一定的道理，但是，它们在解构了法律的逻辑基础后，又为法律的理性基础提供了什么？这些理论有没有局限性？它们的批判是否真的意味着形式逻辑无法成为法律思维分析的工具，还是它们对逻辑的批判本身建立在对什么是逻辑的错误的理解的基础之上，形式逻辑能够为此做些什么呢？对此，本书准备通过对法律思维形式逻辑表达的三个理论的分析，揭示现代逻辑作为法律思维分析工具的特点，它们同样可以表达论证和推理，并且能够为法律思维发挥非形式逻辑所不能替代的作用。

二、三个论证的形式逻辑表达理论

在《从公理到对话》中，巴斯和克拉贝区分了逻辑系统的三个维度。第一，语法维度，它涉及决定一个逻辑理论重要特征的逻辑常量的数量和性质、词汇，以及由基本的词汇构成句子的方法等问题。第二，强度维度，即使给出一个确定的语法，一个逻辑也可以有不同的推理能力，巴斯和克拉贝按照能力的依次增强区分了最小的、建设性的（直觉主义的）和经典的（命题）逻辑。第三，形式维度。同样的逻辑可以表现为不同的形式，巴斯和克拉贝区分了公理化的、模型论的和论辩性的逻辑。[2] 由于现代逻辑把逻辑理论视为基于不同词汇、语法构成的形式语言，并通过定义逻辑算子（联结词）的

---

[1] 熊明辉：《论证评价的非形式逻辑模型及其困境》，载《学术研究》2007 年第 9 期。
[2] E. M. Barth, and E. C. W. Krabbe, From Axiom to Dialogue. New York：Walter de Gruyter, 1982, pp. 3 – 13.

意义和推理规则对合适公式给予特定语义的解释，现代逻辑就不再仅仅是表达逻辑思维形式结构的一元的理论，而是由对词汇、语法、推理规则的不同定义形成的多元的理论。

（一）洛伦茨和洛伦兹的论辩命题逻辑

洛伦茨和洛伦兹在著作《对话逻辑》中，揭示了如何用批判性对话，而不是用公理或真值表方法刻画逻辑有效性问题。[①] 假设在一个论辩过程中存在对话的双方，可以称为 P（支持方）和 O（反对方），双方都有一个承诺的句子集合（可空）。承诺的意思是论辩方不允许攻击的句子。P 提出一个主张，且允许 O 攻击该主张，并进而迫使 P 对之进行辩护。存在着一些规范攻击和辩护行为的规则，这些规则与逻辑算子有密切的关系。基本的思想是，假设 O 承诺前提中的句子，如果 P 以此为基础有一个获胜策略为一个句子 S 辩护，那么，S 是由这个前提句子集合逻辑推出的。假设 O 承诺句子 C，而 P 主张句子 A→（B∨C）。定义逻辑算子的规则明确了应该怎样攻击这个主张。对于当前这个例子，意味着 O 必须通过主张 A 而攻击该主张，并且 P 有义务主张 B∨C（或者攻击 A）。句子 B∨C 能被 O 接受，在这种情况下，P 成功地为他原来的主张进行了辩护。在这个例子中，P 应当理智地主张 C，因为 O 承诺了该句子，因此不允许攻击它。如果 P 主张 C，他就在对话中获胜，他原本的主张就成立了。如果 P 通过主张 B 而为 B∨C 辩护，那么，O 可以攻击 B，P 就在对话中失败，因为他没有为这一主张进行辩护的方法。下表是这一对话的第一种情形。

P	O
主张：A→（B∨C）	主张：A
主张：B∨C	? B∨C
主张：C	承诺 C，在对话中失败

该例的第二种情形：

[①] P. Lorenzen and K. Lorenz, Dialogische Logik, Darmstadt: Wissenschafliche, Buchgesellschaft, 1978, p. 38.

P	O
主张：A→（B∨C）	主张：A
主张：B∨C	? B∨C
主张：B	? B
没有更多的辩护，在对话中失败	

正像这个关于同样的主张而结果不同的两个对话所说明的，在给出对方承诺集的情况下，一个主张的有效性并不能保证提议者赢得对话。却能保证提议者有一个获胜的策略（对照情形1）。根据洛伦茨和洛伦兹的思想，① 可以说，如果提议者有一个获胜的对策，那么，一个主张的句子逻辑地从反对者的承诺中得出，无论他在对话中是否实际上用到了这个策略。

洛伦茨和洛伦兹不只是给出了一个有效结论的论辩性特征，他们还按照所运用的论辩性术语定义了逻辑算子的意思。本书将用命题逻辑算子的论辩性特征的方法说明这一点。

1. 合取

如果 P 主张 A&B，O 可以通过? l 和? r 攻击该主张，? l 可以被读作"左合取是真的吗？"，而? r 可以读作"右合取是真的吗？"。这一攻击要求 P 有责任通过分别主张 A 和 B 为这一合取辩护。

P	O	P
A&B	? l	A
	? r	B

2. 析取

如果 P 主张 A∨B，O 可以用? 攻击该主张。该攻击要求 P 有责任通过主张 A 或 B 为析取辩护。

---

① 该例没有按照洛伦茨和洛伦兹的语法表达。

P	O	P
A∨B	?	A
		B

3. 蕴涵

如果 P 主张 A→B，O 可以通过主张 A 攻击该主张，该攻击要求 P 有责任通过主张 B，或者攻击 A 为原主张辩护。①

P	O	P
A→B	A	B

4. 否定

如果 P 主张 A，O 可以通过主张¬A 攻击该主张，如果 O 这样做了，那么 P 在对话中失败。基于此，如果 O 不承诺 A，那么，就只允许 O 做这样的攻击。

P	O
A	¬A

洛伦茨和洛伦兹的理论具有以下四个特征：（1）对话的步骤大致相当于一个单独论证的步骤。如果比较对话活动和依据特定语法构建的逻辑中证明过程，一个对话步骤连同对它的回答就对应于一个证明步骤。例如，在命题逻辑的证明理论中，在一个证明步骤内，可以从 A 推出 A∨B，与之相应的一个对话步骤就是对主张 A∨B 提出质疑，而后通过主张 A 为之辩护。（2）这一对应关系可以由以下事实予以解释：传统的证明步骤建立在逻辑算子的（语义）意义基础之上，根据洛伦茨和洛伦兹的理论，同样的意义通过对话规则得到定义，即对话规则对应于逻辑算子的意义（反之亦然）。（3）为确定一个句子是由其他句子推出的，就必须考虑所有的对话，逻辑有效性是一个评估性概念，而不仅仅是一个描述性概念。在论证一个结论时很

---

① 如果 O 对 A 的辩护成功，P 仍然有责任通过主张 B 而为该蕴涵关系的成立进行辩护。

可能是错误的，因为按照对话各方实际的推理行为给出一个前提的集合，不可能确定一个结论的有效性。这就是为什么逻辑有效性的定义连同获胜策略的概念可适用于所有可能的对话活动。(4) 对话活动假设了一个确定的承诺集（前提）。这是非常重要的一点，对话的目标在于刻画逻辑推理的概念，这无关一个对话或获胜策略的成功和失败，问题的关键是结论是不是从前提集中推出的。这就是为什么获胜策略这个概念必须以这个策略存在于其中的一个前提集为条件的原因，这一点就像一个有效的结论是相对于一个前提集的道理是一样的。[1]

（二）安杰伊·马莱克关于法律规则推理的谓词逻辑理论及其特点

安杰伊·马莱克认为，在法律论辩过程中用到两类推理规则，第一类规则是众所周知的经典逻辑规则，第二类规则是通常所称的法律推理规则。法律推理规则可以进一步分为四类：解释规则、推理规则、冲突规则和程序规则。其中法律推理的规则系统被称为"法律逻辑"。他认为，虽然形式逻辑不能提供对于法律论辩的所有情况都有效的规则，但在有些情形下，形式逻辑是有效的。法律逻辑帮助人们找到法律问题的解决方案，形式逻辑（包括演绎和归纳两类规则）则证立这一解决方案。他不同意法律逻辑必然是非形式的。虽然法律逻辑的许多规则是建立在主观评价的基础之上的，这一事实使得在很多情况下很难甚至不可能把这些规则形式化，但是在另一方面，许多法律推理的规则可以非常容易地被形式化。甚至有时候不但可以把一个单独的规则形式化，还可以建立一个法律推理规则的形式系统。为了证明这一点，他建立了一个冲突规则的谓词逻辑推理系统。

在法律体系中包含以下"冲突规则"：

后法优先于先法（lex posterior derogat legi priori）。

上位法优先于下位法（lex superior derogat legi inferiori）。

特殊法优先于一般法（lex specialis derogat legi generali）。

在先的上位法优先于在后的下位法（lex superior prior derogat legi inferiori posteriori）。

---

[1] Jaap Hage, Studies in Legal Logic, Springer, 2005, pp. 198–201.

上位的一般法优先于下位的特殊法（lex superior generalis derogat legi inferiori speciali）。

在先的特殊法优先于在后的一般法（lex prior specialis derogat legi posteriori generali）。

前三个规则被称为"冲突规则的第一序列"，后三个规则被称为"冲突规则的第二序列"。当应用第一序列的规则导致矛盾时，我们应当用第二序列的规则。

为建立基于以上关系的形式系统。需要在一个谓词逻辑系统的词汇表中增加一些二元谓词：ESup（…，…），ESpec（…，…），EPost（…，…），Sup（…，…），Spec（…，…），Post（…，…），Der（…，…）。项、原子公式、公式和句子的定义都与标准谓词逻辑相同。该系统的公理是：按照谓词逻辑有效公式的模式构造该系统语言的所有句子，以及描述ESup（…，…），ESpec（…，…），EPost（…，…），Sup（…，…），Spec（…，…），Post（…，…）属性的一些公理：

AXIOM 1 (x) ESup (x, x),

AXIOM 2 (x) (y) {ESup (x, y) ⇒a ESup (y, x)},

AXIOM 3 (x) (y) (z) {ESup (x, y) & ESup (y, z) ⇒ ESup (x, z)},

AXIOM 4 (x) Sup (x, x),

AXIOM 5 (x) (y) {Sup (x, y) & −ESup (x, y) ⇒ −Sup (y, x)},

AXIOM 6 (x) (y) (z) {Sup (x, y) & Sup (y, z) ⇒ Sup (x, z)},

AXIOM 7 (x) (y) { −Sup (x, y) ⇒ Sup (y, x)},

AXIOM 8 (x) ESpec (x, x),

AXIOM 9 (x) (y) {ESpec (x, y) ⇒ ESpec (y, x)},

AXIOM 10 (x) (y) (z) {ESpec (x, y) & ESpec (y, z) ⇒ ESpec (x, z)},

AXIOM 11 (x) Spec (x, x),

AXIOM 12 (x) (y) {Spec (x, y) & −ESpec (x, y) ⇒ −Spec (y, x)},

AXIOM 13 (x) (y) (z) {Spec (x, y) & Spec (y, z) ⇒ Spec (x, z)},

AXIOM 14 (x) (y) { −Spec (x, y) ⇒ Spec (y, x)},

AXIOM 15 (x) EPost (x, x),

AXIOM 16 (x) (y) {EPost (x, y) ⇒ EPost (y, x)},

AXIOM 17 (x) (y) (z) {EPost (x, y) & EPost (y, z) ⇒ EPost (x, z)},

AXIOM 18 (x) Post (x, x),

AXIOM 19 (x) (y) {Post (x, y) & -EPost (x, y) ⇒ -Post (y, x)},

AXIOM 20 (x) (y) (z) {Post (x, y) & Post (y, z) ⇒ Post (x, z)},

AXIOM 21 (x) (y) {-Post (x, y) ⇒ Post (y, x)}。

该系统的规则是谓词逻辑的规则和表述 Der (…, …) 属性的规则：

(1) RULE 1。

Sup (x, y),

-ESup (x, y),

Der (x, y)。

(2) RULE 2。

ESup (x, y),

Spec (x, y),

-ESpec (x, y),

Der (x, y)。

(3) RULE 3。

ESup (x, y),

ESpec (x, y),

Post (x, y),

-EPost (x, y),

Der (x, y)。

根据公理 1—公理 21，谓词 ESup (…, …)、ESpec (…, …)、EPost (…, …) 表示一些等价关系，Sup (…, …)、Spec (…, …)、Post (…, …) 表示一些线性次序关系，根据直观感觉，法律规范的集合具有这些关系。因此，我们把 ESup (…, …) 读作"规范……既不上位于，也不下位于规范……"。把 ESpec (…, …) 读作"规范……既不特殊于，也不一般于

31

规范……"。把 EPost（…，…）读作"规范……既不先于，也不后于规范……"。把 Sup（…，…）读作"规范……不下位于规范……"。把 Spec（…，…）读作"规范……不一般于规范……"。把 Post（…，…）读作"规范……不后于规范……"。关于 Der（…，…）的规则，规则1可被称为"后法废除规则"，规则2可被称为"一般法废除规则"，规则3可被称为"先法废除规则"。这些规则描述了"冲突规则"间的废除次序关系及规则的结构，规则1—规则3确定了它们之间的层次——规则1是最强的规则，规则3是最弱的规则，因此，该系统就不再需要第二序列的冲突规则。该系统是一个法律逻辑的形式系统。所以，法律逻辑未必一定是非形式的。[①]

（三）普拉肯对带举证责任的论证的形式化理论

一般认为，举证责任分配是法律论辩中最难以形式化的部分，也是坚持形式逻辑无法表达法律论证观点的主要论据，事实上，这种指责是完全没有道理的。根据构造主义理论的观点，把一个理论构造出来是对该理论的最好的证明，而荷兰逻辑学家普拉肯就构造了这样一个系统。该系统是在普拉肯和萨尔托尔（1996）以及普拉肯（1999）系统的基础上，通过增加举证责任概念而扩充形成的。这些增加的概念的定义包括：

定义1.1 ［对话］

对话是一个非空行动序列 M1，…，Mn，…。每一 Mi 都具有形式（玩家 i，论证 i）且：

（1）玩家 i = P，当且仅当，i 是奇数，且玩家 i = O，当且仅当，i 是偶数。

（2）如果玩家 i = P（i > 1），那么论证 i 严格击败论证 i - 1。

（3）如果玩家 i = O，那么论证 i 严格击败论证 i - 1。

一个对话是以论辩理论（AT）为基础的，当且仅当，这个论辩理论（AT）包括了对话中所使用的所有论证及其击败关系。第一个条件说的是，先由正方开始，然后玩家轮流进行，而第二个条件和第三个条件说的是 P 和 O 行动的必要条件。

[①] Andrzej Malec, Studies in Logic, in Grammar and Rhetoric 5 (18), 2002.

定义 1.2 [赢，证成]

一玩家"赢得"对话，当且仅当，另一玩家无法行动了。论证 A 在论辩理论（AT）中得到证成，当且仅当，正方在以从 A 出发的论辩理论（AT）为基础的任何对话中均有一个赢策略。一公式被证成，当且仅当，它是一个证成论证的结论。

定义 1.3 [对话角色]

令 $M1, ..., Mn, ...$ 是形式 $Mi =$（玩家 i，论证 i）任一非空行动序列，且考虑了各种举证责任分配。那么，对于任意 i 而言，玩家 i 在 Mi 中的角色，用"角色（玩家 i）"表示，可以定义如下：

（1）如果 $i = 1$，那么，角色（玩家 i）$= P$。

（2）如果 $i > 1$，那么，

（a）如果"论证 i"的某个子论证具"玩家 i"要证明的结论，那么，角色（玩家 i）$= P$。

（b）否则，"角色（玩家 i）"就是在 $Mi - 1$ 中的"角色（玩家 $i - 1$）"的对立面。

现在所有要做的事情是，要定义对话中采用的论证之击败力取决于其行动者论辩角色。可通过定义带举证责任的对话概念来做到这一点，它看起来更像对话定义，但它分别用原告与被告取代了正方与反方，使得论证的必要力量取决于玩家的角色。

定义 1.4 [带举证责任的对话]

"带举证责任对话"是一个非空行动序列 $M1, ..., Mn, ...$。其中，每一 Mi 都具有形式"（玩家 i，论证 i）"且：

（1）玩家 $i = p$，当且仅当，i 是奇数，且玩家 $i = d$，当且仅当，i 是偶数。

（2）如果"角色（玩家 i）"$= P$（$i > 1$），那么，"论证 i"严格击败"论证 $i - 1$"。

（3）如果"角色（玩家 i）"$= O$，那么，"论证 i 击败了论证 $i - 1$"。

赢的条件仍然相同：如果另一方无法行动了，那么玩家就赢得了对话。①

需要注意的是，最后得出的结论之一是"带举证责任推理不可能在可废止论辩逻辑中完全建模，且在其他任何非单调逻辑中也不可能做到这一点。我们也需要一些程序概念即显性举证分配和论辩角色。这些概念引出了一个新论证游戏，但与基于论证的证明论和语义学并没有明显相符之处"。这并不是要否定形式化方法在法律领域的作用，而是指出逻辑只能刻画出论辩的基本框架，至于对举证责任的分配必须基于实质的考量。

以上三个关于法律对话、法律推理和法律论辩的逻辑理论分别属于命题逻辑、谓词逻辑和非经典逻辑体系，其中洛伦茨和洛伦兹的论辩命题逻辑采用了命题逻辑的基本词汇和语法，甚至推理规则也是一样的，却赋予了论辩对话的语义解释，从而把逻辑证明的过程视为对话的成功辩护，关于"真"的逻辑有效性概念也被代之以关于一个主张是否能被接受的评估性概念。该理论表明，对于形式逻辑只能表达关于逻辑真值推理有效性的指责是站不住脚的，逻辑的语法系统与其语义解释并不具有唯一的对应，在建构逻辑理论时，完全可以根据需要赋予其不同的意义，在这方面形式逻辑具有足够的灵活性。安杰伊·马莱克关于法律规则推理的谓词逻辑理论是在经典谓词逻辑的基础上通过增加新的公理和推理规则形成的一个扩充的谓词逻辑理论，它表明谓词逻辑具有强大的扩充能力，可以根据需要把法律领域中的一些基本规则作为公理和推理规则添加到经典逻辑中去，构建出不同的形式系统。普拉肯对带举证责任的论证的形式化理论是一个非经典的逻辑推理系统，同样采用了通过对对象领域的基本概念和原则形式定义的方法，不同之处是该理论对论证主体做了区分，并引入了可废止关系，从而成为与经典逻辑大相径庭的形式结构，具有非单调的、多主体的特点。这些理论在向人们展示形式逻辑灵活的建构性特点的同时，并没有失去其严格规范性的性质，在建构逻辑系统时，无论选择什么样的逻辑常量、变量、推理规则，无论怎样解释逻辑算子的意义，它们都是按照形式定义的方式给出的，从而对什么样的推理

---

① ［荷］亨利·帕克：《论法律论证中举证责任的形式化》，熊明辉译，载《法律哲学与法社会学论丛》2005 年卷（总第 8 期）。

是符合标准的作出唯一的判定。笔者认为，逻辑对于理性认识的作用之一就在于其能够为正确的推理提供明确的、严格的判定标准。

三、作为法律分析工具的形式逻辑与非形式逻辑的关系

下面我们对非形式逻辑学家的指责作出简单的回应。

对于来自第一个方面的指责，上面已做过分析，即逻辑真值并不是形式逻辑唯一的语义，所谓逻辑的真假并不是，或者说不仅仅是认识论意义的真假，而是一个抽象的状态，可以把它解释为一般认识论意义上的真假，也可以解释为电路的开和关、数学上的1和0……在这方面，它和逻辑词汇、语法、公理、推理规则的选择同样是灵活、自由的。

对于来自第二个方面的指责，显然混淆了逻辑在法律舞台上应该扮演的角色。"逻辑有效性是合理性的一个必要条件，尽管它本身不是充分条件。逻辑只涉及前提和结论之间的形式关系，而对从实质意义上前提是否能够令人接受，以及在各种法律规则之间作出的选择是否得以证立的问题不置可否。在逻辑方法中，合理性并不等同于形式有效性。要全面评价法律论证，除了形式标准，还要求实质标准。"[①] 作为法律思维的分析、评价工具，"所有的论证都是向形式分析开放的，同样也是向非形式逻辑开放的。前者是关于论证的有效性的，后者是关于前提的可接受性的"。并且，按照阿伦德·索特曼的观点，这样一个论证或者通过增加一个可以接受的前提使其形式有效，或者不能。如果能使其有效，最好的事情就是增加这样一个可以接受的前提并使其保持形式逻辑的有效。如果一个论证不能通过增加一个前提而使其形式有效，那么，它就应该作为无效的论证而被抛弃。因此，非形式论证完全可以发展成为形式论证，并且由于法律结论对于当事人的严肃性，法律论证也应该建立在这样一个形式论证的基础之上。

对于来自第三个方面的指责，显然没有看到现代逻辑最新的发展，因为现代逻辑具有灵活的建构性特点，大量的能够表达这些特点的非单调逻辑、

---

① ［荷］伊芙琳·T. 菲特丽丝：《法律论证原理——司法裁决之证立理论概览》，张其山等译，商务印书馆2005年版，第36页。

弗协调逻辑、开放逻辑、多主体逻辑、动态逻辑已经建构了出来。我们必须以发展的眼光探寻所有有助于法律思维的工具。演绎逻辑虽然有很大的局限性，但是作为一种方法和工具，逻辑学研究的对象不断扩展，从单纯为数学研究奠定基础扩大到认知、伦理、法律、经济、人工智能等领域。自20世纪初以来，先后出现了一些不同于传统演绎逻辑的新的逻辑理论，它们分别从不同角度解决传统演绎逻辑的异常现象。这些逻辑理论的发展为法律逻辑的发展开辟了新的道路：一方面，它采用了现代逻辑强大的工具，使对逻辑思维的表达、判定更加精确和深刻；另一方面，它又摆脱了经典逻辑的一些限制，使现代逻辑不只是局限于作为数学分析的工具，研究范围更加广泛。特别是它和人工智能理论的融合，既可以通过功能模拟的方法建立智能法律专家系统，也使得人们第一次打开了神秘的法律思维的"黑匣子"，从整体和局部两个方面对法律思维进行分析和评价。这些理论一方面通过对法律思维功能的模拟，有助于真正揭示法律思维的结构和模式，通过分支融合的方法引入其他影响法律判断的时态、意愿、行为、主体等因素，使人们对这些因素在法律思维中的作用和意义有了更加清晰、深刻的认识。另一方面，可废止、弗协调等推理模式被广泛地应用，从而对法律推理、法律论证的逻辑特征更富启迪性的认识。这种方法也许因为过于复杂对于实践而言显得价值不大，但作为理论探索工具其价值随着研究的深入而被不断地展现出来。

另外，一些传统认为涉及实质内容推理的理论，如法律论题学理论也可以根据形式逻辑得以表达，其基本思路是：首先，就可能的论题提出最大的交集，作为讨论的平台和基本的前提（这一点可以比较罗可辛所说的问题性思考的第一阶段，即"任意地选出或多或少带有偶然性的各种观点，尝试性地把它们拿出来"）。其次，每一个不同的一致知识集可以作为补充前提，形成不一致的扩张（这应该理解为是第二个阶段，就一定的问题，预先形成各种观点的目录，即topoi目录，按照这个目录探求问题的解决）。最后，对不同的扩张进行审查，形成结论。假如一个可废止理论只有一个扩张，那么就只会有一个结论，如果有不同的扩张，就会有不同的结论，对此可以有两种不同的策略：任意扩张都可作为最终的结论，这是一种轻信的策略；各种不一致策略的最大交集作为最终的结论，这是一种谨慎的策略。因为每一种结论都是基于基本前提和补充前提演绎推出的,结论的不一致的本质在于补充前提的不一致,因此这种解决方案依赖于两点:第一,补充前提及可废止规则的优先关系的确定,这不是逻辑所能解决的,而应该由主体以外显的方式予以明确,例如法律价值、原则的优先关系。第二,论证程序的基本规则,一个正确的论证必须遵守三个体系的规则,法律规则、逻辑规则和程序规则。当根据法律规则、逻辑规则无法确定最终结论时,论证必须按照程序规则进行,例如主张者履行论证责任规则、论证终止规则等。

对于来自第四个方面的指责,认为形式逻辑只从语法、语义两个方面研究思维的形式有效性,而实际的思维还是语境相关的,即没有涉及逻辑的语用研究,并提出了相干性—充分性和可接受性标准。很显然,满足这些标准确实是保证思维正确性的必要条件,但是,如何界定这些标准并不是逻辑学所要做的,而是所有法律方法共同的任务。因为缺乏明确的可判定标准,基于非形式逻辑得出的结论是或然的,它所提供的是增加说服力或者前提对结论支持度的方法,这种方法无法像演绎推理那样提供一套严格的可判定标准,而对前提的发现和选择虽然体现着经验与智慧之光,但对于一般的人来说显得神秘而不可捉摸,并且由于其不确定性的特点,似乎也无法为法学的刚性提供可靠的基础。

对于理论的批判固然重要,但是这种批判的价值还取决于批判后的建设,在批判了形式逻辑的不适宜性之后,非形式逻辑理论又为我们提供了什么呢?图尔敏提供的不过是一个扩展了的三段论模型,增加了对于推理前提可接受性的论证,但是,什么样的前提可以接受并不是一个单凭逻辑就能解决的问题,形式逻辑的一个优点在于通过对问题的严格界定,确定自己的能与不能,它所能做的就是保证如何从承诺的前提中推出必然的结论,它所不能做的,如法律概念、规则的阐释、选择等由法律解释、利益衡量等法律方法来完成,很显然,一些所谓的非形式法律逻辑体系只不过把一些本不应由逻辑负责的任务纳入自己的研究范围,就逻辑的核心任务,即保证结论的有效性而言,非形式逻辑能做到的,形式逻辑也能做到,形式逻辑做不到的,非形式逻辑也做不到。至于佩雷尔曼所提到的诉诸新修辞学的解决方案,笔者认为存在更多值得商榷的地方,例如,其核心思想之一是把听众的认可作为论证的可接受性的评价标准,但是,什么样的论证可以被听众接受呢?什么样的听众有资格评价论证的可接受性呢?佩雷尔曼的答案是理性的听众,那么,论证主体完全可以说他(们)所有的论证都是可接受的,如果有听众认为它们是不可接受的,是因为这些听众是不理性的;而任何一个听众都可以对所有的论证作出自己的评价,因为他(们)自认为是理性的。所以,在没有对理性作出明确的界定之前,以其作为评价论证的标准必然导致自以为是的结果。

事实上,我们并不完全否定非形式逻辑的作用,在法律思维的过程中,它能够提供一些合情论证的方法,使前提对结论有一定的支持和评估,这是形式逻辑做不到的,但它与形式逻辑不是替代或竞争的关系,而是相互补充的合作关系,例如上面提到的普拉肯的法律论辩模型。

第二章

标准道义逻辑及其悖论与消解

本章简单介绍一元标准道义逻辑（Stand Deontic Logic，简称 SDL）和二元标准道义逻辑（Dyadic Stand Deontic Logic，简称 DSDL）并分析其存在的问题。标准道义逻辑是目前引用最为广泛、研究最为深入的道义逻辑系统，也是道义逻辑研究的理论起点和基础。其广泛存在的悖论及消解难题，表明了经典逻辑作为刻画实践中的规范推理的局限性。

一、经典道义逻辑系统 CDL

（一）基础逻辑系统 PC

标准道义逻辑是在经典逻辑语言的基础上加上相应的道义算子而构成的一个扩张系统，为了更清楚地表达这些系统，统一今后的表达形式，有必要在这里给出其基础逻辑。

作为标准道义逻辑的基础逻辑通常是命题逻辑，可以用不同的形式予以刻画，本书采用的是李娜《数理逻辑的思想与方法》给出的一个命题逻辑系统 PC[①]。其形式语言用 $\mathcal{L}_{PC}$ 表示。

1. 命题语言的字母表

甲类：p, q, r, s, p1, q1, r1, s1, p2, ……；

乙类：T, F, ¬, ∨；

丙类：(,)。

2. 命题语言的形成规则

甲：任意甲类符号、常项 T 和 F 都是合式公式。

---

① 李娜：《数理逻辑的思想与方法》，南开大学出版社 2006 年版。

乙：如果符号序列 X 是合式公式，则¬X 也是合式公式。

丙：如果符号序列 X 和 Y 是合式公式，则（X∨Y）也是合式公式。

丁：只有符合以上三条的符号序列才是合式公式，简称公式，记作 Wff。

此外，我们还将引进一些语法符号：

（1）小写字母 π 是语法变项，它的值是甲类中的任意符号，如 p，q 等。

（2）大写的拉丁字母 X，Y，Z 是语法变项，它们的值是任意符号序列，如（p∨q），p¬ 等。

（3）大写的英语字母 A，B，C 等是语法变项，它们的值是任意合式公式。

（4）"⊢"是语法符号，它被写在一个合式公式之前，表示紧跟其后的合式公式是本系统要肯定的。

形成规则甲规定了常项 T，F（有时候我们用⊥代替）和命题变元 p，q，r 等都是公式，这类公式也叫原子公式。形成规则乙和丙都是由原子公式生成的，它们被称为复合公式。根据主联结词，乙类公式叫否定式，丙类公式叫析取式。形成规则丁是限制性规则，说明哪些符号序列不是公式。

因为 $\mathcal{L}_{PC}$ 是可数无穷集，那么 $\mathcal{L}_{PC}$ 的全体公式组成的集合 W ＝｛Wff：Wff 是 $\mathcal{L}_{PC}$ 的公式｝也是可数无穷集。

3. 定义

定义甲：（A∨B）被定义为¬（¬A∨¬B）。

定义乙：（A→B）被定义为（¬A∨B）。

定义丙：（A↔B）被定义为（(A→B)∧(B→A)）。

有了以上定义，我们就可以将（A∧B）作为符号序列¬（¬A∨¬B）的缩写，将（A→B）作为（¬A∨B）的缩写，将（A↔B）作为（(A→B)∧(B→A)）的缩写。

4. PC 的公理（模式）

A1：A∨A→A；

A2：A→A∨B；

A3：A∨B→B∨A；

A4：(B→C) → ((A∨B) → (A∨C))。

A1 至 A4 本身并不是公理，而是四个公理模式，每个公理模式都代表着无穷多条公理。当我们对其中的 A 和 B 作出某种指明后，公理模式就变成了一条公理。为了方便，在不引起混乱的情况下，有时我们也把公理模式叫公理。

5. PC 的推理规则

由 A 和 A→B 可推出 B。

该规则可记作 MP 规则。

由公理和推理规则可以构成一个无穷集合。这个无穷集合的元素有两类。第一类是公理，第二类是由公理根据推理规则演绎出的新元素，这类元素是系统的定理。实际上，这一集合就是本系统所有重言式的汇集，即 PC 的定理集，记作 Th（PC）。

（二）经典道义逻辑系统 CDL

1. 经典道义逻辑系统（Classical Deontic Logic，简称 CDL）的字母表

在命题语言字母表的基础上增加一个初始符号：

丁类：P。

2. CDL 的形成规则

在命题逻辑的形成规则基础上增加一条：

戊：如果 X 是合式公式，则 PX 也是合式公式。

3. 定义

在命题逻辑定义的基础上增加以下定义：

定义丁：OA 被定义为 ¬P¬A。

定义戊：FA 被定义为 ¬PA。

有了以上定义，我们就可以将 OA 作为符号序列 ¬P¬A 的缩写，将 FA 作为 ¬PA 的缩写。

4. CDL 的公理（模式）

C0：所有 PC 重言式；

C1：PA∨P¬A；

C2：P（A∨B）↔PA∨PB；

C3："O（A∨¬A）"和"¬P（A∧¬A）"不是有效的。

其中 C1 被称为"准许原则",其意思是说任何行为 A,或者 A 是被允许的或者¬ A 是被允许的。C2 被称为"道义分配原则",其意思是说 A∨B 是被允许的,当且仅当 A 是被允许的或者 B 是被允许的,根据该原则算子 P 被分配到析取支上。C3 被冯·赖特称为"道义偶然性原则",因为无法根据 C1 和 C2 推出 C3,因此 C3 是多余的,后来冯·赖特放弃了该原则,而接受了"道义必然化原则",即 O(A∨¬ A) 和¬ P(A∧¬ A) 是有效的。而这正是 CDL 与 SDL 的主要区别之一。

5. CDL 的推理规则

在 PC 推理规则的基础上增加下面的"等值置换规则":

⊢A↔B,则⊢PA↔PB。

因为冯·赖特并没有给出其系统的严格语义,以上原则(公理或原则)皆是基于直观认识而给出的,难免存在争议与分歧,可以看出,该系统与后面的 SDL 主要存在以下区别:第一:该系统中的变量表达的是行为类型而不是命题。结果导致道义算子符号作用的不是语句,而是行为类型的名称(如盗窃、履行诺言等),从而形成所谓的规范语句(如禁止盗窃、应当履行诺言等)。第二,因为 OA 是一个语句,而不是一个行为的描述,用道义算子对其约束是不恰当的(如应当履行诺言)。因而道义算子的叠置构成的表达式(如 OOA)不是一个合适的公式,也无法予以合理的解释。第三,规范语句可以适用逻辑联结词,如¬,∨,∧,→等,从而不但能够构成复合规范性语句(如 OA∧OB,OA∧PA 等),而且可以构成复合的行为描述语句(如 A∧B,A∨¬ B 等),以及包含复合行为描述语句的规范性语句〔如 O(A∧B)→OA∧OB 等〕。因为经典的逻辑联结词通常只能用于具有真假值的命题语句,而行为的名称语句并不具有真价值,所以,按照冯·赖特自己的说法,该系统属于"ought-to-do"类型的逻辑,而非 SDL 类型的"ought-to-be"逻辑,这也开启了两类逻辑之间无谓的口水之战。冯·赖特后来也意识到该系统的这种用法存在问题,一方面继续努力创建真正的以行动为基础的道义逻辑〔冯·赖特(1983)〕[1]。另一方面在多篇论文中承认了后者的解释。

---

[1] G. H. von Wright, Practical Reason, Oxford: Basi Blackwell, pp. 169-193, 1983.

第四，混合公式（如 A→OA 等）在该系统中不是合适公式，因为如果 OA 是一个合适公式，A 就必须是一个行为类型的名称而不是一个语句，那么当其作为一个规范性语句约束的对象时，它就不能出现在→之前。这就意味着在该系统中无法表达对一个规范的违反（如 OA∧¬A），也不包含事实分离规则。第五，该系统采用的是道义偶然性公理即 C4，而没有采用道义必然性公理 O-NEC。基于人们对后者作为公理本身存在质疑，冯·赖特的这种做法也许具有更大的合理性，至于后来 SDL 系统包含的道义必然性公理，如前所述，这仅仅是出于研究的方便而采取的一种策略，或者说是一种妥协，因而道义逻辑愈发像经典模态逻辑了。第六，该系统以表达允许的道义算子 P 作为初始算子，而后来的道义逻辑系统多以表达应当的道义算子 O 作为初始算子，考虑到两个系统都接受这两个算子的相互定义性，即 PA $=_{def}$ ¬O¬A，因此这种差别是无关紧要的。

二、一元标准道义逻辑系统 SDL

（一）SDL 公理系统

1. SDL 的字母表

在命题逻辑语言 $\mathcal{L}_{PC}$ 字母表的基础上增加一个初始符号：

丁类：O。

2. SDL 的形成规则

在命题逻辑 PC 的形成规则基础上增加一条：

戊：如果 X 是合式公式，则 OX 也是合式公式。

3. 定义

在命题逻辑定义的基础上增加以下定义：

定义丁：PA 被定义为¬O¬A。

定义戊：FA 被定义为 O¬A。

有了以上定义，我们就可以将 PA 作为符号序列¬O¬A 的缩写，将 FA 作为 O¬A 的缩写。

4. SDL 的公理（模式）

S0：所有 PC 重言式；

S1：O（A→B）(OA→OB)； （OK - 公理）

S2：OA→¬ O¬ A。 （D - 公理）

5. SDL 的推理规则

在 PC 推理规则的基础上增加下面的规则：

S3：A/OA。 （ON - 必然化规则）

（我们可以把 MP 规则称为 SDL 的 S4。）

OK 公理对于任何模态必然性算子都是成立的，其实质是说义务在逻辑蕴涵中封闭。对于能否接受该公理是存在争议的，但是，它却是模态逻辑方法所必需的。还需要注意的是 O - 必然化规则（S3），这也是把道义逻辑视为一个正规模态逻辑的思想的一部分。该系统也蕴涵下面的被冯·赖特所明确反对的公式：

OT：O（A∨¬ A）。 （存在空的规范系统）

因为如果我们要把道义逻辑视为克里普克类型的模态逻辑的一个分支，我们就必须接受 OT。

6. SDL 的语义

与其他模态逻辑一样，标准道义逻辑系统的语义也建立在可能世界这个概念的基础之上。一个所谓的克里普克模型是一个三元组 <W, R, V>，其中 W 是一个非空的可能世界集合，R⊆W×W 是 W 上的一个二元关系，通过这个关系每一个可能世界 w 与一个可及的道义理想可能世界集合联系起来。其背后的思想是在一个可能世界 w（现实世界）里 Op 是一个规范，当且仅当该 p 在可能世界 w 的所有可及的道义理想可能世界里 p 作为相应的规范都得到了满足。从而道义算子 O、P、F 像在其他模态逻辑中的模态算子那样得到类似的处理。

更形式化的表达是：假设一个克里普克模型 M = <W, R, V> 和一个可能世界 w∈W，则道义算子的语义可做如下定义。

标准道义逻辑形式语句在模型 M 的可能世界 w∈W（见图 2.1）中的真值可递归定义如下：

(1) M, w⊨p_i, 当且仅当 V(p_i, w) = 1；

(2) M, w⊨¬ A, 当且仅当 M, w⊭A；

(3) M，w $\models$ A∧B, 当且仅当　　M，w $\models$ A 并且 M，w $\models$ B；

(4) M，w $\models$ A∨B, 当且仅当　　M，w $\models$ A 或者 M，w $\models$ B；

(5) M，w $\models$ A→B, 当且仅当　　M，w $\models$ ¬ A 或者 M，w $\models$ B；

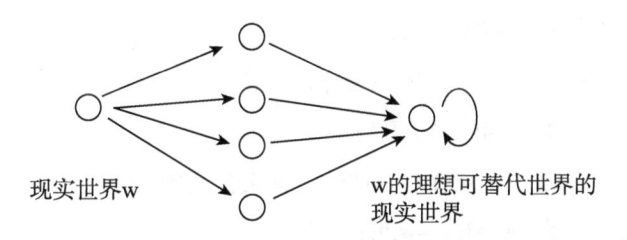

(6) M，w $\models$ OA， 当且仅当　　$\forall v \in W$：如果 R（w，v），那么 M，v $\models$ A。

(7) M，w $\models$ PA， 当且仅当　　$\exists v \in W$：如果 R（w，v），那么 M，v $\models$ A。

(8) M，w $\models$ FA， 当且仅当　　$\forall v \in W$：如果 R（w，v），那么 M，v $\not\models$ A。

图 2.1　标准道义逻辑的克里普克语义模型

基于 SDL 选择 O 作为初始道义算子，对 Op 的赋值就是检查 Op 的所有基于关系 R 的所有理想可替代世界里是否为真。其他的道义算子根据相关定义给出。

有效性的概念也完全类似于经典模态逻辑：公式 Op 相对于一个克里普克模型类 $\mathcal{M}$ 是有效的，写作 $\mathcal{M} \models$ Op，当且仅当 Op 在模型类 $\mathcal{M}$ 中的每一个克里普克模型 M 中的每一个可能世界里为真，即对于每一个 M = <W，R，V> $\in \mathcal{M}$，w $\in$ W，M，w $\models$ Op。

可以证明，如果限定 R 具有连续性，即要求每一个可能世界 w 都有一个可及的道义理想可能世界，则标准道义逻辑系统相对于这个语义是可靠的也是完全的。

（二） SDL 的定理、悖论及其分类和消解[①]

1. SDL 的定理、悖论

可以证明标准道义逻辑包含以下定理：

(1) $OA \leftrightarrow \neg P \neg A$；

(2) $O(A \wedge B) \leftrightarrow OA \wedge OB$；

(3) $\neg(OA \wedge O \neg A)$，"柏拉图悖论""道义一致性原则"；

(4) $P(A \vee B) \leftrightarrow PA \vee PB$，"非自由选择的允许"；

(5) $OA \vee OB \to O(A \vee B)$；

(6) $OA \to O(A \vee B)$，"罗斯悖论"；

(7) $P(A \wedge B) \to PA \wedge PB$；

(8) $FA \to F(A \wedge B)$，"抢劫者悖论"；

(9) $(OA \wedge PB) \to P(A \wedge B)$；

(10) $(OA \wedge O(A \to B)) \to OB$，"道义分离规则"；

(11) $(PA \wedge O(A \to B)) \to PB$；

(12) $(FB \wedge O(A \to B)) \to FA$；

(13) $FB \wedge FC \wedge O(A \to (B \vee C)) \to FA$；

(14) $\neg(O(A \vee B) \wedge FA \wedge FB)$；

(15) $(OA \wedge O((A \wedge B) \to C)) \to O(B \to C)$；

(16) $O(\neg A \to A) \to OA$；

(17) $OB \to O(A \to B)$，"导出义务悖论"；

(18) $FA \to O(A \to B)$，"受害者悖论"；

(19) $O \neg A \to O(A \to B)$，"导出义务悖论"；

(20) $\neg P \neg (A \to OB)$，"条件义务悖论"；

(21) $\neg O(A \wedge \neg A)$，"不应当做相矛盾的事情"；

(22) $(OA \wedge O(A \to B) \wedge (\neg A \to O \neg B) \wedge \neg A \leftrightarrow \bot$，"齐硕姆悖论"；

[①] 本节的讨论主要参考了 R. J. Wieringa, J. J. C. Meyer, Deontic Logic：A Concise Overview. In Deontic Logic in Computer Science：Normative System Specification. Chichester, UK：John Wiley & Sons, pp. 3 – 16, 1993. 以及 Azizah al‑Hibri, Deontic Logic：A Comprehensive Appraisal and a New Proposal. Washington, D. C.：University Press of America, 1978.

(23) A→B/OA→OB，"阿奎斯特悖论""善良的撒玛利亚人悖论"。

以上部分定理经过具体的解释，根据一致或者可以接受的前提集合却得出了不一致或者有违直观的结论，因此被称为"道义悖论"。具体包括以下几种。

第一，罗斯悖论[①]。

该悖论是对定理6的直观解释：

亚瑟帮助约翰是应当的。

令A表示亚瑟帮助约翰。

令B表示亚瑟杀死约翰。

那么，我们可以进行以下推理：

（1'）OA（前提）。

（2'）所以，OA∨OB（根据（1'）和PC规则）。

（3'）所以，O（A∨B）（根据（2'）和定理5）。

其中，（3'）可以读作：

（3）或者亚瑟帮助约翰或者亚瑟杀死约翰，这是应当的。

很显然，如果亚瑟杀死约翰，那么可以满足（3）表达的义务，而这很显然是荒谬的。

第二，阿奎斯特悖论[②]。

该悖论是下面所称的善良的撒玛利亚人悖论的另一个版本。是对定理23的直观解释：

（1）斯密斯避免抢劫约翰，这是应当的。

（2）撒玛利亚人帮助斯密斯抢劫的约翰，这是应当的。

令A表示斯密斯抢劫约翰。

令B表示撒玛利亚人帮助约翰。

则以上两个句子可形式表达为：

（1'）O¬A；

---

① Alf Ross, Imperatives and Logic, Theoria 7, pp. 53–71, 1941. 其最为常见的一个以P为道义算子的版本是：你邮寄这封信是被允许的，所以，你邮寄这封信或者烧掉它是被允许的。

② Lennart Åqvist, Good Samaritans, Contrary-to-duty Imperatives and Epistemic Obligations, Nous 1, p. 366, 1967.

(2') $O(A \wedge B)$。

阿奎斯特论证道，根据命题逻辑和 S3 我们可以从（2'）推出 O A，即：斯密斯抢劫约翰是应当的。[①] 该结论不但是违背直观的，而且违背了定理 3，即道义一致性原则，很显然它与（1'）构成了一个形式矛盾。

第三，善良的撒玛利亚人悖论[②]。

该悖论涉及定理 23，它建立在以下两个前提基础之上：

（1）如果善良的撒玛利亚人帮助被抢劫的约翰，那么约翰被抢劫了。

（2）约翰被抢劫，这是被禁止的。

令 A 表示善良的撒玛利亚人帮助约翰。

令 B 表示约翰被抢劫是被禁止的。

则以上两个语句可表达为：

(1') $(A \wedge B) \rightarrow B$；

(2') FB。

根据 S3，可以推出如下结论：

(3') $F(A \wedge B)$。

该公式可读为：

（3）善良的撒玛利亚人帮助被抢劫的约翰，这是被禁止的。很显然，这是很荒谬的。

第四，抢劫者悖论[③]。

该悖论是对定理 8 的直观解释。

（1）抢劫者后悔其抢劫行为蕴涵抢劫行为已经发生了。

（2）禁止抢劫行为的发生。

与善良的撒玛利亚人悖论的推理过程一样，我们可以得出结论：

（3）抢劫者后悔其抢劫行为，这是被禁止的。

[①] Lennart Åqvist, Good Samaritans, Contrary - to - duty Imperatives and Epistemic Obligations, Nous 1, p. 366, 1967.

[②] A. N. Prior, Escapism: The Logical Basis of Ethics. Essays in Moral Philosophy, ed. A. I. Melden, Seattle: University of Washington Press, p. 144, 1958.

[③] P. H. Nowell - Smith and E. J. Lemmon, Escapism: The Logical Basis of Ethics. Mind 69, p. 294, 1960.

第五，受害者悖论[1]。

该悖论是对定理 18 的直观解释。该定理的一个直观解释是根据以下语句：

（1）如果被抢劫的受害者为其被抢劫的命运而哭泣，那么，一个抢劫行为已经发生了。

（2）禁止抢劫行为的发生。

可以推出如下结论：

（3）禁止被抢劫的受害者为其被抢劫的命运而哭泣。

第六，柏拉图悖论[2]。

该悖论是对定理 3，即义务一致性原则的一个直观解释。其描述的是在现实世界存在着冲突义务，而在 SDL 中不允许出现冲突义务。

例如，我的一位朋友借给了我一支枪，并且说晚上会要回，我承诺他当他索要的时候就会归还。后来他在一个疯癫的状况下来到我的面前，要求我归还他的那把枪，并扬言要射杀他的妻子，因为她对他不忠。我应当归还他那支枪，因为我承诺过，这是我的一项义务。但是，我又应当不这样做，因为这意味着我要对一场谋杀负有间接的责任，而且从道义上讲我认为这是错的。

第七，萨特悖论[3]。

该悖论是由萨特构造的，同样用于反对义务一致性原则。该悖论与柏拉图悖论相似，但是，莱蒙认为二者之间存在着差异：柏拉图悖论涉及的是这样一种情况，一个人应当做某件事，同时又不应当做这件事。而萨特悖论涉及的是一个人有一些理由，但不是决定性的理由应当做某件事，并且有一些理由，但也不是决定性的理由不做这件事。如同我们将在第四章要讨论的，实质上它们是道义困境的两个不同的形式。

萨特悖论说的是萨特的一位学生的哥哥在第二次世界大战中被德国人杀

---

[1] P. H. Nowell–Smith and E. J. Lemmon, Escapism: The Logical Basis of Ethics. Mind 69, p. 293, 1960.

[2] E. J. Lemmon, Moral Dilemmas, Philosophical Review 71, p. 152, 1962.

[3] Van Fraasen, Values and the Heart's Command, Journal of Philosophy 70, p. 10, 1973.

害了,这位学生想通过参加自由法国抵抗组织为他的哥哥报仇,然而这位学生的母亲也因为她大儿子的死备受伤害并且更加依赖她的这位小儿子。该悖论的难题在于,这位学生有一个充分的但不是决定性的理由留在他的母亲身边,也有一个充分的但也不是决定性的理由参加自由法国抵抗组织。同时,后面的这个义务陈述与前面的义务陈述是相冲突的,因此,当用标准道义逻辑对其进行形式刻画时,这两个义务陈述就是相互矛盾的。

第八,渎职义务悖论[①]。

(1)你应当去帮助你的邻居。

(2)如果你去帮助你的邻居,你应当告知他你要去。

(3)如果你不去帮助你的邻居,你应当并告知他你要去。

(4)你没去帮助你的邻居。

第九,认知义务悖论。

该悖论产生于 SDL 的一个扩展系统,它是在 SDL 系统的基础上增加一个算子 K,读作"我知道……"形成的。在认知逻辑中,下面的定理是有效的:

⊢KA→A。

我们看下面直观上一致的语句集合:

(1)斯密斯为抢劫约翰而感到后悔是应当的。

(2)我应当知道斯密斯抢劫了约翰。

我们可以对以上语句进行如下形式刻画。

令 A 表示斯密斯抢劫约翰。则:

(1') O¬A;

(2') OKA。

根据前面提到的认知逻辑的定理和 S3,(2') 可以推出:

(3') OA。

该结论与(1')、定理 3 都是不一致的。

[①] L. Aqvist. Good Samaritans, Contrary-to-duty Imperatives, and Epistemic Obligations. Nous, 1, p. 366, 1967.

这九个悖论在道义逻辑的研究文献中是众所周知的，前面的八个悖论分别涉及 SDL 的公理和推理规则的有效性问题。因为我们的观点是该系统的公理和推理规则本质上都是有效的，因此，现在的问题就是如何处理这些悖论问题。

2. SDL 的悖论的分类及消解

第一，SDL 的悖论的分类。

因为 SDL 仅仅是在命题逻辑的基础上增加了 OK 公理、D 公理和必然化规则 ON，假设我们把命题逻辑视为当然的话，这些悖论的产生当然也只有这三个原则负责，据此我们可以把道义逻辑悖论分为三类。

首先，在大部分道义逻辑系统中，都包含着一元道义算子 F，并把它定义为 O¬。按照这种大多数人的做法，阿奎斯特悖论和善良的撒玛利亚人悖论实际上是同一个悖论的不同版本而已，并且抢劫者悖论和受害者悖论也是善良的撒玛利亚人悖论的一个特殊形式。所以，对于这几个悖论我们只需讨论一个就可以了。

从历史发展的角度看，善良的撒玛利亚人悖论提出得最早，因此，这类悖论的最初形式是 F 版本的，但是，道义逻辑学家们考虑到 F 与 O 的相互定义关系，通常用同一个名称指称这两个悖论。因为主流的做法是把 O 算子作为初始算子，所以，我们把阿奎斯特悖论作为这类悖论的典型。

其次，接着的两个悖论，柏拉图悖论和萨特悖论都可以称为冲突义务悖论，这是因为：其一，道义逻辑学家们在讨论冲突义务的时候，对这两种情况并不予以区分。其二，这两个悖论涉及的都是义务一致性原则。因此，这两个悖论的解决方案也非常类似。

最后，渎职义务悖论是单独的一类，它们在道义逻辑研究中占据着非常重要的位置。这个悖论在相关文献的讨论中有一个普遍的共识，即从直观的角度看，该集合是一致的，并且其元素是彼此逻辑独立的。同时在相关的讨论中也存在着极大的争议，即如何对这个集合予以充分的形式表达，它应当满足什么样的要求。在 SDL 中表达（1）和（4）是非常简单的，问题是如何表达（2）和（3），因为这涉及如何表达条件义务的问题。在 SDL 中有两种方法可以表达这类语句：

方法一：O（B/A）=$_{df}$A→OB；

方法二：O（B/A）=$_{df}$O（A→B）。

根据齐硕姆语句集合原本的形式结构，在 SDL 中应当选择方法二表达（2）语句，选择方法一表达（3）语句，则原语句集合可形式表达为：

(1) Oh；

(2) O（h→t）；

(3) ¬h→O¬t；

(4) ¬h。

这是齐硕姆所采用的方法，随即他就指出了这种表达方法导致了矛盾的结论：因为根据（1）和（2）可推出 Ot；根据（3）和（4）可推出¬Ot，这与公理模式（D）相矛盾。

假如采用方法一表达（2）和（3），结果就是一致的，但是却失去了逻辑独立性，因为（2）是（4）的一个逻辑后承。同样地，如果采用方法二表达（2）和（3），根据（RM）规则，（3）又成为（1）的一个逻辑后承。因此，我们可以得出结论：在 SDL 中，无法在满足一致性和逻辑独立性的两个基本要求的前提下表达齐硕姆语句集合。普拉肯和塞尔戈特（1996）[①] 认为，（2）和（3）应当给予不同的逻辑表达形式，仅仅因为（3）是一个渎职义务条件，其意思是在（1）语句表达的义务被违反的情况下产生效力的义务，而（2）不是一个渎职义务条件。卡尔莫和琼斯（2002）[②] 对此批评道：普拉肯和塞尔戈特的理论导致对道义条件采用不同的逻辑形式的处理方法具有很大的语境依赖性，也即是说增加或者减少前提集合中的规范都可能导致要求对其他的规范的形式表达予以修正。例如，按照他们的方法，去掉齐硕姆语句集合中的（1）将导致要求修正对（3）的形式表达。同样地，对于一个既有语句的形式表达将由于其他语句推出的新的语句而被修正。例如，在初始的集合中包含语句"如果 A 则应当 B"，我们假设它不是一个渎职义务，但

[①] H. Prakken and M. J. Sergot, Contrary-to-duty Obligations. Studia Logica, 57, pp. 91–115, 1996.

[②] Jose Carmo, Andrew J. I. Jones, Deontic and Contrary-to-duties. D. Gabbay Mid 1. Guenthner（eds.）, Handbook of Philosophirol Logic, Volume 8, pp. 265–343, 2002.

是，如果可以从该集合中的其他语句中推出"不应当 A"，那么"如果 A 则应当 B"就成为一个渎职义务，其逻辑形式也要发生相应的改变。对于复杂的推导关系，这种表达形式的语境依赖性将产生难以把握的影响。现在对于一个齐硕姆语句集合之类的较小的初始集合，可以比较容易地把握哪些地方需要予以修正。但对于一个包含较多规范的语句集合，则不难想象，事情将变得非常难以处理。为此，卡尔莫和琼斯提出了刻画渎职义务的以下几个要求：

（1）一致性；

（2）逻辑独立性；

（3）可适用于无时态和行为因素的渎职义务；

（4）对条件语句（2）和语句（3）采用相同的逻辑结构。

（5）有能力推出指导性义务；

（6）有能力推出固有性义务；

（7）有能力表达义务被违反的事实。

（8）能够避免语用怪论。

其中最后一条表达的意思为避免得出结论 Oh 和 O¬t。目前学界的共识是 SDL 对渎职义务的刻画无法同时满足这些要求。此外，以上对推理前提的这种语境依赖性的处理方法的批评也将适用于我们将在后面提到的普拉肯的道义论辩框架、卢·格布尔的 DPM 系统和 CDPM 系统，以及克里斯蒂安·斯特拉塞尔构建的 ALCDPM.2e 系统。

根据以上分析，以上九个悖论可以大致分为以下三类：

第一类：涉及 ON 的悖论，我们称为阿奎斯特悖论，又可分为两个子类：罗斯悖论和阿奎斯特悖论。

第二类：涉及 D 的悖论，我们称为冲突义务悖论，包括柏拉图悖论和萨特悖论。

第三类：渎职义务悖论。

至于说第九个悖论，虽然它也是一个著名的悖论，但在道义逻辑的发展中并没有产生太大的影响，同时在道义逻辑的研究范围内也没有可能解决它，这是因为该悖论产生的重要原因是对"应当知道"这个概念的形式刻画存在问题，而这个概念并不是所有道义逻辑都要讨论的概念，所以，这个悖论超出了本书讨论的范围，我们不在这里对它做深入的分析。

第二，SDL 的悖论的消解。

基于前面对道义悖论的分类，我们注意到，因为罗斯悖论提出得最早，其目的也主要是论证道义逻辑的不可能性，所以在道义逻辑研究的早期讨论得最为广泛。但是，其所产生的根源在于 ON 原则，这是构建模态逻辑时所必须采用的规则，而该规则又存在明显的争议：一是将所有的逻辑真理都视为道义应当的是否妥当存在着争议，另一个是将基础逻辑中的一些问题也带入到了道义逻辑研究中。对此，我们可以将这些悖论视为采用模态逻辑方法研究道义逻辑必然要付出的代价。因此，对于这些悖论的消解方法主要有两个选择：或者放弃道义逻辑的模态逻辑研究方法，或者承认这种代价是值得的。

对于这类悖论还存在另一种理解，就是在自然语言中对于"应当""允许""禁止"以及逻辑联结词的表达存在着模糊、歧义性，从而造成逻辑的形式刻画很难做到与自然语言完全符合、处处一致。例如，我们所使用的允许这个语词实际上表达着两个有明显差别的允许概念，分别被称为强允许和弱允许：强允许相当于法律中的许可概念，即没有被许可的就是被禁止的；而弱允许的概念相当于没有被禁止的就是被许可的。这两个概念的微妙差别在于，在一个规范体系中没有被明确规制的行为或者事态，对于弱允许概念而言就是被允许的，而对于强允许概念而言就是不被允许的。一般来说，自由选择的允许原则对于强允许概念是有效的，而对于弱允许概念是无效的。因为这类悖论反映出的最大的问题是语言表达方面的模糊与混淆。余俊伟（2005）[1]、冯·赖特（1998）[2]、阿奎斯特（2002）[3] 等皆持这类看法。我们的观点是，没有必要对于这类悖论给予太多的关注，因为它对于一个逻辑是

---

[1] 余俊伟：《道义逻辑研究》，中国社会科学出版社 2005 年版。

[2] von Wright, Deontic Logic—as I See It, Norms, Logics and Information Systems—New Studies in Deontic Logic and Computer Science, 1998.

[3] L. Åqvist, Deontic Logic, in D. Gabbay and F. Guenthner (eds.), Handbook of Philosophical Logic, Volume 8, Kluwer Acaldemic Publishers, p. 149, 2002.

否能够充分地刻画规范结构和规范推理实际上影响并不大。

对于后面两类悖论而言，事实上都涉及冲突规范问题，暴露了标准道义逻辑的局限性。因为按照标准道义逻辑完全排除了规范存在冲突的可能性，这一点在其语义解释中表现得更加清楚。为保证两个义务 OA 和 OB 在一个可能世界 w 中成立，我们需要 v（w）⊆ | A | 和 v（w）⊆ | B |，据此我们要求 v（w）⊆ | A | ∩ | B |。然而，如果 A 和 B 是不一致的，我们必须要求 | A | ∩ | B | = ø，因而我们又可以得出 v（w）= ø。在标准道义模型中，对 v 的唯一要求是它应当映射每一个世界到一个非空的集合中。除了正规模态逻辑的基本框架的假设，标准道义逻辑的所有内容都假设不存在规范冲突。因此，要真正地消除这些道义悖论，唯一的方法就是修正或者放弃标准道义逻辑。

三、二元标准道义逻辑系统 DSDL

一元道义逻辑经典系统 CDL 和标准系统 SDL 都无法刻画条件规范，因而导致出现许多悖论，为此人们提出了不同的解决方案，最终构建了二元道义逻辑（Dyadic Deontic Logic，简称 DDL）系统。

（一）以一元道义算子表达条件义务

以一元道义算子表达条件义务的最简单或者最直观的方法是将条件义务表达为：

O（A→B），

A→OB。

但是，正如我们在前面所分析的，基于这两种方法对齐硕姆语句集合刻画所得到的四个集合 {OA, O（A→B）, ¬A→O¬B, ¬A}，{OA, O（A→B）, O（¬A→¬B）, ¬A}，{OA, A→OB, O（¬A→¬B）, ¬A}，{OA, A→OB, ¬A→O¬B, ¬A} 中的任何一个，在 SDL 中都将是不一致的，或者在四个语句中其中的一些语句可以推出另外一些语句。但是，从直观上看，以上语句表达的情形并非不一致，并且这些语句彼此是相互独立的，因此对于这些语句的形式表达是不可接受的。这就是我们前面提到的齐硕姆悖论。

55

(二) 冯·赖特的新系统 NS

为处理一元道义逻辑中的存在的大量悖论，冯·赖特（1956）[①]引入了一个新的道义算子 O（—｜—），构成二元道义公式 O（A｜B），其表达的意思是在条件 B 下应当 A。而原来的一元道义算子 O 被定义为：OA =$_{def}$ O（A｜T），其中 T 表达任意逻辑重言式，意思是任意条件或者缺省条件。并在 1964 年构建了一个所谓的新系统（New System，简称 NS）[②]。

NS 的语言$\mathcal{L}_{NS}$的字母表类似于一元道义逻辑的语言$\mathcal{L}_{SDL}$，其不同之处在于它在道义算子中增加了"｜"。因此，$\mathcal{L}_{NS}$是满足下列条件的最小集合：

(1) 如果 A、B 包含在$\mathcal{L}_{PC}$中，那么，O（A｜B）包含在该集合中。

(2) 如果 A、B 包含在该集合中，那么，¬A，A∧B，A∨B 和 A→B 也包含在该集合中。

同样，P（A｜B）是¬O（¬A｜B）的缩写，F（A｜B）是 O（¬A｜B）的缩写，OA，PA 和 FA 分别是 O（A｜T），P（A｜T）和 F（A｜T）的缩写。

该系统包含以下原则（公理和推导规则）：

NS0：命题逻辑的所有重言式；

NS1：O（A∧B｜C）↔O（A｜C）∧O（B｜C）；

NS2：O（A｜B∨C）↔O（A｜B）∧O（A｜C）；

NS3：¬（O（A｜B）∧O（¬A｜B））；

NS4：P（A｜B）↔¬O（¬A｜B）；

NS5：OA↔O（A｜T）；

NS6：分离规则 MP；

NS7：等值置换规则。

其中 T 表示任意逻辑重言式，如 A→A。

尽管表面看起来系统 NS 与系统 CDL 和 SDL 有很大不同，但是，我们可

[①] G. H. Von Wright. A Note on Deontic Logic and Derived Obligation. Mind 65, pp. 507 – 509, 1956.

[②] G. H. VonWright. A new System of Deontic Logic. In Danish Yearbook of Philosophy 1, pp. 173 – 182, 1964.

以看到有些公理模式（如 NS1，NS3，NS4）仅仅是后者相应的公理模式的"条件化表达"，而公理模式 NS5 是以条件义务的形式对绝对义务的表达。事实上我们可以把 NS 视为 CDL 的一个扩张系统，因为 CDL 可以推出的定理，包括所谓的道义悖论 NS 都可以推出，并且还可以推出一些新的悖论性的定理，其中最突出的就是 O（A｜B）→¬ O（¬ A｜C）。正如冯·赖特后来所说的，这是明显荒谬的。随后为了解决这些悖论，大量的二元道义逻辑被构建出来，如冯·赖特（1971）[1]、范·弗拉森（1972）[2]、路易斯（1973）[3]，1974[4]、汉松（1969）[5] 等。现在学界普遍接受的是 DDL^H 系统和 DDL^L 系统。DDL^H 系统是汉松（1969）的系统 DSDL3，并由斯庞（1975）[6] 实现了公理化；DDL^L 是阿奎斯特（1986）[7] 中构建的系统。我们将这类 Hansson - Lewis 类型的公理系统统称为二元标准道义逻辑系统 DSDL。

（三）二元标准道义逻辑系统 DSDL

1. DSDL 的公理系统

DSDL 的语言 $\mathcal{L}_{DSDL}$ 与 NS 的语言 $\mathcal{L}_{NS}$ 完全相同。

下面与 SDL 中的原则对应的二元道义公式可被选择为构造 DSDL 公理系统的原则（公理和推理规则）的候选者：

Ext：如果 A↔B 是一个重言式，那么 O（A｜C）↔O（B｜C）是一个定理。

---

[1] G. H. von Wright, A New System of Deontic Logic. Danish Yearbook of Philosophy, 1, pp. 173 - 182, 1971.

[2] B. C. Van Fraassen, The Logic of Conditional Obligation. J. Philosophical Logic 1, pp. 417 - 438, 1972.

[3] D. Lewis, Counterfactuals. Blackwell, Oxford. Semantic Analysis for Dyadic Deontic Logic. In S. Stunland, editor, Logical Theory and Semantical Analysis, pp. 1 - 14, 1973.

[4] D. Lewis, Semantic Analyses for Dyadic Deontic Logic. In S. Stenlund, editor, Logical Theory and Semantic Analysis, D. Reidel, Dordrecht, pp. 1 - 14, 1974.

[5] B. Hansson, An Analysis of some Deontic Logics. In R. Hilpinen, editor, Deontic Logic: Introductionary and Systematic Readings, pp. 121 - 147. D. Reidel Publishing Company, Dordrecht, Holland. Reprint from Nous, 1969.

[6] W. Spohn, An Analysis of Hansson's Dyadic Deontic Logic, Journalof Philosophical Logic, 4, pp. 237 - 252, 1975.

[7] L. Aqvist, Some Results on Dyadic Deontic Logic and the Logic of Preference, Synthese, 66, pp. 95 - 110, 1986.

ExtC：如果 C↔D 是一个重言式，那么 O（A｜C）↔O（A｜D）是一个定理。

DM：O（A∧B｜C）→（O（A｜C）∧O（B｜C））。

DC：(O（A｜C）∧O（B｜C））→O（A∧B｜C）。

DD：O（A｜C）→P（A｜C）。

DN：O（A∨¬A｜C）。

这些原则只允许 SDL 系统中所进行的推理如 C 或者 D 在 DSDL 系统中以弱化的形式 ExtC 下进行。但是，有时候我们又希望将二者结合到一起。例如，由鲍尔斯（1967）[①]举出的一个例子：

约翰应当或者不使苏西怀孕或者与她结婚。约翰使苏西怀孕，因此约翰必须与苏西结婚。

一个允许这类推理的规则可以通过将 Ext 强化为一个关于"依据情况的外延性"原则（principle of Circumstantial Extensionality，简称 CExt）得以实现：

CExt：如果 C→（A↔B）是一个重言式，那么 O（A｜C）↔O（B｜C）是一个定理。

根据这个规则，我们可以得到定理 O（¬A∨B｜A）↔O（B｜A），即在一个 A 为真的情景中（约翰使苏西怀孕），使¬A∨B 成立的义务（或者约翰不使苏西怀孕或者约翰与苏西结婚）等价于使 B 成立的义务（约翰与苏西结婚）。如果用 CExt 替换 Ext，那么，或者 D 必须弱化为：

DD‑R：除非 C 是一个矛盾式，否则 O（A｜C）→P（A｜C）是一个定理。

或者 N 必须弱化为：

DN‑R：除非 C 是一个矛盾式，否则 O（T｜C）是一个定理。

另外，对于不可能的条件⊥，定理 O（⊥｜⊥）可以根据 DN 和 CExt 推出，而相反的定理¬O（⊥｜⊥）可根据 DD、DC 和 CExt 推出，也就是说该公理系统将是不一致的。

[①] L. Powers, Some Deontic Logicians, Nous, 1, pp. 380–400, 1967.

在早期的二元道义逻辑系统中，还有两个原则，就是制约性原则（principle of Conditionality，简称 Cond）和合理单调原则（principle of Rational Monotony，简称 RMon）：

Cond：O（A｜C∧D→O（D→A｜C）；

RMon：P（D｜C）→（O（A｜C）→O（A｜C∧D））。

Cond 表达的意思是如果在情景 C 和 D 中 A 是应当的，那么，在情景 C 中，如果实现 D 则实现 A 也是应当的。RMon 表达的意思是如果某主体实现了被允许的事态，那么该主体的义务不发生改变。这些公理模式加上选择不受限制的 DD 和受到限制的 DN－R，或者受到限制的 DD－R 和不受限制的 DN，则可以构成两个等价的二元道义逻辑系统。

据此我们可以定义 DDL^H 和 DDL^L 系统如下：

DDL^H 系统是包含所有的 $\mathcal{L}_{PC}$－重言式以及公理模式 DM、DC、Cond、RMon、DD－R 和 DN 的实例的最小集合；DDL^L 系统是包含所有的 $\mathcal{L}_{PC}$－重言式以及公理模式 DM、DC、Cond、RMon、DD 和 DN－R 的实例的最小集合；并且这两个集合都在 CExt、ExtC 和分离规则 MP 下封闭。

2. DSDL 的主要定理

可以证明以下公式是这两个系统的定理：

Ref：O（A｜A）（只在 DDL^H 中有效）；

Pres：O（⊥｜C）→（O（A｜D）→O（A∧¬C｜D））；

P－Pres：P（⊥｜C）→（O（A｜D）→O（A∧¬C｜D））；

CCMon：O（A∧D｜C）→O（A｜C∧D）（＝P－Cond）；

Cut：O（D｜C）→（O（A｜C∧D）→O（A｜C））；

Or：O（A｜C）∧O（A｜D）→O（C∨D）；

DR：O（A｜C∨D）→（O（A｜C）∨O（A｜D））；

FH：P（C｜D）→（O（A｜C∨D）→O（A｜C））；

Trans：P（A｜A∨B）∧P（B｜C）→P（A｜A∨C）；

P－Loop：P（A_2｜A_1）∧……∧P（A_n｜A_{n-1}）∨P（A_1｜A_n）→P（A_n｜A_1）；

Loop：$O(A_2 \mid A_1) \vee \cdots \vee O(A_n \mid A_{n-1}) \vee O(A_1 \mid A_n) \rightarrow O(A_n \mid A_1)$。

以上定理的名称类似于非单调推理研究中所给出的名称［参见梅金森（1994）①］，即自反性、保持性、合取的谨慎单调性、析取推理和传递性。

3. DSDL 的基于优先的语义

Hansson 类型的系统 DDL^H 和 Lewis 类型的系统 DDL^L 相较于其他二元道义逻辑系统更为成功的原因不在于它们能够证明更多的定理，而是因为它们相对于为渎职义务推理建模的基于优先的语义理论具有可靠性和（弱）完全性：令 $\geqslant$（表示"至少像……一样好"）是 B（所有的布尔真值 v 的集合：Prop→ $\{1, 0\}$）上的一个具有自反性、传递性和连通性的优先关系，并且令 $\geqslant$ 满足以下"有限假定（Limit Assumption，简称 LA）"：

LA：对于所有的 A 属于 $\mathcal{L}_{PC}$，如果 $\|A\| \neq \emptyset$，那么，最好的（$\|A\|$）$\neq \emptyset$。

这里 $\|A\| = \{v \in B \mid v \models A\}$ 是布尔真值集合的子集或者令 A 在其中为真的"可能世界"的集合（A-可能世界，或者称为可能世界 A），并且对于任意 $X \subseteq B$，最好的 $(X) = \{v \in X \mid \forall v' \in X: v \geqslant v'\}$）是 X 中的最好的可能世界的集合。有限假定告诉我们，对于所有在某个（些）可能世界中为真的所有的 PC-语句，存在一个（些）它们在其中为真的可能世界至少像它们在其中可能为真的其他可能世界一样好。最后，除了如通常关于布尔算子的真值定义，DDL^H 系统和 DDL^L 系统还包含以下关于其所使用的道义算子 O 的真值定义：

DDL^H：$\geqslant \models O(A \mid C)$，当且仅当最好的（$\|C\|$）$\subseteq \|A\|$；

DDL^L：$\geqslant \models O(A \mid C)$，当且仅当 $\exists v \in \|C \wedge A\|$：$\forall v' \in \|C \wedge \neg A\|$：$v' \not\geqslant v$。

因此，对于 DDL^H 系统，$O(A \mid C)$ 为真，当且仅当最好的 C-可能世界是 A-可能世界；对于 DDL^L 系统，$O(A \mid C)$ 为真，当且仅当存在一个

---

① D. Makinson, General Patterns in Nonmonotonic Reasoning, in Gabbay, D. M., Hogger, C. and Robinson, J. (eds.), Handbook of Logic in Artificial Intelligence and Logic Programming, vol. 3: Nonmonotonic Reasoning and Uncertain Reasoning, Oxford: Clarendon Press, pp. 35 – 110, 1994.

(C∧A) - 可能世界满足条件：不存在（C∧¬A） - 可能世界至少与其一样好。

引入二元道义算子的目的在于构建渎职义务的形式表达方法，为二元道义逻辑构建优先语义的目的也在于此。汉松（1969）[1] 对此有清晰的表达："问题是如何处理某主体作出了一个被禁止的行为的情况。理想的可能世界被排除了，而在可及的可能世界中，仍然有一些可能世界比另外一些可能世界更好。因而应当存在相应的义务保证在非理想的情境中作出最好的选择。"

汉松和路易斯构建的系统的语义解释通过一个关于理想可能世界、次理想可能世界、次次理想可能世界，诸如此类的可能无穷的降链，刻画了以上思想，即所谓的球面系统，参见图2.2。其中理想可能世界是那些位于最好的区域中的可能世界，标记为最好的（B）；次理想的可能世界是那些位于除了最好的区域之外的区域中最好的可能世界，标记为最好的 [B \ 最好的（B）]；以此类推。对于任何一个可能的情景 C，最好的 C - 可能世界是那些存在于 C - 允许的最小的范围之中的可能世界，即与 C - 可能世界 ‖C‖ 集合存在一个非空的交集的最小的范围之中的可能世界。限制假定 LA 保证了对于所有的这样的 C 存在一个最小的 C - 允许的范围。至于说如何为渎职义务推理建模，我们可以齐硕姆悖论为例予以说明。当你去帮助你的邻居并告知他们你要去的时候的情景是最好的，因此，‖A∧B‖ 是最理想的可能世界；如果你去帮助他们但没有告知他们你要去是次好的，因此最理想的¬（A∧B） - 可能世界是在 ‖A∧¬B‖ 中可能世界，相对于 ‖A∧B‖ 属于次理想的可能世界。次次好的情景是你没有去帮助你的邻居并且没有告知他们你要去，这时最理想的¬A - 可能世界是在 ‖¬A∧¬B‖ 中的可能世界，相对于 ‖A∧B‖ 和 ‖A∧¬B‖ 属于次次理想的可能世界，而最坏的情景是你没有去帮助你的邻居却告知他们你要去，这时的可能世界是 ‖¬A∧B‖。以上四种类型穷尽了各种逻辑可能性。可以验证，这样建构的模型使得 {OA, O(B|A), O(¬B|¬A)} 中的每一个义务都为真。如果能够确定事实¬A

---

[1] B. Hansson, An Analysis of some Deontic Logics. In R. Hilpinen, editor, Deontic Logic: Introductory and Systematic Readings, pp. 121 – 147. D. Reidel Publishing Company, Dordrecht, Holland. Reprint from Nous, 1969.

为真，即你没有去帮助你的邻居，我们将限制该模型只存在于 ‖¬A‖ 的可能世界中，那么只有义务 O¬B 才为真，因而有效地消解了齐硕姆悖论。其他的一些所谓的悖论，如善良的撒玛利亚人悖论、温柔的谋杀者悖论等，可以类似的方法予以处理：在一元道义逻辑中，能够根据禁止伤害他人推出禁止帮助受到伤害的人；而根据普瑞尔悖论，因为存在一个应当不谋杀他人的义务，而无法表达当谋杀发生时，应当温柔地谋杀的义务。在二元道义逻辑中，我们可以说伤害和谋杀他人是被禁止的，而在被禁止的行为发生时的"坏的"情景中，帮助受伤害的人或者温柔地谋杀他人的次级义务仍然是成立的。

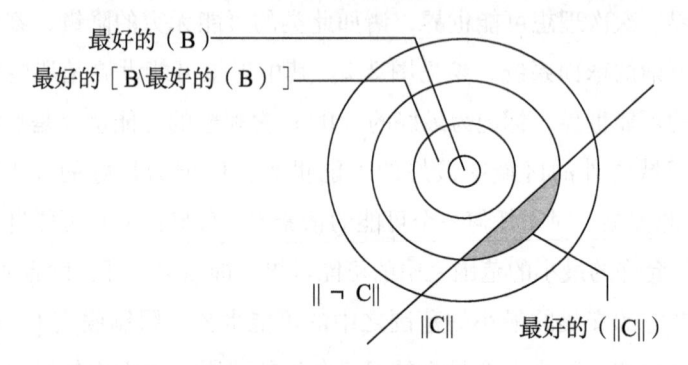

图 2.2　二元道义逻辑的基于优先的语义（球面系统）

基于优先的语义能够较好地处理渎职义务悖论。例如，对于下面提到的福瑞斯特悖论可以给出其优先模型（见图 2.3）：

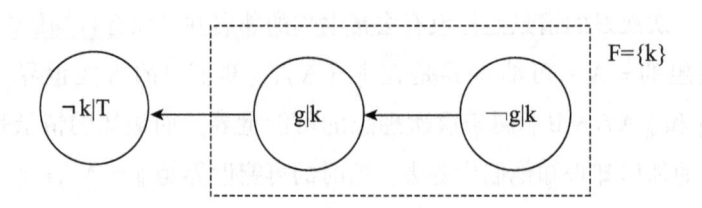

图 2.3　福瑞斯特悖论的优先关系

其中每一个圆圈表示一个可能世界理想等价类，其中的公式表示该理想等价类成立需要满足的规范的要求，据此可将可能世界按照理想性排序。箭头表示等价类之间的优先关系，这里表示自右向左理想性的依次增加。最左

边的圆圈表示理想的情形，即满足了初始义务 O（¬k | T），中间的圆圈表示次理想的情形，尽管初始义务被违反，但满足了渎职义务 O（g | k），最右边的圆圈表示次次理想，或者说最不理想的情形，初始义务和渎职义务都被违反。虚线方框表示基于事实在其中为真的（次）理想状态对这个优先序的限定。在事实为 k 的情况下，最理想的情形被排除，而在剩余的次理想情形中，履行渎职义务 O（g | k）成为最好的选择。

4. DSDL 存在的主要问题

二元标准道义逻辑及其基于优先的语义的主要目的是刻画条件义务，能够较好地处理渎职义务推理。然而该逻辑依然存在以下问题：第一，所使用的优先关系的性质存在着争议，尤其是连通性的假定受到了不少研究者的质疑和批评。第二，如何以可能世界间的优先关系定义义务也存在争议。第三，难以处理存在不可比较的可能世界的情景，如两个相冲突的义务具有优先关系上的对称性（道义困境）、适用条件不同而义务内容相反（例外义务）从而不具可能世界间的优先关系的情况等。第四，如果存在两个或两个以上的不相关的义务，需要由多个优先关系予以定义，它们之间的结合可能导致的强优先性问题难以处理。我们在这里对这些问题暂时不做讨论，而是放在第三章，结合对一个具体的基于偏好的逻辑系统 BGL 再做进一步分析。基于以上问题，道义逻辑研究者们指出了一系列二元道义逻辑问题（见表 2.1），有些是只存在于二元道义逻辑之中，有些源于一元道义逻辑，但是在二元道义逻辑中依然没有得到很好处理。

表 2.1 典型的二元道义逻辑悖论[1]

简称	前提	可接受的结论	不可接受的结论
履行诺言悖论[2]	O（p	∧），O（a'	¬p），¬ p		O（p∧a'）

---

[1] 本表是在 van der Torre, Yao - Hua Tan, Contrary - to - duty Reasoning with Preference - based Dyadic Obligations, Annals of Mathematics and Artificial Intelligence 27, pp. 49 - 78, 1999. 表一的基础上修订而成的，只保留了一个渎职义务悖论，因为它们具有相同的逻辑结构形式，而增加了后面我们要讨论的涉及道义困境推理和例外义务推理的例子。

[2] H. Prakken and M. J. Sergot, Contrary - to - duty Obligations, Studia Logica 57, pp. 91 - 115, 1996.

续表

简称	前提	可接受的结论	不可接受的结论
礼貌与帮助悖论①	O (p'∣∧) O (p'∣∧), O (h∣∧)	O (p'∣¬(p'∧h))	O (p'∧¬h∣¬(p'∧h))
助人者困境1② 助人者困境2	O (p∣∧), O (¬p∣∧) O (p∣∧), O (¬p∧q∣∧)		⊥* ⊥*
窗子悖论③	O (c∣r) O (c∣r), O (¬c∣s)	O (c∣r∧s)	O (c∣r∧s), ⊥
体贴的刺客悖论④	O (¬c'∣∧), O (c'∣k)		⊥**
餐桌礼仪悖论⑤	O (¬f'∣∧), O (f'∧A'')		⊥**
篱笆悖论⑥	O (¬f∣∧), O (w∧f∣f), O (f∣d)		⊥**
警示牌悖论⑦	O (¬d∣∧), O (s'∣d), O (¬s'∣∧)		⊥**
体贴的刺客困境⑧	O (¬k∣∧), O (c'∣k), O (¬c'∣∧)		⊥**

---

① G. H. von Wright, The Logic of Preference, Edinburgh University Press, 1963.

② G. H. von Wright, Deontic Logic, Mind 60, pp. 1–15, 1951.

③ G. H. von Wright, A New System of Deontic Logic, in Deontic Logic: Introductory and Systematic Readings, ed. R. Hilpinen D. Reidel, Dordrecht, Holland, pp. 105–120, 1971.

④ H. Prakken and M. J. Sergot, Contrary-to-duty Obligations, Studia Logica 57, pp. 91–115, 1996.

⑤ J. F. Horty, Deontic Logic as Founded in Nonmonotonic Logic, Annals of Mathematics and Artificial Intelligence 9, pp. 69–91, 1993.

⑥ H. Prakken and M. J. Sergot, Contrary-to-duty Obligations, Studia Logica 57, pp. 91–115, 1996.

⑦ H. Prakken and M. J. Sergot, Dyadic Deontic Logic and Contrary-to-duty Obligations, in Defeasible Deontic Logic, ed. D. Nute, Synthese Library, Vol. 263, pp. 223–262, 1997

⑧ H. Prakken and M. J. Sergot, Contrary-to-duty Obligations, Studia Logica 57, pp. 91–115, 1996.

续表

简称	前提	可接受的结论	不可接受的结论
狮子狗悖论①	O(¬d|∧), O(p''∧d|d), O(¬p''∧d|∧)		⊥**
标牌困境②	O(r'|∧), O(u|¬r'), O(¬u|∧), ∧u→¬r'		⊥**
吸烟室困境③	O(sm|ho), P(sm|ro), P(ro∧¬sm|ho∧ro)		⊥**

说明：第一列是悖论名称；第二列是这些问题在二元道义逻辑中的形式刻画；最后两列分别是可接受的和不可接受的结论，其中⊥表示一个矛盾，如 p∧¬p。

其中所用字母表示的意思是：

p'	有礼貌	u	空白的	h	诚实	c'	香烟	s'	标牌
g	温柔地	t	告诉	c	关闭	f'	手指	p''	狮子狗
f	篱笆	p	承诺	r	下雨	a''	芦笋	r'	红色的
w	白色的	a'	道歉	s	晴天	d	狗		
sm	吸烟	ho	医院	ro	吸烟室				
⊥*：在容忍冲突的道义逻辑中，是不可接受的									
⊥**：在存在初始义务且容忍冲突的道义逻辑中，这是不可接受的									

以上问题大致可以分为以下几类：第一类问题涉及渎职义务推理问题，就是履行诺言悖论，其存在的问题是所谓的"语用乖谬"。它反映的是二元道义逻辑对渎职义务推理的处理所普遍具有的问题，运用可废止推理技术而

---

① H. Prakken and M. J. Sergot, Dyadic Deontic Logic and Contrary-to-duty Obligations, in Defeasible Deontic Logic, ed. D. Nute, Synthese Library, Vol. 263, pp. 223–262, 1997.

② H. Prakken and M. J. Sergot, Dyadic Deontic Logic and Contrary-to-duty Obligations, in Defeasible Deontic Logic, ed. D. Nute, Synthese Library, Vol. 263, pp. 223–262, 1997.

③ Christian Straßer, An Adaptive Logic Framework for Conditional Obligations and Deontic Dilemmas, http://ugent.academia.edu/ChristianStra%C3%9Fer/Papers.

不将虽被废止却依然具有约束力的初始义务与推出的具有实际效力的渎职义务区分开来的话，二元道义逻辑将难以充分地处理这类悖论。第二类涉及强优先问题，这里就是礼貌与帮助悖论，反映的是运用两个或两个以上的优先关系定义不同的义务的结合问题。第三类是窗子悖论，反映的是基于不同语境条件下的相互矛盾的义务。严格来讲，这不是一个悖论，只是在有些二元道义逻辑中由于没有对导出义务做区分而导致的。第四类涉及道义困境推理问题，包括助人者困境1、助人者困境2、体贴的刺客困境、狮子狗悖论、标牌困境和吸烟室困境推理。第五类涉及例外义务推理问题，包括体贴的刺客悖论、餐桌礼仪悖论、篱笆悖论、警示牌悖论。因此，二元道义逻辑仍然是不能令人满意的。

第三章

规范推理的优先性、可废止性及其逻辑刻画

如前所述，当规范推理的前提集合包含相冲突的义务的时候，最直接的方法就是引入可废止推理机制，构建可废止道义逻辑。根据所依据的可废止标准和方法的不同，我们将这些逻辑系统分为四类：第一类是以规则适用事实条件的特异性为标准确立规则间的优先关系，构建类似于常识推理的道义逻辑系统，我们称为基于特异性的可废止道义逻辑。这类系统能较好地处理例外义务推理。最典型的就是霍尔蒂（1991）[1]所构建的系统 H。第二类是将可废止逻辑与道义逻辑结合在一起构建可废止道义逻辑。这类系统以普拉肯（1996）[2]为代表，其主要方法是在可废止逻辑的基础上引入证立、反驳等概念构建一个可废止道义论辩框架。这类逻辑能够较好地描述规范推理的非单调特性，并且能够灵活地处理不同标准的优先关系。第三类是基于偏好定义义务算子，通过比较义务的效用（实现更理想的状态）确定相应的义务选择，我们称为基于偏好语义的可废止道义逻辑。该类系统能够较好地刻画规范推理的优先语义，其中以约翰·范·本瑟姆、达维德·格罗西和刘奋荣（2010）[3]为代表。第四类是将规则适用条件的特异性与优先语义的相对理想性结合起来构建多重优先的可废止道义逻辑。这类系统能够较好地处理例外

---

[1] J. F. Horty, Moral Dilemmas and Nonmonotonic Logic (Preliminary Report). Proceedings of the First International Workshop on Deontic Logic and Computer Science Amsterdam, pp. 212 – 231, 1991.

[2] Henry Prakken, Two Approaches to the Formalisation of Defeasible Deontic Reasoning, Studia Logica. 57, pp. 73 – 90, 1996.

[3] Johan van Benthem, Davide Grossi, Fenrong Liu, Deontics = Betterness + Priority, G. Governatori and G. Sartor (Eds.): DEON 2010, LNAI 6181, pp. 50 – 65, 2010.

义务推理和渎职义务推理，其代表有范·德尔·托尔和谭耀华（1994）[①] 的 DIODE 系统。本章将分别介绍这些系统，分析各自的特点、优势和不足，最后指出它们都不能充分地刻画规范推理的四种模式。需要注意的是，以上四个系统也许并不是所在类型中最完备的，但是能够典型地反映其所属类型的可废止道义逻辑的特点。

一、规范推理的优先性与可废止性

（一）规范推理、优先性与可废止性

我们这里所讲的优先可废止道义逻辑并不是将优先（偏好）逻辑与可废止逻辑融合到一起作为一种逻辑方法，而是将二者作为处理规范冲突推理的一种机制。相对而言，运用优先关系进行道义选择只能处理渎职义务推理或例外义务推理，而如果存在道义困境，则这种方法就无法使用。

在道义逻辑和优先（偏好）逻辑的英文文献中，都用到了"preference"这个概念，但是，将道义逻辑中出现的这个概念理解为偏好并不妥当，这涉及对"应当"这个概念的理解。基于偏好的应当往往存在着一个功利主义的承诺，即偏好的选择总是基于某种价值或效益的计算，而道义逻辑中的应当表达的是一种规范，它往往并不直接指向某种价值或效益，而是存在着一个规范体系（无论是由权威机构颁布的，如法律规范，还是社会自然形成的，如伦理规范）要求作出相应的选择。刘奋荣在其《动态偏好逻辑》一书中，引用了冯·赖特的观点，冯·赖特将伦理学家们感兴趣的概念分为三个大的类别："道义的（deontological）或规范的（normative）概念：如权利、职责、命令、允许和禁止等概念。价值论的（axiological）概念：如好和恶的概念、更好等比较性概念。人类学的（anthropological）概念：如需要、意愿、决策、选择、动机、目的和行为等概念。"冯·赖特认为，偏好这一概念是"介于两类概念之间的"：一方面关联着"更好"这一价值论的概念，另一方

[①] Y‑H Tan and L. W. N. Van der Torre, Multi Preference Semantics for a Defeasible Deontic Logic, in A. Soeteman (eds.), Legal Knowledge Based Systems JURIX 94: The Foundation for Legal Knowledge Systems, Lelystad: Koninklijke Vermande, pp. 115–126, 1994.

面与"选择"这一人类学的概念相联系。①

可以看到，冯·赖特在做以上区分时明显是将偏好与道义的或规范的概念区分开来的。"偏好总是在比较事物的时候使用"②，而规范推理时也需要对存在的多个规范进行比较，因而都会用到优先这个概念，后者更强调的是选择的规范性要求，前者的要求则更加宽泛。

道义逻辑建立在假定规范存在的基础之上。基于规范的强制性要求，主体应当努力做规范所要求的行为，一个主体想知道他应当做什么，他只需审视规范有什么要求即可。遗憾的是，很多时候我们往往面临着多重相互冲突的义务。这又可分为两种情况：第一，初始义务与因其被违反而产生的渎职义务之间的冲突。在初始义务被违反的情况下，其所指向的理想状态难以再被实现，因为作为违反的结果，实际的行为已经背离了理想的状态。一个主体想知道在这种情况下应当做什么的时候，再去审视理想的状态是什么已经毫无意义，相反他应考虑一个尽可能近似理想的状态，并且即使这种状态也可能因为违反而不可及。也就是说他考虑一个最优的状态，即履行相应的渎职义务。刻画渎职义务推理的道义逻辑必须能够反映对这类义务之间的优先选择的关系。现有文献中的基于优先的道义逻辑主要是为道义逻辑构建基于优先序的语义理论，而本书主要用于定义规范推理时所出现的异常的大小，为规范推理建立极小异常模型。第二，典型义务与例外义务之间的义务冲突。鉴于制定规范者自身的理性局限性和所要规制的对象的复杂性，所制定的规范往往针对的是最典型的情况，这样难免存在大量的例外情况，因此，又需要考虑制定大量的例外义务。如法律规定我们不得伤害他人，但是，在我们自身合法利益受到不法侵害时，我们又被允许可以采取合理的手段通过伤害侵害人达到自我防卫的目的。那么，我们能够伤害他人吗？很显然需要我们依据具体的语境作出不同的判断。我们曾经基于正常情况得出的应当不伤害他人的信念被允许伤害他人的信念所替代，表面看起来是例外义务废止了一般义务，而实质上对这种选择起决定作用的是基于不同情景的特异性优先选

---

① 刘奋荣：《动态偏好逻辑》，科学出版社2010年版，第2页。
② 刘奋荣：《动态偏好逻辑》，科学出版社2010年版，第3页。

择，我们同样将这种特异性用于刻画例外义务的异常，并通过极小异常策略实现这种可废止性。

规范推理的可废止性可分为三个方面。一般文献中的可废止逻辑（又称缺省逻辑，或者关于可废止推理的逻辑）刻画的是缺省假设的推理。它建立在对情景的典型状态和特殊状态区分的基础之上。在这种逻辑理论中，结论可以被废止。这种可废止性通常用非单调逻辑进行刻画。例如，给定一个缺省规则：鸟在典型的情况下会飞，如果我们知道一种动物是鸟，那么，我们可以根据这条缺省规则推断它会飞。然而，如果我们进一步知道这是一只企鹅，那么以上结论就会被收回，也就是说它会飞的结论被废止。在非单调逻辑中，这个它会飞的结论不再能够被推出。在基于优先性的缺省逻辑中，优先性表示不同程度的典型性。在最典型的情况下，鸟会飞，但是，企鹅是一种非典型的鸟（就是否会飞而言）。如果我们知道这只鸟是一只企鹅，那么这种情况是一个例外。这例外的情况是企鹅不会飞。从中可以看出，这种缺省假设的推理在形式结构上类似于一般义务的缺省结构，运用这种缺省推理我们可以处理例外义务推理。规范推理中还存在着另外两种结论被废止的情况，一个是在渎职义务推理时，基于一个违规事实的存在，我们应当将渎职义务视为具有实际效力的义务，需要注意的是，这时候根据渎职义务推出的结论虽然废止了根据初始义务推出的结论，但是，初始义务本身并没有因此而失去效力，按照范·德尔·托尔（1997）[1]的话说，这是一种遮蔽，完全不同于例外义务推理时例外义务对典型义务的废止，典型义务被例外义务废止后就等于没有被特定的事实所触发，所以，相对于该特定情形而言它既没有成为指导性义务，也没有成为固有性义务。而基于特定事实一个初始义务虽然被其渎职义务所废止，没有成为指导性义务，它仍然作为一个固有性义务具有效力，这也是为什么基于缺省逻辑的可废止道义逻辑不能刻画渎职义务推理的根本原因。另一个是在道义困境推理时，两个相互冲突的义务的相互废止，从而避免道义爆炸的产生。因为构成道义困境的两个义务之间并不

---

[1] L. W. N. van der Torre, Reasoning About Obligations: Defeasibility in Preference Based Deontic Logics. PhD thesis, Erasmus University Rotterdam, 1997.

存在某种优先关系,所以也不会因为其中一个义务废止另一个义务而成为固有性义务和指导性义务,而仅仅是存在某种可能性,基于极小异常策略,我们把它们刻画成一种析取关系。

据此,我们可以把义务、优先性和可废止推理之间的关系列为表3-1。

表3-1 规范推理、优先性与可废止性之间的关系

	渎职义务推理	道义困境推理	例外义务推理	涵摄推理
优先性	√		√	
可废止性	√	√	√	

(二) 刻画冲突规范推理的两种方法:阻止与消除

规范推理有四种基本模式,渎职义务推理、道义困境推理、例外义务推理和涵摄义务推理,除了最后一个能够在标准道义逻辑中得到较好的处理,前面三个都无法得到很好的解决。这主要表现在两个方面:一个是如果在规范推理的前提集合中存在规范冲突,那么,按照标准道义逻辑就会导致所谓的道义爆炸;另一个是根据直观上一致的前提集合却推出了相矛盾或者有违直观的结论,即规范推理的后承集合不一致,也就是所谓的道义悖论。道义悖论可以按照其成因和特点分为三类。第一类源于道义逻辑的基础逻辑或者自然语言中的模糊性导致的对道义原则的直观认识的模糊性,这类悖论对于一个逻辑是否能够充分地刻画规范的形式结构和规范推理的有效性有时候虽然影响很大,但并不能够在道义逻辑中予以解决,对这类悖论不宜过分纠缠,而另外两类悖论实质上都涉及规范冲突问题。对于规范冲突问题,我们可以从两个方面解决。

一种方法是对前提集合中相冲突的义务规范按照某种关系进行排序,选择更具优先性的规范,并根据这些规范废止具有较少优先性的规范,从而避免推出不一致的结论。

梅耶和维林加(1993)[①]指出:"用可废止推理的方法处理冲突义务是完

[①] J. J. Ch. Meyer and R. J. Wieringa, Deontic Logic: A Concise Overview. In J.-J. Meyer and R. Wieringa, Editors, Deontic Logic in Computer Science, pp. 1-16, John Wiley Sons, Chichester, England, 1993.

全不同的，在现实生活中它更实用。按照相关性、重要性、优先性等对不同的（相冲突的）义务进行排序，推翻（宣布其无效）那些相关性小的义务，以得到一个一致的规范集合。因此，当一个人面对一个或多个规则时，他根本不会考虑更多的那些与当前情况没有多少相关性或可适用性的规则。"

这种处理规范冲突推理的方法我们可以称为道义冲突阻止法。基于这种方法大量的可废止道义逻辑被建立起来，如布雷夫卡（1991）[1]、普拉肯（1996）[2]、霍尔蒂（1994[3]，1997[4]）、Y. 柳和 R. 李（1993）[5]、范·德尔·托尔和谭耀华（1994[6]，2003[7]）等。

另一种方法是尽可能假定前提是正常的（即不会导致不一致的结论），并按照标准道义逻辑尽可能地推出可能的结论，通过将导致不可欲结论的推理视为异常，然后按照某种策略（可靠性策略、极小异常策略等）废止某些结论，从而解决后承集合的不一致性问题。这种处理规范冲突推理的方法我们可以称为道义冲突消除法。

这两种方法的共同之处在于都用到了优先排序和可废止逻辑的方法，不同之处在于前者的操作对象是规范本身，需要对规范按照某种优先标准进行排序，而后者更强调的是一个动态的证明过程。前者要对规范进行排序必须借助于假定特定优先标准的存在，这种假定存在的问题是：（1）可能存在多个优先标准，这包括规范自身的位阶标准，如法律中的上位法优于下违法、后法优于先法、特殊法优于一般法等；遵守规范的效益标准，例如，

---

[1] G. Brewka, Adding Specificity and Priorities to Default Logic. In Proceedings of European Workshop on Logics in Artificial Intelligence（JELIA'94）. Springer Verlag, 1994.

[2] H. Prakken, Two Approaches to the Formalisation of Defeasible Deontic Reasoning. Studia Logica, 57, pp. 73 – 90, 1996.

[3] J. F. Horty. Moral Dilemmas and Nonmonotonic Logic. Journal of Philosophical Logic, 23, pp. 35 – 65, 1994.

[4] J. F. Horty, Nonmonotonic Foundations for Deontic Logic. In Defeasible Deontic Logic, D. Nute（ed.）, Kluwer Academic Publishers, pp. 17 – 44, 1997.

[5] Y. Ryu and R. Lee, Defeasible Deontic Reasonig: A Logic Programming Model, in Deontic Logic in Computer Science: Normative System Specification（Wiley, Chichester, UK）, pp. 225 – 241, 1993.

[6] Y. H. Tan and L. W. N. van der Torre, DIODE: Deontic Logic Based on Diagnosis from First Principles. In Proceedings of the Workshop "Artificial Normative Reasoning" of the Eleventh European Conference on Artificial Intelligence（ECAI'94）, Amsterdam, 1994.

[7] John F. Horty, Reasoning with Moral Conflicts. Nous, vol. 37, pp. 557 – 605, 2003.

詹宁斯（1974）[①] 发现基于优先性的语义理论是一种效用语义理论，约翰·范·本瑟姆、达维德·格罗西、刘奋荣（2010）[②] 的一篇论文更是把道义定义为"道义=优等+优先选择"；规范适用条件的特异性标准等。范·德尔·托尔和谭耀华（1995）[③] 指出，问题是当存在不同的优先标准的时候，如何确立相应的标准又如何按照不同的标准进行优先排序，而这又会产生新的优先标准，如此可能会使问题变得异常复杂。(2) 在按照某种优先序建立优先模型时，往往需要这种优先序具有反自反性、传递性、连通性等，使之成为一个偏序结构，而在规范领域这样的偏序关系往往并不能得到满足。因此，这种理论往往只能处理较简单的规范推理。(3) 相冲突的规范之间可能并不具有某种优先关系，这包括相关义务之间的优先关系不可比较；两个相冲突的义务之间具有所谓的对称性，从而导致道义困境问题。(4) 两组分别相冲突的义务的结合导致所谓的强优先问题，即 A1 和 A2 之间的优先关系与 A1 ∧ ¬A2 和 ¬A1 ∧ A2 之间的优先关系存在冲突。对于两个不相关的义务，如"应当有礼貌" Op 和"应当有帮助" Oh，如果考虑到"有礼貌且无帮助" p ∧ ¬h 与"无礼貌且有帮助" ¬p ∧ h 的情况，就有可能产生冲突。如果一个优先关系 > 具有左右强化的性质，那么，p > ¬p 和 h > ¬h 可以分别推出 (p ∧ ¬h) > (¬p ∧ h) 和 (¬p ∧ h) > (p ∧ ¬h)，而这两个导出的优先关系似乎是相矛盾的。[④]

相对而言，后一种方法不需要对规范自身进行排序，而是通过定义一个异常集合和选择相应的策略，将之作为限制道义原则适用的条件，并通过定义不同类型的规范推理模式确定规范推理的后承集合。

前一种方法的局限性在于不能处理真正的道义困境问题，即在特定的语

[①] R. E. Jennings, A Utilitarian Semantics for Deontic Logic. Journal of Philosophical Logic, 3, pp. 445 – 465, 1974.

[②] Johan van Benthem, Davide Grossi, Fenrong Liu, Deontics = Betterness + Priority. In G. Governatori and G. Sartor (Eds.): DEON 2010, LNAI 6181, pp. 50 – 65, 2010.

[③] Why Defeasible Deontic Logic Needs a Multi Preference Semantics. ECSQARU, pp. 412 – 419, 1995.

[④] van der Torre, Yao – Hua Tan, Prohairetic Deontic Logic (PDL). Prohairetic Deontic Logic (PDL). JELIA, pp. 77 – 91, 1998.

境下，主体即应当做 A 又应当做 B，而 A 与 B 又不相容。除非假定 OA 与 OB 之间具有某种优先关系，方能够以其中的一个规范废止另一个规范，而在很多时候我们难以确定二者之间哪一个更为优先。这一点类似于前面提到的强优先问题，只不过强优先问题涉及的是两个不相关的义务，可以将所推出的 Op 和 Oh 都纳入后承集合，而如果 Op 和 Oh 是不相容的且不具有可比较的优先关系，则构成一个道义困境，进而导致道义爆炸。因为两个相冲突的义务之间不具有优先关系，前一种方法无法通过某个优先标准作出相应的选择。后者尽管也不能对二者作出取舍，但是，基于推出了相矛盾的结论，它会把推出结论 Op 和 Oh 予以析取性解释，在保证避免道义爆炸的前提下，尽可能地得出更多可欲的结论。

（三）优先可废止道义逻辑的动机与思路

可废止道义逻辑研究兴起的直接目的在于解决标准道义逻辑 SDL 存在的不能处理规范冲突问题。如前所述，标准道义逻辑 SDL 是一个 KD 类型的正规模态系统。其最基本的特征公理 D：

D：¬（OA∧O¬A）。

特征公理 D 的直接意义是排除了道义冲突存在的可能性。很多研究者认为这是不可接受的，因为在现实生活中，人们总是要面对诸多相冲突的义务。实际上人们希望表达的则是：

D＊：¬O⊥。

即逻辑上假的东西不能成为义务要求的对象。解决这个问题的思路主要有两个。

第一，通过剔除某些道义原则，构建比 SDL 更弱的模态逻辑系统。为此人们构建了多个满足此要求的模态道义逻辑，如切拉斯（1980）[1]、梅耶（1988）[2]、斯科奇和詹宁斯（1980）[3] 等。但是，正如霍尔蒂（1991，

---

[1] B. Chellas, Modal logic：An Introduction. Cambridge University Press, 1980.

[2] J. J. Ch. Meyer, A Different Approach to Deontic Logic：Deontic Logic Viewed as a Variant of Dynamic Logic. Notre Dame Journal of Formal Logic 29 (1), pp. 109 – 136, 1988.

[3] P. K. Scotch and R. E. Jennings, Non – kripkean Deontic Logic. In R. Hilpinen (ed.)：New Studies in Deontic Logic. Reidel, Dordrecht, pp. 149 – 162, 1981.

1993①，1994②）所分析的，这些逻辑似乎太弱了，其中的一个表现就是无法形式刻画"斯密斯服兵役的推理"。规范推理具有非单调性特征，采用单调性逻辑刻画规范推理必然陷入一个两难的境地：如果包含 D 公理，则构建的道义逻辑系统太强，在前提集合中包含道义冲突时，就会导致道义爆炸和大量的道义悖论；如果剔除 D 公理，则构建的道义逻辑系统太弱，在前提集合不包含道义冲突时，一些可欲的推理模式也被排除。

第二，把道义规则处理为是可废止的，也就是受到不可预见的例外或违反的影响，可能会存在规则间的冲突。这成为将人工智能与计算机科学领域研究常识推理的可废止逻辑应用于道义逻辑研究的直接动机。这些逻辑理论的一个基本特征是允许在不存在相冲突的信息的情况下，根据可废止规则得出一个初步的结论，同时，在知道更多信息，确定存在道义冲突的情况下，所得出的结论也可以被收回。

这种可废止推理的观点非常符合现实生活中的某些规范推理模式。人们在日常生活中形成或者发现这些规则，以弥补他们能力的不足和信息资源的缺乏，因为人类不可能完全预见未来，特别是预见到存在的每一种例外的可能情况，以及规则间存在的每一种可能的冲突。所以，人们往往基于一般的规则——相对于可能的冲突和例外的可废止规则，得出一个结论。当出现由于存在例外义务、渎职义务或者其他原因导致的规范冲突时，有可能收回已得出的结论。

需要特别注意的是，在人工智能与计算机科学领域对此进行研究之前，这一规范推理的特点已经被关注实践应用的哲学家——如罗斯（1930）③，和法学家——如哈特（1961）④ 所关注，这也从一个侧面说明了可废止性是规范推理的一个基本特征。在人工智能与法律领域，基于为常识推理建模、构建法律专家系统等需要，自 20 世纪 80 年代始就对非单调逻辑的应用问题开始

---

① J. F. Horty, Nonmonotonic Techniques in the Formalisation of Common Sense Normative Reasoning Proceedings Workshop on Nonmonotonic Reasoning. Austin, TX 1993, pp. 74 - 84, 1993.

② J. F. Horty, Moral Dilemmas and Nonmonotonic Logic. Journal of Philosophical Logic 23, pp. 35 - 65, 1994.

③ W. D. Ross, The Right and the Good. Oxford University Press, Oxford, 1930.

④ H. L. A. Hart, The Concept of Law. Clarendon Press, Oxford, 1961.

了广泛的研究。例如，加德纳（1987）[1]、戈登（1988）[2]、普拉肯（1993）[3]对于该主题的研究给出了一个较详细的综述。

二、基于特异性的缺省道义逻辑

自 1991 年，霍尔蒂在第一届道义逻辑与计算机科学国际学术研讨会上提交报告，构建了第一个包括道义算子的可废止推理形式系统以来。在最近的 30 年里，道义逻辑研究中兴起了一股用人工智能与计算机科学领域发展起来的可废止推理技术研究规范推理的潮流，研究的核心是如何处理规范冲突问题，其所坚持的主要观点是只有运用非单调推理方法才能解决存在规范冲突的推理问题。该种理论建立在规范的优先层级，或者更一般地说，规范的优先标准的基础之上，按照相关性、重要性、位阶的高低等对各种义务或规范进行排序，废止（宣称失去效力）其中部分义务或规范，从而得到一个一致的义务或规范的集合。正如我们后面所分析的，这种逻辑能够较好地处理例外义务推理，但无法处理渎职义务推理、道义困境推理。这类可废止道义逻辑中较有影响的有麦卡蒂（1994）[4]、纽特和于（1997）[5]、柳和李（1993）[6]等。本书选择霍尔蒂构建系统（我们称为系统 H）作为代表，分析这类逻辑的主要特点。

除了前面提到的霍尔蒂（1991）一文，围绕该主题霍尔蒂还发表了一系列这方面的成果［霍尔蒂（1993，1994，1997[7]，］，其主要内容就是系统 H。需要指出的是，在霍尔蒂（1991）中针对系统 H 存在的问题提出的一系列改

---

[1] A. von der L. Gardner, An Artificial Intelligence Approach to Legal Reasoning. MIT Press, 1987.

[2] T. F. Gordon, The Importance of Nonmonotonicity for Legal Reasoning. In H. Fiedler, F. Haft, R. Traunmuller (eds.), Expert Systems in Law. Tubingen, pp. 110–126, 1988.

[3] H. Prakken, Logical Tools for Modelling Legal Argument. Doctoral Dissertation Free University Amsterdam, 1993.

[4] L. T. McCarty, Defeasible Deontic Reasoning, Fundamenta Informaticae 21, pp. 125–148, 1994.

[5] D. Nute and X. Yu, Introduction, in Defeasible Deontic Logic, ed. D. Nute, Synthese Library, Vol. 263 (Kluwer, Dordrecht), pp. 1–16, 1997.

[6] Y. Ryu and R. Lee, Defeasible Deontic Reasoning: A Logic Programming Model, in Deontic Logic in Computer Science: Normative System Specification (Wiley, Chichester, UK), pp. 225–241, 1993.

[7] J. F. Horty, Nonmonotonic Foundations for Deontic Logic. In Defeasible Deontic Logic, D. Nute (ed.), Kluwer Academic Publishers, pp. 17–44, 1997.

进工作并没有在随后的研究中取得相应的成果,其他系统,如柳(1995)等也存在类似于系统 H 的问题,表明这类系统还是一个不成熟的方案,或者该类系统所采用的方法尚待进一步发展,或者这类方法本身就是不可行的方法。我们将在后文做进一步分析。

(一) 霍尔蒂基本思想及主要背景

霍尔蒂的主要思想是在道义逻辑和非单调逻辑之间建立某种形式联系,并用非单调推理研究中发展起来的一些方法分析规范推理。他为规范推理构建专门的可废止推理系统的做法代表了可废止道义逻辑研究的一个方向。另一个方向是我们后面要介绍的以普拉肯为代表的将道义逻辑与一个已经存在的一般的非单调形式系统结合起来的方法。

霍尔蒂的主要做法是用瑞特(1980)[①] 所提出的缺省推论(后承)概念解释范·弗拉森以祈使句定义的简单(绝对)义务概念。这样做的主要根据是范·弗拉森所构建的道义逻辑系统本身就是一个能够容纳道义冲突的系统,并且在规范推理与可废止推理之间具有密切的关系。

为了清晰地讨论霍尔蒂的可废止道义逻辑思想,我们有必要简单回顾一下他所构建的可废止道义逻辑的理论背景。一个是范·弗拉森的祈使句道义逻辑,一个是瑞特的缺省逻辑。

范·弗拉森的主要观点是,一个语句 OA 相对于约束一个主体的背景命令集合 I 是真的,当且仅当存在一个命令!(B)属于 I,且满足 |B| ⊆ |A|。据此可定义一个语句是一项义务,如果它是满足一个命令的必然条件。根据这个定义,冲突的语句可以同时成为义务,而它们的合取不是。例如,假设背景命令集合 I_1 = {!(A),!(¬A)},那么,OA 和 O¬A 都将是真的,但是 O(A∧¬A)将是假的。另外,如果 B 是 A 的一个逻辑后承,那么,OB 也是 OA 的一个逻辑后承。

然而,该理论在如何处理命令间的逻辑运算时遇到了难题。例如,它不能处理斯密斯服兵役的推理。为了解决这类问题,范·弗拉森引入了情景度概念,即所能满足的命令集合情景的状态。其形式表达是:令 I 表示背景命

[①] R. Reiter, A Logic for Default Reasoning. Artificial Intelligence, vol. 13, pp. 81–132, 1980.

令集合，令 score（α）= {！（A）∈I：α⊨A}。通过这个新的概念，他将他所提出的观点表述为以下定义：

定义 3.1 相对于命令集合 I，公式 OA 为真，当且仅当存在 α∈｜A｜，且不存在 α∈｜¬A｜满足 $score_I$（α）⊆$score_I$（β）。

根据这个新的界定，一个命题被认为是应当的，如果它不仅是遵守一个单个的命令需要满足的必要条件，而且是遵守一个最大的命令集合需要满足的条件，即达到最大情景度的一个必要条件。新引入的概念保留了原来的理论所具有的好的性质——容忍义务存在冲突，而不要求一个义务做不可能的事情，以及一个应当的命题的后承也是应当的。同时，新的界定增加了新的思想，它能够满足更多的可能的命令而无须违反那些已经满足的命令。

霍尔蒂选择瑞特的缺省逻辑作为自己的可废止道义逻辑的基础，这是一个应用非常广泛的非单调推理的形式化系统。该理论建立在一个一阶公式集合 F 和一个缺省集合 Δ 的基础之上，后者由形如 A：B｜C 的推理规则构成，其中 A 是前提条件，B 是正当理由，C 是结论。该公式可以非正式地读作"如果 A 成立，在与一般假设 B 一致的情况下，可以推出 C"。

为了确定缺省理论的后承集合，瑞特采用了固定点理论的方法。首先，他定义了一个算子 Γ，它能够根据一个缺省理论的相关信息实现公式集合间的映射。

定义 3.2 令 △ = < W，D > 是一个缺省理论，S 是一个公式集合，$Γ_△$(S) 是满足下列条件的极小集合：

（1） W⊆$Γ_△$(S)；

（2） Th［$Γ_△$(S)］= $Γ_△$(S)；

（3） 对于任意（A：B｜C）∈D，如果 A∈$Γ_△$(S)，且¬B∉S，那么 C∈$Γ_△$(S)。

该定义的前两个条件仅仅告诉我们 $Γ_△$(S) 包含原来的理论提供的信息，并且它们在其逻辑后承下封闭。第三个条件告诉我们它还包括在 S 中可适用的缺省规则的结论，而最小化的限制可以防止包含没有根据的结论。

其中 △ = < W，D > 是一个缺省理论，算子 $Γ_△$ 映射公式集合到 W 的最小超集，它们在经典逻辑后承和在 S 中可以适用的 D 中的缺省规则下封闭。一个缺省理论的恰当的结论,即所谓的扩张,可以用这个算子的固定点予以定义。

定义 3.3 集合 ε 是缺省理论 △ 的一个扩张,当且仅当 $\Gamma_\triangle(\varepsilon)=\varepsilon$。

不难证明这里定义的扩张的概念是一个根据经典逻辑得到的后承集合的相应的概念的一般化:在 D 为空集的情况下,缺省理论 <W,D> 的扩张就是 Th［W］。

然而,与在经典逻辑中不同,并非每一个缺省理论都会有一个唯一的合适的扩张,有些缺省理论没有扩张,这类理论通常被认为是不融贯的。有些理论有多个扩张。在这种一个缺省理论可能存在一个以上的扩张的情况下,推理者实际上很难决定根据包含在该理论中的信息究竟应当得出一个什么样的结论。在现有文献中,一种观点认为推理者应当从多个扩张中任意选择一个,支持那些包含这个扩张的结论,这种观点被称为轻信的策略,或者莽撞的策略;另外一种观点认为,推理者应当仅仅支持那些包含在扩张的交集中的结论,这种观点被称为谨慎的策略,或者怀疑的策略。对于对常识推理的形式刻画而言,与缺省理论相关的多个扩张的存在有时候确实是一个棘手的问题;因为我们通常所希望得到的是一个唯一的结论,所以,我们不得不从多个扩张中不确定地选择其中的一个,或者通过各种方法把它们组合成一个唯一的集合。

(二) 可废止道义逻辑系统 H

为行文方便,我们把霍尔蒂构建的可废止道义逻辑称为系统 H。

首先,为了对范·弗拉森的祈使句道义逻辑给出缺省逻辑的解释,霍尔蒂分别定义了一个缺省度概念和 OA 的真值条件。

定义 3.4 score△ (α) 被定义为:score△ (α) = { (:A丨A) ∈D: α⊨A}。其中 △ 是一个与 I 有关的缺省理论。

定义 3.5 对于每一个命令集合 I,我们都使其对应于一个缺省理论 △ = <W,D>,其中 W = ∅,D = { (:A丨A):! (A) ∈I}。那么,公式 OA 相对于 I 是真的,仅当 A 属于 △ 的扩张。

然后,通过三个引理证明了以下定理。

定理 3.1 如果 △ 是一个与命令集合 I 相关的缺省理论,则公式 OA 相对于 I 为真，当且仅当对存在 Δ 的一个扩张 ε，A∈ε。

最后，霍尔蒂假设，当给定一个"义务语境" <F, Δ_Γ> 时：F 是一个一阶公式，表示事实信息，Γ 是一个形如 O（A｜B）的条件义务语句的集合，表示"在 B 的情况下，应当 A"，这些定义使他把非条件义务 OA 表达为瑞特－缺省⊥：A｜A，因此，O（A｜B）可以读作一个瑞特－缺省 B：A｜A。

为了刻画一个更具特异性的条件义务推翻一个更具一般性的条件义务，霍尔蒂把一个条件义务 O（A｜B）定义为在语境 <F, Δ_Γ> 被推翻，当且仅当存在一个满足下列条件的义务 O（A'｜B'）：

(1) F⊢B'，B'⊢B，并且 B⊬B'；

(2) {F, A', A} 是不一致的；

(3) {F, A'} 是一致的。

因此，<F, Δ_Γ> 的一个条件扩张被定义为一个集合 E，满足条件：存在另一个集合 S，

S = {A｜O（A｜B）∈Γ,

 F⊢B,

 O（A｜B）在 <F, Δ_Γ> 中不被推翻，

 ¬A∉E}，

E = Th（S∪{F}）。

并且，为表明每一个义务情景都有一个条件扩张，霍尔蒂定义了：

O（A｜B）相对于 Γ 为真，当且仅当，对于 $\langle B, \Delta_\Gamma \rangle$ 的条件扩张 E，A∈E。

（三）评论

总体上看 H 系统满足了前面所提出的基本要求：根据 S 的最后一个条件，可以直接得出 D* 是有效的，而根据如果两个公式在同样的条件扩张中，那么，它们的联言也在该扩张中，从而也可以得到所欲的 AND 的有效性。最后，D 的非有效性以及 AND 的不加约束的形式能够保证在缺省逻辑中，存在多个相互不一致的扩张的可能性。但是，正如普拉肯（1996）所揭示的，这个系统存在着一些严重的缺陷：第一，H 系统没有对强允许规范给出满意的解释。在标准道义逻辑中，PA 被定为¬O¬A，这看起来是有道理的，然而，

在 H 系统中，如果允许这种形式的强允许规范存在于义务背景集合 Γ 中，就会出现问题，因为霍尔蒂对应当的处理导致它们坍塌为非道义的瑞特型的缺省。第二，H 系统只能用于定义应当语句之间的关系，因为它没有区分"是什么"与"应当是什么"。第三，H 系统只是刻画了规范推理中的一种可废止类型，即根据义务的适用条件之间的特异性关系所进行的可废止推理，可废止规范推理所涉及的优先关系还包括规则本身之间的优先关系。

除了存在以上问题，霍尔蒂本人也认为，H 系统只能被看作建构新的理论的第一步，在将来的发展中至少会遇到以下四个方面的问题：第一个问题，也是最重要的一个问题是，该理论不允许任何传递性，或者说条件义务间的链性。我们不能根据前提 O（B｜A）和 O（C｜B）推出结论 O（C｜A），特别是不能把非条件义务作为条件为⊤的条件义务来处理，不能从 O（B｜A）和 OA 推出结论 OB。第二，在 H 系统中，事实分离原则 FD 是无效的。从而不能根据条件义务 O（A｜B）和 B 分离出非条件义务 OA，甚至不能表达已经被违反的义务。这意味着 H 系统不能表达渎职义务推理，而这正是道义逻辑研究中一个非常重要的问题。第三个问题涉及对被推翻的义务的具体处理。根据该理论，一个条件义务只能被一个单独的相反的语句推翻，这个语句既是在该语境下可适用的，又具有特异性。也存在这类情况，虽然一个条件义务不能被单独的一个相反的规则推翻，但是却可能被一个相反的规则集合推翻。例如，令 $\Gamma_1 = \{$ O（Q｜⊤），O（¬（P∧Q）｜A），O（P｜A）$\}$，很显然，在语境 $<\{A\}, \Gamma_1>$ 下，第一条规则应该被后两条规则推翻，虽然它不能被其中任何的一条单独推翻。最后一个问题也是关于如何具体处理推翻问题的。假设一个义务语句被另一个自身被推翻的义务语句推翻，那么，该语句因为推翻它的语句被推翻了，它应该是什么状态呢？按照当前理论的处理方式它应该处于被推翻状态，但是，我们设想在某种情况下它恢复了原来的状态也应该是合理的，例如，令 $\Gamma_2 = \{$ O（Q｜⊤），O（P｜A），O（¬P｜A∧B）$\}$，现在看义务语境 $<\{W\}, \Gamma_2>$，其中 W 是公式（A∧B）∧¬（P∧Q）。我们可以看到，其中第一个公式被第二个推翻，第二个又被第三个推翻，因为被推翻的公式变得无效，所以，按照当前理论的处理方法，该语境只有 Cn［$\{W, ¬P\}$］作为它唯一的条件扩张，因此无法得到 O（Q｜W）。

但是通过修正当前的理论，使 O（Q丨⊤）在该语境下恢复似乎也是合理的，因为推翻它的规则自身也被推翻了，据此，我们可以得到 Cn［｛W, ¬ P, Q｝］作为一个条件扩张，从而从 Γ₂ 得出结论 O（Q丨W）。

遗憾的是，霍尔蒂在之后的关于可废止道义逻辑的研究中，并没有对这些问题做进一步的研究，霍尔蒂（1997）基本上是霍尔蒂（1991）和霍尔蒂（1994）的重述，而霍尔蒂（2003）①的研究则转向了另一个方向，通过引入一个新的二元义务算子!（B丨A）表示初始义务，用原来的二元义务算子 O（B丨A）表示基于语境的全盘考虑的义务，并将重点转移向对义务间的优先关系的研究。

事实上，前面提到的问题并非仅在可废止道义逻辑中才存在，而是人工智能与计算机科学领域对非单调逻辑研究中普遍遇到的问题。从这个意义上讲，这种为规范推理建立专门的可废止推理系统是非常困难的，至少到目前还没有取得令人满意的结果。

三、可废止道义逻辑论辩框架

与基于特异性的可废止道义逻辑采用缺省逻辑的技术构建专门的可废止道义逻辑的做法不同，可废止道义逻辑论辩框架的做法是在已有的可废止逻辑和道义逻辑的基础上实现二者的结合，这种方法代表了可废止道义逻辑发展的另一个方向。采用这类方法研究道义逻辑的研究者相对较少，主要就是普拉肯（1996）。

（一）普拉肯的基本思想与思路

普拉肯认为不一定要放弃 D，至少对于特定种类的义务语句，这一原则的有效性可以给予合理的辩护。不可否认，在现实生活中，人们的行为受到不同类型规范的调整，如法律规范、道德规范等。然而，正如阿尔罗若（1969）②所说，不能把对一个事物描述的一致性与描述规范自身的一致性混

---

① John F. Horty, Reasoning with Moral Conflicts. Nous, vol. 37, pp. 557–605, 2003.
② C. E. Alchourrón, Logic of Norms and Logic of Normative Propositions, Logique Analyse 12, pp. 242–268, 1969.

为一体：完全有可能一致地表达相冲突的规则适用于一特定情景的事实，就如同有可能一致地说人类具有相冲突的事实的信念。而当人们遇到道义冲突的时候，并不能很清楚地区别这两种情况。普拉肯认为，对于"应当"有不同的理解，有些使得 D 有效，有些则无效。据此可以借鉴可废止逻辑研究中对不一致信息的处理方法，对冲突规范的处理采用更灵活的方法。

其具体做法是将 SDL 系统与瑞特（1980）[①] 的缺省逻辑结合起来，通过增加两个新的元素——论证概念以及提供一种方法表达冲突论证之间的优先关系，构建一个形式论辩模型。普拉肯认为这样做的优点在于论证的概念更接近道义冲突的非形式概念。

需要注意的是，普拉肯的主要目的是比较形式化可废止道义推理的两个方案：为道义逻辑设计一个特殊的可废止逻辑，或者融合现存的可废止逻辑和道义逻辑。其最后的结论是用于道义语境的可废止条件与在其他语境中进行的推理的可废止条件并没有什么不同，因此主张采用人工智能与计算机科学领域中所研究的"一般"的常识推理方法刻画规范推理，没有必要为规范推理构建特殊的可废止道义逻辑，而最好的方法就是第二种方案，因为它能够更大限度地利用传统道义逻辑的成果。

（二）基于缺省道义逻辑的论辩框架

该框架建立在瑞特的正规缺省逻辑的基础之上，也就是说，一个缺省的理由和相应的结论被假设为是完全相同的。正规缺省 A：B/B 被写为 A⇒B；具有 ⇒A 形式的公式是 T⇒A 的缩写，表示非条件可废止规则。该框架由四部分构成：第一部分界定论证的概念，第二部分界定什么情况下论证间存在冲突，第三部分界定论证的比较，第四部分界定一个论证被证立的含义。

普拉肯的"论证"概念本质上同瑞特的缺省证明一样。令对于任意的缺省集合 D，PRE（D）和 CONS（D）分别表示 D 的所有的前提条件和所有的后承。一个论证被定义为一个满足下列条件的 D 的基本例示集合的有限序列 D_0，……，D_n，：

（1）$F \cup CONS(D_i) \vdash \alpha (1 \leq i \leq n,$ 所有 $\alpha \in PRE(D_{i-1}))$；

[①] R. Reiter, A Logic for Default Reasoning, Artificial Intelligence 13, pp. 81–132, 1980.

(2) $D_n = \varnothing$；

(3) $\cup_{i=0}^{n} CONS(D_i) \cup F$ 是一致的。

通俗地说，D_1 包含了所有可以直接用于推出结论的缺省，即它的后承的合取（与事实一起）演绎地蕴涵结论；D_2 包含那些用同样的方式"直接"地推出 D_1 中的缺省的前提条件的缺省，以此类推，直到可以把论证建立在事实的基础之上。

对于任意论证 $A = D_0\cdots\cdots, D_n$，A 的一个子论证是论证 $A' = D'_0\cdots\cdots, D'_n$，后者满足对于每一个 i（$0 \leq i \leq n$），$D'_i \subseteq D_i$。并且，A' 是 A 的一个真子论证，当且仅当，$A' \neq A$。$\cup_{i=0}^{n} CONS(D_i) \cup F$ 蕴涵的每一个公式都是 A 的一个结论，同时它还是 A 的最终结论，当且仅当，它不是 A 的一个子论证的结论。

该框架的第二个重要要素是论证间的冲突。它由一个论证的最终结论予以定义。论证 A1 攻击论证 A2，当且仅当，A1 和 A2 的最终结论相矛盾，并且 A1（或 A2）没有任何结论α满足¬α是 A2（或 A1）的一个子论证的结论。注意，这意味着 A1 攻击 A2，当且仅当，A2 攻击 A1。

第三个重要要素是论证对的比较方法。主要依据的是可废止的特异性标准。这些标准由框架的使用者提供，并且只有最小限度的形式属性，例如，非对称性和非循环性。需要特别注意的是，普拉肯并不要求可废止关系依赖一个具有特殊性的概念，这是因为对论证的比较是多方面的。例如，在法律论证中，即使就优先性方面，也要比较涉及的规则的位阶，以及它们生效的时间等。一般来说，这并不是法律推理，也不是道义推理的特有属性。总之，虽然对于特殊性的验证可以成为一个逻辑问题，但是，决定对于更特殊的论证的选择却是一个关于内容的问题。相应地，该框架将比较论证的标准视为是由使用者提供的，除了事实和缺省外的第三类输入的信息。

该框架的最后一个重要要素是关于证立的定义，即在论辩中什么样的论证才能取得胜利。为体现论辩逐步进行的特征，该概念运用归纳的方法给出，其基本思想是在每一个归纳步骤中，对彼此攻击的论证的比较仅仅与最终结论相关。该思想由该定义的条款 2 刻画，中间的结论应当已经在该归纳先前的步骤中被证立，而后者的思想由条款 1 刻画。条款 2 表达的另一个意思是一个自身并不比与其对立的论证更好的论证也是可以成立的，或者被另一个比与其冲突的论证更好的论证恢复。为了避免循环定义，关于证立的界定使用的论证步骤的条件不是以单个论证的形式给出的。

一个被证立的论证集合是一个极小的论证集合 JA，即 A ∈JA，当且仅当：

（1）A 的所有的真子论证在 JA 中；并且

（2）A 击败所有的攻击 A 的论证 A'，并且 A' 以及 A' 的子论证都不被在 JA 中的其他论证所击败。

该定义的一个重要特征是把论证分为三类：第一类是被证立的论证。第二类是被推翻的论证，具体地说就是被证立的论证击败的论证。第三类，该定义还预示着可能存在一个非空的论证类，它们既没有被证立，也没有被忽略，而仅仅是可废止的。可废止论证的技术意义是，一个阻止一个与其相对立的论证被证立的论证本身并不需要一定被证立，它也可以是一个可废止的论证。从哲学意义上讲，这个概念对于分析道义困境具有重要意义。

为了说明以上理论，普拉肯举出了下面的例子。

例 3.1

假设一个组织机构的官员说，对于客户的要求不需要回应；而另一个更高级的官员说，以书面形式提出的请求必须回应。同时，关于什么才是书面请求存在两个相冲突的先例。我们可以把该例形式刻画如下，其中 F = {f}，$\Delta = \{d_1 - d_4\}$。

d1：通过传真⇒书面请求。

d2：¬ 通过信件⇒¬ 书面请求。

d3：请求⇒¬ O 回应。

d4：书面形式⇒O 回应。

f：请求∧通过传真∧（通过传真→¬ 通过信件）。

假设论证间的废止关系如下：A1 = {d1}[①] 与 A2 = {d2}，之间不存在废

[①] 在普拉肯的表述中，还包含一个以 Ø 表达的事实前提集合，它也是每一个论证的真子论证，因为对它的论证是不言而喻的。为了行文的简洁性，当事实前提集合为空集并且不至于产生歧义时，我们假定它是隐含的，而省略符号 Ø。

止关系。基于官员职务上的等级信息，论证 A4 = {d4}，{d1}，废止与其相冲突的论证（反论证）A3 = {d3}。注意，A4 的真子论证是 A1。然而，因为 A1 和 A2 并不相互废止，也不被其他论证恢复，它们都是未被证立的。根据条款 1，A4 也是未被证立的。另外，因为没有一个论证被证立的论证所攻击，因此它们都是可废止的。

现在假设一个权威决定 A1 击败 A2，那么，A1 就被证立，并且它也使 A4 被证立，因为该论证击败了 A3，从而使 A4 的所有子论证被证立。据此，A2 和 A3 被推翻。

（三）评论

普拉肯认为其所构建的论辩框架有多个优点：第一，即使 D 公理对于该框架用到的道义逻辑 SDL 成立，对于一个可废止的论证也是不成立的（同样对于被证立的论证也是不成立的）。并且该框架使得 AND 原则的限制版本有效。第二，该框架能够较好地刻画事实分离原则：如果存在一个关于 A 的论证 D1，……Dn，包含 D，包含 A⇒B，那么，{A⇒B}，D1，……Dn 也是一个关于 B 的论证。并且在这个论证框架中，道义可废止条件没有坍塌成为事实可废止条件，从而有效地解决了霍尔蒂系统 H 的两个问题。第一个问题，因为可以表达具有 A⇒PB 形式的缺省，因此，根本不存在强允许的表达问题，这使得有可能表达应当和允许之间的冲突，例如"你不应当杀人"与"你可以在自卫中杀人"。第二个问题，也不存在所谓的事实和道义缺省的链的问题，例如：从 F = {A}，Δ = {A⇒B，B⇒OC}，一个为了 Oc 的论证可以被建构起来。第三，可以灵活地选择一个义务推翻另一个义务的优先标准，而特异性仅仅是众多可供选择的标准之一，并且不是必然的选择。第四，能够较好地处理可废止条件的传递性或者链性问题，即根据两个可废止条件"如果 A，那么应当 B"和"如果 B，那么应当 C"应当能够非单调地推出一个新的条件"如果 A，那么应当 C"。并且分析了道义可废止条件的链性与事实可废止条件的链性之间的区别。第五，能够较好地处理道义困境问题。例如，对于 d1：Ax⇒OBx 和 d2：Cx⇒O¬ Bx，如果 F = {Aa，Ca}，那么可以分别有一个对于 OBa 和 O¬ Ba 的论证。假设两个论证都是可废止的，那么，这两个义务的约束力也可以是可废止的。假设对于 O¬ Ba 的论证击败了对于

OBa 的论证，那么，其约束力可以用两种方法予以解释：（1）如果只知道 Aa，就会有一个关于 OBa 的证立论证，并且因为 d2 仍然在 Δ 中，它的所有的并不涉及冲突的基本例示仍是可适用的。（2）如果我们增加公式 Ab 到 F 中，那么，也会有一个对于 Bb 的证立论证（甚至是一个对于 ¬ Ba ∧ Bb 的论证）。第六，该框架成功地保留了传统道义逻辑的研究成果，而不是从头开始研究一切。

应该说普拉肯的论辩框架确实表现出一系列良好的性质，并且提出了丰富的富有启迪意义的思想，如结合已有的道义逻辑和可废止逻辑构建可废止道义逻辑的思想。通过定义特定的模型刻画可废止道义推理的逻辑关系，以及使事实分离规则有效等，这些对于本书的思路都产生了积极影响。但是，普拉肯构建的这个论辩框架存在一个致命的缺陷，使上面提到的所有优点和良好性质都大打折扣。这就是如何从形式上诊断相应的规范前提集合是否一致，而这是判定一个理论是否为充分的形式系统的一个关键的标准。例如，在论证 D 公理和 AND 公理对于这个论辩框架的有效性的时候，普拉肯说道："如果 F = ∅，Δ = {⇒OA, ⇒O¬ A}，那么，即使对于 OA 的论证 {⇒OA} 和对于 O¬ A 的论证 {O¬ A} 都是可废止的，不存在对于 O（A ∧ ¬ A）的可废止论证。另外，如果 A 被一个公式 B 代替，满足 {A, B} ∪F 是一致的（着重号为本书笔者所加），那么，存在一个对于 O（A ∧ B）的可废止论证，因此对于可废止论证，该框架使得 AND 原则的限制版本有效。"[1]

判定一个规范推理的前提集合是否一致，进而决定相应的逻辑规则是否可以被适用是构建一个充分的可废止道义逻辑的关键，这样一个诊断过程必须被形式刻画为该逻辑的一部分。[2] 论证的证立是该论辩框架的一个核心概念，彼此攻击的论证的比较仅仅与最终结论相关，而最终结论又是通过对子论证的归纳所决定的，那么，这些子论证之间的废止关系又如何确定呢——当然需要某个优先标准（如特异性），因此，事情又回到了原点。但是，可废止道义逻辑所刻画的正是基于特定标准确立相冲突的义务之间的可废止关

---

[1] H. Prakken and M. J. Sergot, Contrary-to-duty Obligations, Studia Logica 57, pp. 91–115, 1996.

[2] 张传新：《法律中的逻辑分析方法》，载《甘肃社会科学》2008 年第 5 期。

系，进而界定规范推理的可废止后承关系。普拉肯仅仅把这个过程视为由用户输入优先标准信息，对于这个可废止推理过程视为当然而没有明确的形式刻画。在这一点上普拉肯的问题与后文我们将讨论的卢·格布尔的在构建其系统 DPM 时的问题本质上是相同的，只不过后者明确地要求由用户加入相关信息，而普拉肯则采用了更隐蔽的方法。因此，该论辩框架不是一个完全形式化的方法。可以想象假如真的要对这些优先关系、可废止关系进行形式刻画时，强优先问题、传递性问题，乃至于 D 原则、AND 原则的有效性问题等，似乎普拉肯所称的其论辩框架的每一个优点都需要重新作出评价。①

四、基于偏好（优先）的可废止道义逻辑

定义义务是道义逻辑中较常见的做法②。在道义逻辑研究中对偏好（优先）关系有两种不同的理解。第一，优先道义逻辑。汉松（1969）③ 首先提出道义逻辑的语义中包含一个具有传递性的二元关系，路易斯（1974）④ 在二元道义逻辑框架下对其进行了研究。这种传递性质使定义这种传递关系的极小的或者理想的元素成为可能，使其具有了特殊的意义。在偏好语义理论中，这种传递关系被称为偏好关系，而极小的元素被称为优选的元素［参见克劳斯、莱曼、马吉多（1990）⑤，肖汉姆（1988）⑥ 等］。这类基于偏好（优先）的道义逻辑基本上与偏好逻辑［冯·赖特（1963）⑦］或者决策逻辑

---

① 张传新：《法律思维的理性力量之源——论法律推理的形式性》，载《海南大学学报》2010年第2期。

② Leendert van der Torre and Yao - Hua Tan, Contrary - to - duty Reasoning with Preference - based Dyadic Obligations. Annals of Mathematics and Artificial Intelligence 27, 1999, pp. 49 - 78. John F. Horty, Reasoning with Moral Conflicts. Nous, vol. 37, pp. 557 - 605, 2003. 对此有一些简明的综述，本小节的介绍部分主要参考了这两篇论文。

③ B. Hansson, An Analysis of some Deontic Logics, in: Deontic Logic: Introductionary and Systematic Readings, ed. R. Hilpinen (D. Reidel, Dordrecht, Holland, 1971), pp. 121 - 147. Reprint from Nous. pp. 3373 - 398, 1969.

④ D. Lewis, Semantic Analysis for Dyadic Deontic Logic, in: Logical Theory and Semantical Analysis, ed. S. Stunland (D. Reidel, Dordrecht, Holland,), pp. 1 - 14, 1974.

⑤ S. Kraus, D. Lehmann and M. Magidor, Nonmonotonic Reasoning, Preferential Models and Cumulative Logics, Artificial Intelligence 44, pp. 167 - 207, 1990.

⑥ Y. Shoham, Reasoning about Change (MIT Press, Cambridge, MA). 1988.

⑦ G. H. von Wright, The Logic of Preference (Edinburgh University Press). 1963.

[杰弗里（1983）①] 没有直接关系，虽然有人提出了效用语义理论 [詹宁斯（1974）②、珀尔（1993）③]。我们把这类道义逻辑称为优先道义逻辑。第二，基于偏好（优先）的道义逻辑。这类逻辑借用一个关于偏好的逻辑作为基础定义义务算子：$OA =_{def} A > \neg A$；$O(A|B) =_{def} (A \wedge B) > (\neg A \wedge B)$，其中>表示源于偏好逻辑中的一个算子 [布朗、曼塔、若山（1993）④，汉松（1997）⑤，黄和增地（1985）⑥，詹宁斯（1985）⑦ 等]。然而，对于是否存在一个可以适用于包括规范推理在内的不同领域的一般性的偏好逻辑人们仍存质疑 [马伦（1979）⑧]。

以下主要以最近的约翰·范·本瑟姆、达维德·格罗西、刘奋荣（2010）⑨ 构建的系统（我们称为 BGL 系统）为例，分析基于偏好（优先）语义的可废止道义逻辑的特点。

（一）BGL 系统的基本思想

该研究是在偏好模态逻辑研究取得的成果 [刘奋荣（2008）⑩、吉拉德（2008）⑪] 的基础上，对为道义逻辑构建基于偏好语义的思想的进一步研究。将道义逻辑视为是由状态上的一个优等序（即一个道义偏好）和性质（即明

---

① R. Jeffrey, The Logic of Decision (University of Chicago Press, 2nd edition). 1983.

② R. E. Jennings, A Utilitarian Semantics for Deontic Logic, Journal of Philosophical Logic 3, pp. 445 – 465, 1974.

③ J. Pearl, From Conditional Oughts to Qualitative Decision Theory, in: Proceedings of the 9th Conferenceon Uncertainty in Artificial Intelligence (UAI' 93) (Morgan Kaufmann). pp. 12 – 20, 1993.

④ A. L. Brown, S. Mantha and T. Wakayama, Exploiting the Normative Aspect of Preference: A DeonticLogic without Actions, Annals of Mathematics and Artificial Intelligence 9, pp. 167 – 203, 1993.

⑤ S. O. Hansson, Preference – based Deontic Logic (PDL), Journal of Philosophical Logic 19, pp. 75 – 93, 1990.

⑥ Z. Huang and M. Masuch, The Logic of Permission and Obligation in the Framework of ALX3: Howto Avoid the Paradoxes of Deontic Logic, Logique et Analyse, 149, 1997.

⑦ R. E. Jennings, Can there Be a Natural Deontic Logic? Synthese 65, pp. 257 – 274, 1985.

⑧ J. D. Mullen, Does the Logic of Preference Rest on a Mistake? Metaphilosophy 10, pp. 247 – 255, 1979.

⑨ Johan van Benthem, Davide Grossi, Fenrong Liu, Deontics = Betterness + Priority. G. Governatori and G. Sartor (Eds.): DEON 2010, LNAI 6181, pp. 50 – 65, 2010.

⑩ Liu, F., Changing for the Better. Preference Dynamics and Agent Diversity. PhD Thesis, University of Amsterdam, 2008.

⑪ Girard, P., Modal Logic for Belief and Preference Change. PhD Thesis, Universityof Amsterdam, 2008.

确表达行为标准的"规则")上的优选等级序所决定的。这两个序之间具有严格的对应关系,以及对道义动态的刻画(这部分与本书研究主题关系不大,我们不做讨论)。进而用所构建的系统展示处理渎职义务的能力。该系统遵循了这类研究的一个"传统",将二元义务定义为:

$\mathcal{M}, s \models O(\varphi|\varphi) \Leftrightarrow \operatorname{Max}(\|\varphi\|_{\mathcal{M}}) \subseteq \|\varphi\|_{\mathcal{L}}$。

其中$\|\varphi\|_{\mathcal{L}}$表示$\mathcal{L}$的真值集合函数,$\mathcal{L}$是一个建立在克里普克框架$\mathcal{F} = (S, \leq)$基础之上的模型。在该框架中,S中的状态按照理想性关系$\leq$排序。

(二)BGL 系统

首先它界定了公式集合 P 上的一个 P-序列。

定义 3.6 (P-序列)(原文定义 1)

令$\mathcal{L}$(P)是一个建立在原子公式集合 P 基础之上的命题逻辑语言,S 是一个非空的状态集合,$\mathcal{J}: P \to 2^S$是一个赋值函数。一个对于$\mathcal{J}$的 P-序列是一个二元组$\mathcal{B}^{\mathcal{J}} = <B, <>$,其中:

(1) $B \subset \mathcal{L}(P)$,其中$|B| < \omega$;

(2) $<$是 B 上的一个严格线序①;

(3) 对于所有的$\varphi, \psi \in B$,$\varphi < \psi$,当且仅当$\|\psi\|_{\mathcal{J}} \subset \|\varphi\|_{\mathcal{J}}$。

其中$\|\varphi\|_{\mathcal{J}}$表示根据$\mathcal{J}$所确定的$\varphi$为真的集合。对于$\mathcal{J}$的所有 P-序列的集合用$\mathcal{B}^{\mathcal{J}}$表示。假定一个相对于$\mathcal{J}$的 P-序列$\mathcal{B}^{\mathcal{J}}$,用 Max($\mathcal{B}^{\mathcal{J}}$)表示$\mathcal{B}^{\mathcal{J}}$的极大元素。用 Max$^+$($\mathcal{B}^{\mathcal{J}}$)表示根据$\mathcal{J}$的非空的$\mathcal{B}^{\mathcal{J}}$的最大元素,如果它是存在的,否则就是 T。

然后根据所定义的 P-序列对理想性状态进行排序。

定义 3.7 (根据 P-序列推出偏好)(原文定义 2)

令$\mathcal{B} = <B, <>$是一个 P-序列,S 是一个非空的状态集合,$\mathcal{J}: P \to 2^S$是一个赋值函数。那么,偏好关系$\leq_{\mathcal{B}}^{IM} \subseteq S^2$可定义如下:

$s \leq_{\mathcal{B}}^{IM} s' := \forall \varphi \in B: s \in \|\varphi\| \square s' \in \|A\|$。

根据以上定义,则可证明$\leq_{\mathcal{B}}^{IM}$具有以下性质:

---

① 反自反性、传递性、反对称性和连通性。

令 $\mathcal{B}$ = <B, < > = (φ_1, ……, φ_n) 是一个对于 $\mathcal{I}$：P→2^S 的 P - 序列，则以下断言成立：

(1) 关系 $\leqslant_\mathcal{B}^{IM}$ 是一个完全前序①，而其严格的形式 $<_\mathcal{B}^{IM}$ 是反良基的②。

(2) 如果 $\varphi_i < \varphi_j$，那么对于所有的 $s \in \|\varphi_i\|$，$s' \in \|\varphi_j\|$：$s \leqslant_\mathcal{B}^{IM} s'$；

(3) 如果 $\varphi_i < \varphi_j$，那么对于所有的 $s \in \|\varphi_i \wedge \neg \varphi_j\|$，$s' \in \|\varphi_j\|$：$s <_\mathcal{B}^{IM} s'$。

为了表达二元义务，它还界定受限的 P - 序列概念：

令 $\mathcal{B}$ = <B, < > 是一个对于 $\mathcal{I}$：P→2^S 的 P - 序列，其中 |B| = n，B⊂$\mathcal{L}$ (P)。对于 $\mathcal{L}$ (P) 的一个公式 ψ 的 $\mathcal{B}$ 限制是一个结构 $\mathcal{B}^\psi$ = <B^ψ, $<^\psi$>，其中：

(1) B^ψ := {$\varphi_i \wedge \psi$ | $\varphi_i \in B$}；

(2) $<^\varphi$:= { ($\varphi_i \wedge \psi$, $\varphi_j \wedge \psi$) | (φ_i, φ_j) ∈ <}。

最后根据以上定义和性质，构建优等模态逻辑的公理系统及其语义。

公理系统：

该逻辑由下面的公理模式实现公理化，其中 i ∈ {≤, ∀}：

Prop：所有命题重言式；

K：[i] ($\varphi 1 \to \varphi 2$) → ([i] $\varphi 1 \to$ [i] $\varphi 2$)；

T：[i] $\varphi \to \varphi$；

4：[i] $\varphi \to$ [i] [i] φ；

5：¬ [∀] $\varphi \to$ [∀] ¬ [∀] φ；

3：(<≤>φ ∧ <≤>ψ) → (<≤> (φ ∧ <≤>ψ) ∨ <≤> (φ ∨ ψ) ∨ <≤> (ψ <≤>ψ))；

Incl：[∀] $\varphi \to$ [≤] φ；

Dual：<i>$\varphi \leftrightarrow \neg$ [i] ¬ φ。

该逻辑系统实质上是 S4.3 系统加上全称模态的一个扩张系统。

---

① 意思是这是一个具有自反性、传递性和连通性的关系。

② 意思是它不包含无穷升链。

语义：

定义 3.8 模型（原文定义 4）

原子命题公式集合 P 之上的一个模型 $\mathcal{L}$（∀，≤）是一个三元组 $\mathcal{M}$ = <S，≤，$\mathcal{I}$>，其中：

S 是各非空的状态集合；

≤ 是一个 S 上的反良基完全前序；[①]

$\mathcal{I}$：P→2^S。

如通常的定义，我们规定 s<s'，当且仅当 s≤s' 且 s'≰s。

定义 3.9 满足关系（原文定义 5）

令 $\mathcal{M}$ ∈ $\mathbb{M}$。一个模型（$\mathcal{M}$，s）对于一个公式 φ ∈ $\mathcal{L}$（∀，≤）的满足关系可归纳定义如下：

$\mathcal{M}$，s ⊨ p，当且仅当 w ∈ $\mathcal{I}$（p）；

$\mathcal{M}$，s ⊨ ［≤］φ，当且仅当 ∀s' ∈ S，满足条件 s≤s'：$\mathcal{M}$，s' ⊨ φ；

$\mathcal{M}$，s ⊨ ［∀］φ，当且仅当 ∀s' ∈ S：$\mathcal{M}$，s' ⊨ φ。

关于布尔联结词的满足关系略。

直观上看，［∀］-公式表达的是在模型中的所有状态都具有的性质（全称性质），而［≤］-公式表达的是在所有的至少与赋值的状态一样好的状态（用定序理论的术语说就是高于赋值状态的状态）中具有的性质。

可以证明 GDL 系统相对于其语义具有可靠性和强完全性。

（三）评论

我们且不说运用偏好关系定义义务是否恰当，仅就技术方法上，该系统很显然给出了渎职义务推理的一个较简单且直观的形式刻画。

例 3.2 温柔的谋杀者悖论

假设一个法律体系禁止所有的谋杀，但是，残暴的谋杀比温柔地谋杀是一种更坏的行为。那么这个体系关于不同的谋杀具有以下几个规则，其中主要有两个：

（1）该法律规定斯密斯应当不谋杀琼斯。

---

① 这里的意思是说 ≤ 是一个具有自反性、传递性、连通性并且不涉及无限升链的二元关系。

（2）如果斯密斯谋杀琼斯，那么，斯密斯应当温柔地谋杀琼斯。

该例明确地区分了两类理想状态：一类是在其中斯密斯没有谋杀琼斯（我们称为 I_1），即 $I_1:=\neg m$；另一类是在其中斯密斯没有谋杀琼斯或者他温柔地谋杀琼斯（我们称为 I_2），即 $I_2:=\neg m \vee (m \wedge g)$。据此我们有一个 P-序列 $\boldsymbol{B}$ 满足条件 $I_2 < I_1$。这样一个 P-序列足以按照相应的关系 $\leqslant_{\boldsymbol{B}}^{IM}$ 将道义状态分为三组：最理想的状态是满足 I_1 的一组；较坏一点但并非最坏的状态满足 $V_1:=\neg I_1$ 但同时满足了 I_2；最差的状态就是 $V_2:=\neg I_2$（因此也使得 V_1 成立）。

并且这是一个非单调逻辑系统，在缺省的条件下可以推出义务 O（¬k∣T），而在输入信息 k 后，因为原来最理想的状态不再存在，基于此条件下的最理想的状态（即次理想状态），推出的义务为 O（g∣k），而原来的结论不再成立。

然而，除了这一点，该系统依然存在着一些不可忽视的缺点：

偏好关系的性质问题。该系统将 ≤ 定义为一个 S 上的反良基完全前序。对于这种关系的连通性假定是否太强，学界一直存有争议。根据该性质，假设 A 和 B 为义务要求选择的状态，则 A≤B 或者 B≤A，对于任意可能的道义冲突都存在便利的解决方法。该假设的意思是，对于任意两个义务，其中的一个总是优先于另一个，因而很自然地就可以推断，在存在道义冲突时，所要解决的问题不过是选择二者中最重要的那一个。这至少在以下两个方面并不具有合理性：第一，有些义务在其重要性方面似乎是不可比较的。例如萨特悖论，其中涉及的两个相冲突的义务，保护祖国的义务与照顾亲人的义务很难说哪一个更重要。第二，有些义务具有相同的重要性，但是又因为不能都被实现，从而构成一个道义困境，例如救生员困境。

例 3.3　救生员困境

假设你是一位救生员，有一对双胞胎同时溺水。你有义务救哥哥 A，你也有义务救弟弟 B，但是，由于各方面的原因，你只能救其中的一位。因为基于同样的道义要求，所以，OA 和 OB 是同等重要的，但是，又因为 A→¬B，即你救哥哥意味着不能救弟弟，因此，实现 OA 就意味着对 OB 的违反。同样，实现 OB 也意味着对 OA 的违反。

我们可以把这种情况视为义务的对称性。[1] 对于两个具有对称性的义务，又如何确定一个义务比另一个义务更重要呢？总之，"无论是对义务的排序方法，还是如何提供这种排列的基础方面仍然存在一些还没有得到解决的问题。"[2] 该系统无法处理道义困境推理问题，而在现实的规范推理中造成在相冲突的义务之间进行选择的最大困难恰恰是这类不可比较的义务或者具有对称性的义务。考虑到大量的关于连通性假设的反例，这种思想缺乏现实的辩护。

强优先性问题[3]。如前所述，很多研究者都认为一元道义算子 O 可以在优先逻辑中通过定义给出一个道义解释：$OA =_{def} A > \neg A$。相应的二元道义算子 O（—｜—）可定义为：$O(A|B) =_{def} (A \wedge B > \neg A \wedge B)$。然而，在偏好逻辑的研究中已经被普遍接受的一个观点是优先关系 $A > \neg A$ 不能通过要求所有的可能世界 A 优先于每一个可能世界 $\neg A$ 得到定义，因为这将导致所谓的强优先问题，其中的一个例子就是礼貌与帮助悖论[4]。

例3.4 礼貌与帮助悖论

（1）应当有礼貌。Op

（2）应当有帮助。Oh

当考虑到"有礼貌却无帮助 $p \wedge \neg h$"和"无礼貌却有帮助 $\neg p \wedge h$"的时候，将会是相互冲突的。如果一个优先关系 > 满足左右强化原则，那么，$p > \neg p$ 且 $h > \neg h$ 就会推出 $p \wedge \neg h > \neg p \wedge h$ 并且 $\neg p \wedge h > p \wedge \neg h$，其中 > 只具有最基本的性质。所推导得出的优先关系似乎是相互矛盾的，这就是所谓的强优先问题。

---

[1] Moral Dilemmas and Consistency. Journal of Philosophy, 72（3），pp. 121–136, 1980.

[2] John F. Horty, Reasoning with Moral Conflicts. Nous, vol. 37, pp. 557–605, 2003.

[3] 该主题的讨论主要参考了：van der Torre, Yao–Hua Tan, Prohairetic Deontic Logic and Qualitative Decision Theory. In Proceedings of the AAAI Spring Symposium on Qualitative Approaches to Deliberation and Reasoning, 1997. Prohairetic Deontic Logic and Qualitative Decision Theory. In Proceedings of the AAAI Spring Symposium on Qualitative Approaches to Deliberation and Reasoning, 1997. 以及 John F. Horty, Reasoning with Moral Conflicts. Nous, vol. 37, pp. 557–605, 2003, L. van der Torre and Y. Tan, Contrary–To–Duty Reasoning with Preference–based Dyadic Obligations. Annals of Mathematics and Artificial Intelligence, 27, pp. 49–78, 1999.

[4] G. H. von Wright, The Logic of Preference. Edinburgh University Press, 1963.

第三章 ‖ 规范推理的优先性、可废止性及其逻辑刻画

为解决强优先问题，学者们提出了不同的方法。第一种方法，杰克逊（1985）[1] 和格布尔（1990）[2] 引入了一个二级序表达可能世界的"接近"的程度。他们通过最接近 A 的可能世界对于最接近¬ A 的可能世界的优先定义 A＞¬ A 的优先。其基本思想是在特定语境中，一些做某事的方法在某些可能世界可以被忽略——也许是因为它们太远离现实的世界，或者超出了主体的能力范围。例如，当"有礼貌的和无帮助的" p∧¬ h 和"不礼貌的和有帮助的"¬ p∧h 不在最接近的 p，¬ p，h 和¬ h 可能世界中时，义务 O（p∣T）和 O（h∣T）可以是一致的。这种处理强优先问题的方法会导致离题问题，因为涉及的优先关系将不再具有左右强化原则。例如，不能根据 p＞¬ p 推出（p∧h）＞（¬ p∧h）。因为（p∧h）和（¬ p∧h）可能不在最接近的 p 或者¬ p 可能世界中。

第二种方法是通过一个用 A 相对于¬ A 的"其他条件均同"的优先定义 A＞¬ A［斯文·奥韦·汉松（1989[3]，1990a[4]，1990b[5]）］，另外布朗、曼塔、若山（1993）[6] 对此问题有一个较全面的分析。两个可能世界 A 和¬ A 除了对 A 的赋值之外，其他方面是完全相同的，则 A 可能世界优先于¬ A 可能世界。但是，这种方法导致了一个独立性问题。假设一个优先关系 p＞¬ p 和一个语境 p↔¬ h。根据优先关系 p＞¬ p 则能够推出优先关系（p∧（p↔¬ h））＞（¬ p∧（p↔¬ h）），导出的优先关系逻辑等价于（p∧¬ h）＞（¬ p∧h）。而排除类似 p↔¬ h 的语境就是这个独立性。只有对于"独立的" B，才有一个 A∧B 相对于¬ A∧B 的优先。

---

[1] F. Jackson, On the Semantics and Logic of Obligation, Mind 94, pp. 177 – 196, 1985.
[2] L. Goble, A Logic of Good, Would and Should, part 2, Journal of Philosophical Logic 19. pp. 253 – 276, 1990.
[3] S. O. Hansson, A New Semantical Approach to the Logic of Preference, Erkenntnis, pp. 311 – 42, 1989.
[4] S. O. Hansson, Defining "Good" and "Bad" in terms of "Better", Notre Dame Journal of Formal Logic 31, pp. 136 – 149, 1990.
[5] S. O. Hansson, Preference – based Deontic Logic (PDL), Journal of Philosophical Logic 19, pp. 75 – 93, 1990.
[6] A. L. Brown, S. Mantha and T. Wakayama, Exploiting the Normative Aspect of Preference: A Deontic Logic without Actions, Annals of Mathematics and Artificial Intelligence 9, pp. 167 – 203, 1993.

第三种方法是用"每一个¬A可能世界都不像任意A可能世界"的方法定义一个优先关系A>¬A。如果假定在可能世界间的优先序≤是强连接的,即对于一个模型M中的两个可能世界w1和w2,或者w1≤w2,或者w2≤w1,则该定义等价于"所有的A可能世界优先于每一个¬A可能世界"。然而,根据范·弗拉森(1973)[1],当我们允许存在不可比较的可能世界的时候,对于p∧¬h和¬p∧h而言,O(p|T)和O(h|T)并不是相冲突的。所以,必须假定可能世界p∧¬h和¬p∧h是不可比较的。对此,范·德尔·托尔和谭耀华将一元义务界定为一个强优先关系和一个理想优先关系的结合:OA =$_{def}$ (A>¬A) ∧IA。其中IA表示"M中的理想可能世界满足A"。忽略无限降链[2],可以这样定义:M⊨IA,当且仅当Pref⊆|A|,其中Pref表示M中的最优先(理想的)可能世界集合,|A|表示满足A的所有可能世界集合。而二元义务可相应地被定义为:O(A|B) =$_{def}$ ((A∧B) > (¬A∧B)) ∧I(A|B)。

以上分析再次表明,在一个道义逻辑中,充分地刻画不同的规范推理模式,并不仅仅是出于现实的需要。即使从理论上讲,因为这些推理模式之间的彼此影响,只有充分考虑到规范冲突的各种情形,所构建的道义逻辑才可能不会出现这样或那样的问题。

例外义务问题。例如,体贴的刺客悖论。

例3.5 体贴的刺客悖论

(1) 一个人应当不向他人提供香烟。O(¬c|T)

(2) 如果一个刺客杀害受害人,他应当为受害人提供一支香烟。(O(c|k)

普拉肯和塞尔戈特认为该例表达的是一个道义困境。因为O(c|k)不是O(¬c|T)的一个渎职义务,而是O(¬k|T)的一个渎职义务,因此

---

[1] B. C. van Fraassen, Values and the Heart Command, Journal of Philosophy 70, pp. 5 – 19, 1973.
[2] 无限降链引起的问题可以用下面的例子说明,假设一个模型包含一个¬A可能世界的无限降链。这个模型似乎不应当满足IA,然而,最优先的可能世界(并不存在!)满足A。

O（c│k）和 O（¬c│T）是不相关的义务①。他们之所以这样认为是因为在基于优先语义的二元道义逻辑中，无法处理例外义务推理问题。前提（1）和前提（2）的两个义务的适用条件一个是缺省的常态条件，一个是特殊的例外条件，而其所作的义务要求却是相反的，因此，基于这种优先语义，二者在同样理想的可能世界都应当得到满足，从而导出相矛盾的义务结论，而这种理解显然是有违直观的。如同基于特异性的可废止道义逻辑所分析的，在刺客杀害受害人时，违反的是应当不杀人的义务（我们假定有这样一个义务，但这种假定不是必然的），而不是应当不向他人提供香烟的义务，因为第一个义务对于具有特异性的例外情况并不具有约束力，对于其他例外义务推理的情况同样如此。

我们以上的分析并不仅仅是针对 GBL 系统的，而是通过对这个系统的分析表明这类基于偏好（优先）语义的道义逻辑普遍存在的问题，假如说连通性假定、强优先性问题反映出较强的技术性，更直接的缺陷就是无法处理道义困境推理和例外义务推理，因为二者涉及的义务都无法通过优先关系得到表达。

五、多重优先性的可废止道义逻辑

（一）范·德尔·托尔和谭耀华的基本思想

范·德尔·托尔和谭耀华认为，一个条件义务被一个事实违反与一个条件义务被另外一个条件义务推翻具有本质的不同。表达可废止推理结构的道义逻辑在语义方面需要两个完全不同的序：一个是关于理想性的，另一个是关于常规性的。这两个优先序又彼此相互作用，因此可废止道义逻辑需要一个多重优先的语义，其中一个为关于理想性的优先关系，用于形式刻画齐硕姆悖论、福瑞斯特悖论等道义悖论，另一个优先关系是关于常规的优先性，用于形式刻画例外。为此，他们选用了在范·德尔·托尔和谭耀华（1994a，

---

① H. Prakken and M. J. Sergot, Contrary–to–duty Obligations, Studia Logica 57, pp. 91–115, 1996.

1994b)① 中构建的一个用于道义推理的诊断框架 DIODE 系统。DIODE 的基本思想是用 A∧¬Vi→B 形式刻画"如果 A 则应当 B",其中 Vi 是一个命题常量,用于表示义务被违反。条件义务可以读作"如果 A,并且没有违反义务,则应当 B"。例如,应当不侮辱他人的义务在 DIODE 中被形式刻画为¬V1→¬i,其中 i 表示侮辱他人。以此为基础将对渎职义务推理和例外义务推理的形式刻画结合在一起。

(二) DIODE 系统

定义 3.10 令 L 是一个命题逻辑。L_V 是 L 的增加(有限的)违反常量 Vi 的扩张。用 ⊨ 表示 L_V 的蕴涵关系。

L_V 的一个道义理论通常包含一个 L 的事实语句的集合(表示为 F),一个 L 的背景知识语句的集合和一个 L_V 的绝对义务和条件义务(道义规则)的集合。其中义务通常表示为 ¬Vi→B,或者 A∧¬Vi→B,A,B∈L,每一个不同的道义规则都以一个不同的违反常量 Vi 表示。

DIODE 包含一个优先语义,它用 Vi 常量定义一个优先序。这个优先序对所有的理想和次理想状态进行排序。对理想和次理想状态的区分的根据在于并非所有的义务都是相对于一个理想情形的,而常常是相对于次理想的情形。这些义务就是渎职义务。

定义 3.11 令 T 是 L_V 的一个理论,M1 和 M2 是 T 的两个模型,M1 优先于 M2,写作 M1 ⊑ M2,当且仅当,如果 M1⊨Vi,那么,M2⊨Vi。M1 严格优先于 M2,写作 M1 ⊏ M2,当且仅当 M1 ⊑ M2 并且并非 M2 ⊑ M1。

根据以上定义可界定一个偏前序。

定义 3.12 一个解释 M 优先满足 A(写作 M⊨$_c$A),当且仅当 M⊨A,并且不存在其他解释 M' 满足 M' ⊏ M 且 M' ⊨A。在这种情况下我们说 M 是 A 的一个优先模型。A 优先蕴涵 B(写作 A⊨$_c$B),当且仅当对于任意 M,

---

① Y. - H. Tan and L. W. N. van der Torre. DIODE: Deontic Logic Based on Diagnosis from First Principles. In Proceedings of Workshop Artificial Normative Reasoning of the Eleventh European Conference on Artificial Intelligence (ECAI'94), Amsterdam, Representing Deontic Reasoning in a Diagnostic Framework. In Proceedings of the Workshop on Legal Applications of Logic Programming of the Eleventh International Conference on Logic Programming (ICLP'94), 1994.

如果 M⊨$_C$ A，那么 M⊨B。

这个优先蕴涵的概念被用于定义识别最小违反模型。

定义 3.13 令 T 是 L$_V$ 的一个理论，M 是 T 的一个优先模型，即 M⊨$_C$T。集合 {Vi | M⊨Vi} 是 T 的一个优先违反集合。

在一个 DIODE 理论 T 确定的道义语境中，在优先模型中为真的 L 的语句是语境所要求的。

定义 3.14 令 T 是 L$_V$ 的一个理论。T 提供一个关于 A 的语境义务，当且仅当 T⊨$_C$A，并且 A∈L。

在语义方面，道义规则通过对所有的理想状态和此理想状态的排序定义了模型上的优先序。而事实（用 F 表示）通过选择事实在其中为真的（次）理想状态对这个偏序进行限定。

例 3.6 福瑞斯特悖论

考虑下面的 SDL 理论 T 的一个语句集合，它具有一个与福瑞斯特悖论同样的逻辑结构：

（1）O¬i：你不应当侮辱他人。

（2）i→Op：如果你侮辱他人，你应当在私下里进行。

（3）p→i：私下里侮辱他人逻辑蕴涵你侮辱他人。

（4）i：你侮辱了他人。

根据这个理论可以推出 T⊨$_{SDL}$O¬i 和 T⊨$_{SDL}$Oi。后一个义务适用推理规则 RM：

如果⊢A→B，那么，⊢OA→OB。

根据 Op 推出，该悖论的主要问题在于在 SDL 中 Oi 和 O¬i 是不一致的。

在 DIODE 中，这些语句被表达为一个 DIODE 的理论 T：

（1）¬V1¬i：你不应当侮辱他人。

（2）i∧¬V2→p：如果你侮辱他人，你应当在私下里进行。

（3）p→i：私下里侮辱他人逻辑蕴涵你侮辱他人。

（4）i：你侮辱了他人。

图 3.1 给出了这个理论中的道义规则（以及背景规则 p→i）的优先序，其中圆圈表示模型的等价类，该图仅给出了相对于特定事实的优先模型，而

没有给出不存在事实基础的模型，例如，满足¬i和V1的模型。

理想的情形排序的次理想情形

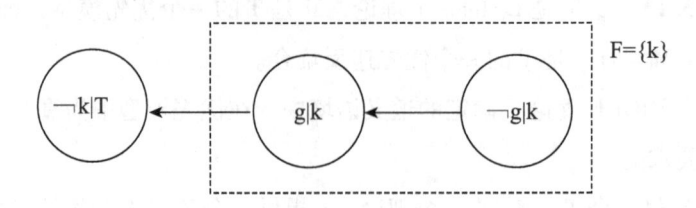

图3.1　福瑞斯特悖论的优先关系

在由左边的圆圈给出的理想的情形下，你没有侮辱他人。如果你侮辱了他人，即对于F = {i}时，相关的模型被限制在包含V1的次理想模型和包含V1和V2的次理想模型，在图3.1中，这种限制用一个虚线框表示。虚线框中左边的圆圈表示的最佳的次理想情形限定于你私下里侮辱他人的事实存在，而所包含的{V1}为一个优先违反集合，根据T推出的是一个关于p的语境义务。这时不存在关于¬i的语境义务，因为¬i只存在于理想的情形，因而通过事实的限定被排除在考虑的范围之外。而最坏的情形是违反了两个义务：第一，你侮辱了他人；第二，你公开地侮辱了他人。

齐硕姆悖论是一个更为复杂的悖论，下面是一个由琼斯（1989）[①]给出的一个例子，它表达的是一个将法律规则视为对罪犯定罪量刑应当遵守的义务的法官所进行的道义推理。

例3.7　齐硕姆悖论

在DIODE中，齐硕姆语句被表达为下面的DIODE中的一个理论T：

(1) ¬V1→¬l：你应当不侮辱他人。

(2) ¬V2→(¬l→¬p)：如果你不侮辱他人，你应当不受到惩罚。

(3) l∧¬V3→p：如果你侮辱他人，你应当受到惩罚。

(4) l：你侮辱了他人。

图3.2给出的是齐硕姆悖论中的道义规则之间的优先关系。在理想的情

[①] A. J. I. Jones, Deontic Logic and Legal Knowledge Representation. In Expert Systems in Law, Bologna, 1989.

形下，不存在犯罪行为和相应的处罚。而对于 F = {l}，模型被限制在包含 Vi 的模型和包含 V1 和 V3 的模型，它们都被包含在一个虚线框中。所以 {V1} 视为一个优先违反集合，根据 T 推出唯一的 Op 的语境义务。

理想的情形排序的次理想的情形

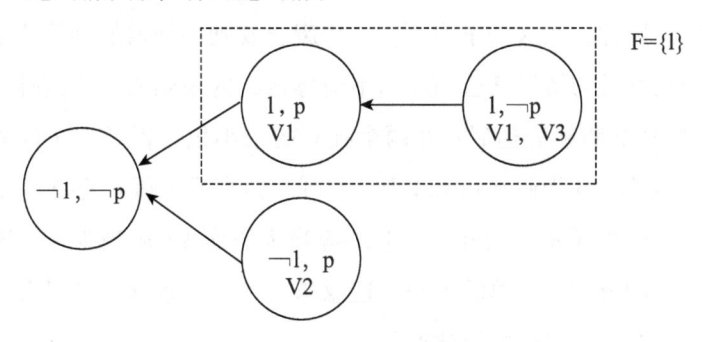

图 3.2　齐硕姆悖论的优先关系

上面的例子表明，DIODE 具有二维推理机制。第一维在给出道义规则和背景知识（例如，在福瑞斯特悖论中的 p→i）的前提下，用于建立所有模型之间的一个优先序。第二维通过选择事实在其中为真的模型对这个优先序进行定位限制。这个方法的缺陷是需要对事实与背景知识进行区分，这是非单调推理中的一个众所周知的现象，参见布蒂利埃（1994）[①]对这种区分的讨论。

（三）渎职义务推理与例外义务推理的结合

一个可废止条件义务"常规情况下你不应当侮辱他人"可以被形式表达为¬ V1 ∧¬ Ex1→¬ i。Exi 表达的例外状态可以被用于确定两个相冲突的可废止条件义务之间的优先关系。因此，该规则对于确定一个例外 Exi 是否存在与确定一个违反 Vi 是否成立是不同的。从语义的角度看，在两个模型之间存在着两个独立的优先关系，一个被用于最小化 Vi 常量，一个被用于最小化 Exi 常量。

假定存在一个可废止条件义务集合，问题是如何在 DIODE 系统中处理例

[①] C. Boutilier, Conditional Logics of Normality: A Modal Approach. Artificial Intelligence, 68, pp. 87 – 154, 1994.

外的情况。在范·德尔·托尔和谭耀华（1994）[①] 中，作者建议所有的例外都应当明确地给出。例如，假设存在一个二级道义规则：假设一个人危害了公共利益的话，你应当侮辱他。我们可以将其形式刻画为 $h \land \neg V2 \to i$，其中 h 表示该人危害公共利益。这类义务的一个例子是，每一位记者都应当曝光尼克松的水门事件。在这种情况下，一个废止规则必须增加到该语境中，即某人危害公共利益的情形是适用应当不侮辱他人的规则的一个例外情形，即 $h \to Ex$。当例外被明确表达后，在两个独立的最小化过程（对于前面的条件义务，当 A 为真，B 为假并且 Ex1 和 V1 可以为真或为假）存在一个冲突的情况下，违反应当优先于例外，即 Ex1 应当为假而 V1 应当为真。这是处理两个序之间的冲突的最简单的方法，这意味着可废止条件义务只有在存在一个明确的废止规则的时候才能被击败。

下面的定义是关于推翻对特异性这个概念的形式刻画，该定义可被用于该框架以确认例外的情形。该定义借用于非单调逻辑，在可废止道义逻辑中予以修改。就其本质而言，类似于霍尔蒂（1993）[②] 中关于推翻的定义。

定义 3.15 令 Fb 是理论 T 的一个背景知识语句集合。一个可废止条件义务 $A1 \land \neg V1 \land \neg Ex1 \to B1 \in T$ 因为 A2 被另一个条件义务 $A2 \land \neg V2 \land \neg Ex2 \to B2 \in T$ 推翻，当且仅当：

(1) $Fb \land B1 \land B2$ 是不一致的。

(2) $Fb \land A2 \models A1$ 且 $Fb \land A1 \not\models A2$。

在条件义务 $A1 \land \neg V1 \land \neg Ex1 \to B1$ 因为 A2 被另一个条件义务 $A2 \land \neg V2 \land \neg Ex2 \to B2$ 的所有情形中，都需要明确地存在废止规则 $A2 \to Ex1$。下面是一个类似于霍尔蒂的餐桌礼仪的例子。

例 3.8 公共利益

假设有下面两个语句：

[①] Y. - H. Tan and L. W. N. van der Torre, Representing Deontic Reasoning in a Diagnostic Framework. In Proceedings of the Workshop on Legal Applications of Logic Programming of the Eleventh International Conference on Logic Programming（ICLP'94），1994.

[②] J. F. Horty, Nonmonotonic Techniques in the Formalization of Commonsense Sormative Reasoning. In Proceedings of the Workshop on Nonmonotonic Reasoning, Austin, Texas, pp. 74 - 84, 1993.

(1) $\neg V1 \wedge \neg Ex1 \rightarrow \neg i$：常规情况下，你不应当侮辱他人。
(2) $h \wedge \neg V2 \rightarrow i$：当某人危害公共利益的时候，你应当侮辱他。

第二个义务因为 h 而推翻第一个义务，因此应当增加 $h \rightarrow Ex1$。

常规的优先序的基本思想涉及例外情形（公共利益）的模型与常规模型是彼此独立的。图 3.3 给出的是就是该例的优先语义。圆圈表示道义序上的等价类；水平箭头表示道义优先序。方框表示常规性上的等价类；垂直箭头表示常规性优先关系。上面的方框表示常规模型，它由 h 为假的事实所确定，即并不存在危害公共利益的情形。从道义上讲，¬h - 模型按照义务"常规情况下，你不应当侮辱他人"排序。下面的方框包含的模型中 h 为真，因而是例外模型，都用 Ex1 标记，这些模型按照义务"在某人危害公共利益的情况下，你应当侮辱他"排序。① 因为这是一个例外的情形，该模型不再受到常规情形下的义务"你应当不侮辱他人"的约束。

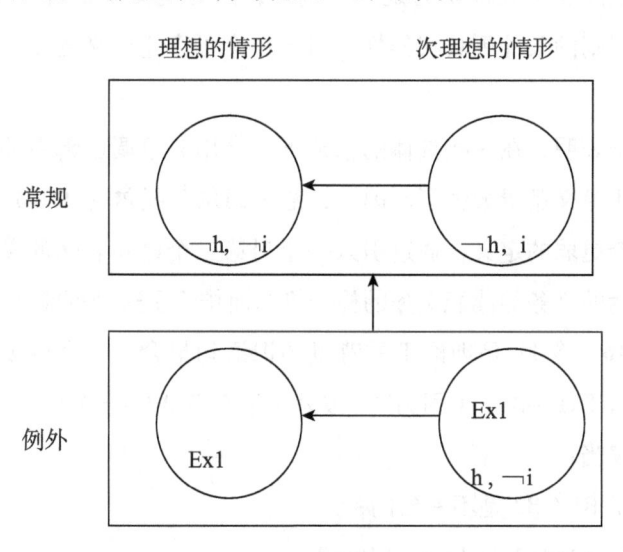

图 3.3　公共利益的优先关系

例 3.9 是福瑞斯特悖论与前面的例子的结合。但是，在这样做之前还必

---

① 需要注意的是，该义务并不被导论中所给出的关于刑法的条款所蕴涵，因为只有在例外的情形中才允许侮辱他人。这种允许规范可以在语义图中由所有 h 模型在道义序中等价的事实表达。但是，因为在 DIODE 并没有形式刻画允许规范，所以，我们将这种允许规范用更强的义务规范表达。

103

须首先在一个可废止道义逻辑中刻画该悖论。正如我们在范·德尔·托尔(1994)① 中所表明的，一个类似于定义 3.15 的关于推翻的定义过强导致有违直观的结论。

例 3.9 在可废止道义逻辑中对福瑞斯特悖论的刻画

(1) ¬ V1∧¬ Ex1→¬ i：常规情况下，你不应当侮辱他人。

(2) i∧¬ V2→i：如果你侮辱他人，你应当私下里侮辱他。

(3) p→i：你私下里侮辱他人蕴涵你侮辱他人。

根据定义 3.15，第一个语句表达的义务因为 i 被第二语句表达的义务推翻，即应当增加公式 i→Ex1 到前提中。然而，新增加的前提是有违直观的，因为它蕴涵第一个义务永远不再能够被违反。该例的直观的理解是第二个义务是第一个义务的渎职义务，并且更具一般性的义务应当成立而不被推翻。

问题是该渎职义务被认为是一个例外，因为道义规则后件是不一致的，并且第二个规则的条件更具特异性。对于一个可废止道义逻辑，这个条件太强了。

以上例子表明，在一些具体的情形下，借用非单调逻辑中关于推翻的定义用于可废止道义逻辑太强了。因此，范·德尔·托尔（1994）中引入了关于推翻的一个更弱的定义，通过引入一个对第二个语句表达的义务是否为第一个语句表达的义务的渎职义务的检查机制而排除了这种可能性。

定义 3.16 令 Fb 是理论 T 的背景知识语句集合。一个可废止条件义务 A1∧¬ V1∈¬ Ex1→B1 ∈ T 因为 A2 被另一个义务 A2∧¬ V2∧¬ Ex1→B2 ∈ T 推翻，当且仅当：

(1) Fb∧B1∧B2 是不一致的；

(2) Fb∧A2⊨A1 且 Fb∧A1⊭A2；

(3) Fb∧B1∧A2 是一致的。

对于公共利益的例子的条件依然是可满足的。而对于福瑞斯特悖论，根据定义 3.16 可废止道义规则"应当不侮辱他人"不再因为 i 而被推翻，因为

---

① L. W. N. van der Torre, Violated Obligations in a Defeasible Deontic Logic. In Proceedings of the Eleventh European Conference on Artificial Intelligence (ECAI'94), pp. 371–375, 1994.

第三个条件没有被满足。

现在可以将这两个例子结合到一起了。福瑞斯特悖论是渎职义务推理的一个典型的例子，而公共利益悖论是可废止条件义务被推翻的一个典型的例子。

例3.10 福瑞斯特悖论与公共利益悖论

假设以下语句：

(1) $\neg V1 \wedge \neg Ex1 \rightarrow \neg i$：常规情况下，你不应当侮辱他人。

(2) $i \wedge \neg V2 \rightarrow i$：如果你侮辱他人，你应当私下里侮辱他。

(3) $p \rightarrow i$：你私下里侮辱他人蕴涵你侮辱他人。

(4) $h \wedge \neg V3 \rightarrow i$：当某人危害公共利益的时候，你应当侮辱他。

图3.4给出的是例3.10道义规则之间的优先序（以及事实规则 $p \rightarrow i$）。如在公共利益的例子中一样，存在着常规情形（当不存在有人危害公共利益时）与例外情形（当存在有人危害公共利益时）之间的不同。在常规的情形中，优先序与福瑞斯特悖论的例子中的优先序一样，而在例外情形中，优先推出的义务是"你应当侮辱该人"，因为这是一个例外情形，并不存在对第一个道义规则的违反V1。

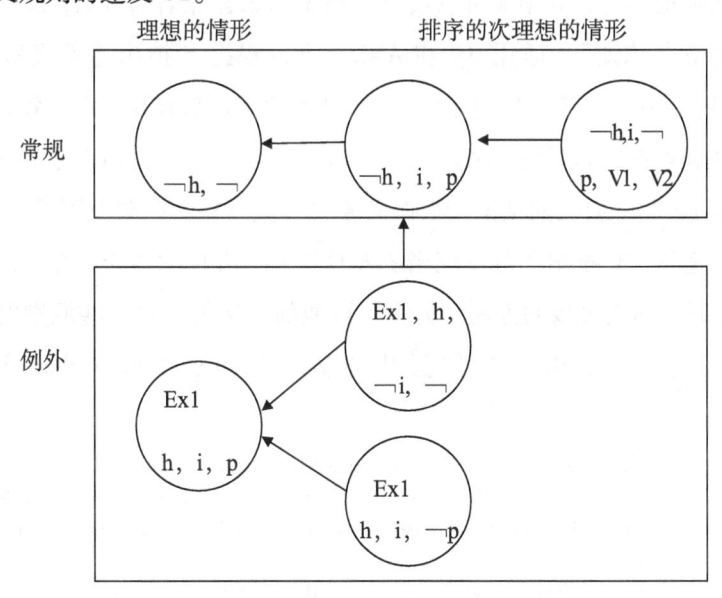

图3.4 福瑞斯特悖论与公共利益悖论的优先模型

（四）评论

DIODE 系统所采用的二维道义逻辑的方法在随后的研究中得到了进一步的发展，主要成果包括范·德尔·托尔和谭耀华（1996）[①]、范·德尔·托尔（1997）[②] 等。该理论的发展主要包括两个方面：第一，引入了两个义务算子和两个优先序。范·德尔·托尔和谭耀华认为，对规范推理的刻画需要不同的道义算子，不同的道义算子使不同的规范推理模式有效。不同的模态道义算子对道义逻辑的证明予以限制，即由于一个推理规则曾经在推理过程中适用导致其他规则的适用被阻止。该系统的基于优先的语义建立在对可能世界间的道义优先序的基础之上，不同的模态算子表达对这个优先序的两种不同的用法，即极小化和定序。定序用于所有的相关可能世界的优先关系，而极小化仅用于最优先的可能世界。定序对应于前件强化原则的推理模式，而极小化对应于后件弱化原则的推理模式。只有将二者结合起来才能解决相应的道义悖论。

事实上，在假定逻辑等值代换原则有效的情况下，任何包含前件强化原则 SA、后件弱化原则 WC 和聚合原则 AND 的二元道义逻辑都必然产生福瑞斯特悖论的问题，即根据一个二元义务集合 S = {O (¬k | T), O (k∧g | k)} 作为前提集合，其中 k 可以读作"斯密斯杀害琼斯"，k∧g 读作"斯密斯温柔地杀害琼斯"。适用 SA 和 AND，可以根据 S 推出违反直观的义务 O (⊥ | k)，其中 ⊥ 表示任何矛盾式。而 SA 和 WC 都有其直观的效力，即我们希望根据义务"你不应当杀人 O (¬k | T)"适用 SA 得出"你不应当在早晨杀人 O (¬k | m)"的结论；根据义务"你应当靠右行驶及不杀人 O (r∧¬k | T) 适用 WC 推出"你不应当杀人 O (¬k | T) 的结论。因此，简单地剔除这些原则不是可取的方法。另一个可能的方法就是对这些原则的适用条件予以限制，用受限的前件强化原则（Restricted Strengthening of the

---

[①] Y. Tan and L. van der Torre, How to Combine Ordering and Minimizing in a Deontic Logic Based on Preferences. In Deontic Logic, Agency and Normative Systems. Proceedings of the Third International Workshop on Deontic Logic in Computer Science (Deon'96), pp. 212 - 232, Springer, Workshops in Computing, 1996.

[②] van der Torre, L., Reasoning about Obligations: Defeasibility in Preference - based Deontic Logic. PhD Thesis, Erasmus University Rotterdam. 1997.

Antecedent，简称 RSA）代替 SA：

RSA：⊢（O（A丨B1）∧$\overleftrightarrow{\diamond}$（A∧B1∧B2））→O（A丨B1∧B2）。

其中$\overleftrightarrow{\diamond}$表示一个真势模态算子：$\overleftrightarrow{\diamond}$A 为真，当且仅当 A 为一致的命题公式。但遗憾的是，结合适用 WC、RSA 和 AND，依然可以根据 S 推出这个有违直观的义务 O（⊥丨k）：

O（¬k丨⊤）；　　　　　　　　　　　　　　　　　　　（WC）
O（¬（k∧g）丨⊤）；　　　　　　　　　　　　　　　　（RSA）
O（¬（k∧g）丨k）O（k∧g丨k）；　　　　　　　　　　（AND）
O（¬（(k∧g)∧(k∧g)）丨k）。

为解决该问题，范·德尔·托尔和谭耀华提出：在适用 WC 之后禁止适用 RSA 并把这种方法称为二维方法。为了区分这种规则的适用，他们用 O^c 表示第一维度的义务，用 $O^c_\exists$ 表示第二维度的义务，在这两个义务之间具有关系：

REL：⊢O^c（A丨B）→$O^c_\exists$（A丨B）。

据此可以解决福瑞斯特悖论：首先，不能根据 O^c（¬k丨⊤）推出 O^c（¬k丨k），因为 RSA 对 SA 的限制。其次，无法根据 O^c（¬（k∧g）丨⊤）推出 $O^c_\exists$（¬（k∧g）丨k），因为在第一维中没有后件弱化原则。最后，也无法根据 $O^c_\exists$（¬（k∧g）丨⊤）推出 $O^c_\exists$（¬（k∧g）丨k），因为在第二维中对于 $O^c_\exists$ 没有前件强化原则（见图 3.5。其中曲线表示推理过程被阻止）。

O^c（¬k丨⊤）（WC）　　　　O^c（¬k丨⊤）　　　　（REL）
O^c（¬k丨⊤）(RSA)　　　　O^c（¬（k∧g）丨⊤）（RSA）　　$O^c_\exists$（¬k丨⊤）（WC）
O^c（¬k丨k）　　　　　　O^c（¬（k∧g）丨k）（REL）　　$O^c_\exists$（¬（k∧g丨⊤）(RSA)
　　　　　　　　　　　　$O^c_\exists$（¬((k∧g)丨k）　　　　$O^c_\exists$（¬（k∧g）丨k）

图 3.5　福瑞斯特悖论的推理过程

这种对推理顺序予以要求的方法看起来非常不自然，并且似乎也有些繁杂。为此他们辩护说，从语义理论的角度看，这种二维方法可以得到一个非常符合直观的解释。在基于优先的逻辑中，根据可能世界间的优先性得到不同命题（可能世界的集合）间的优先关系。命题间的优先关系被用于形式刻画不同的义务：OA 表达的是某种 A 优先于¬A 的优先关系，而 O（A丨B）

表达 A∧B 优先于¬ A∧B 的优先关系。这种优先序可以以两种方法对公式赋值。一种方法被称为极小化，就是用这种优先序选择满足一个公式的最小的元素。另一种方法称为定序，是用整个的优先序对每一个公式赋值。从语义的角度讲，二维方法的意思是只有所建构的定序才可以被用于极小化。这种赋值方法的基本思想可以用下面的比喻解释：排序就是一个人在思考由立法者颁布的规范的信息时，通过确定可能的道义世界的状态的优先关系所做的工作。在这一思考过程中，好的状态和坏的状态一样重要。极小化是这个人企图实现最好的状态时所做的工作。这两件事情是完全分开的，一个人完全可能十分清楚自己应当做什么，但是并不付诸于相应的实践。

第二个发展是对OA的基于优先的语义解释：一个义务OA为真，当且仅当对于所有的 A 和¬ A 的可能世界，都有 A 可能世界优先于¬ A 的可能世界，或者这两个可能世界是不可比较的。相应的二元义务可被定义为：一个义务 O（A|B）为真，当且仅当对于所有的可能世界 A∧B 和¬ A∧B，都有可能世界 A∧B 优先于可能世界¬ A∧B，或者这两个可能世界是不可比较的。基于优先的道义逻辑是其语义包含一个优先序（通常是在一个克里普克可能世界模型中）的道义逻辑。这种优先序反映了"理想性"的不同程度：如果一个可能世界 w 在某种意义上比另一个可能世界 w'更理想，我们就说这个可能世界 w 优先于另一个可能世界 w'。例如，我们可以赋予每一个可能世界一个数值，那么这个定序就可以完全贯通起来（对于所有的可能世界 w1 和 w2，或者 w1≤w2，或者 w2≤w1）。然而，一般来讲，优先序可以是任意偏前序。因此，只假设它们具有自反性和传递性。在这样的优先序中，可能存在不可比较的可能世界，这意味着基于某个义务一个可能世界优先于其他的可能世界，但是，基于另外的一个义务，其他的可能世界反而可能优先于这个世界。例如，不可比较的可能世界可以以一种一致性的方法被用于表达 Op∧O¬ p 之类的道义困境。我们可以把后者称为对义务的一致性检查，通过这种方法解决了前面提到的强优先问题。

据此，前面的定序义务 O^c 可以进一步定义为：

$$A1 >_s A2 =_{def} \overset{\leftrightarrow}{\Box}(A1 \rightarrow \Box \neg\ A2);$$

第三章 ‖ 规范推理的优先性、可废止性及其逻辑刻画

$$O^c(A|B) =_{def} (A\land B) >_s (\neg A\land B) \land \overset{\leftrightarrow}{\Diamond}(A\land B)$$
$$= O(A|B) \land \overset{\leftrightarrow}{\Diamond}(A\land B);$$
$$O^{cc}(A|B) =_{def} (A\land B) >_s (\neg A\land B) \land \overset{\leftrightarrow}{\Diamond}(A\land B) \land \overset{\leftrightarrow}{\Diamond}(\neg A\land B)$$
$$= O(A|B) \land \overset{\leftrightarrow}{\Diamond}(A\land B) \land \overset{\leftrightarrow}{\Diamond}(\neg A\land B)。$$

其中优先关系 $>s$ 是相当弱的。例如，它并不具有反对称性 [无法根据 $A1>_sA2$ 推出 $\neg(A2>_sA1)$] 和传递性 [无法根据 $A1>_sA2$ 和 $A2>_sA3$ 推出 $\neg(A1>_sA3)$]。之所以没有这些性质是因为并不存在一个完整的联结序。

与此类似，可以定义一个极小化义务①：

二元极小化义务 $O_\exists(A|B)$ "如果 B 成立，则 A 应当成立" 被定义为一个 $A\land B$ 相对于 $\neg A\land B$ 的严格优先关系。A1 相对于 A2 的严格优先关系，写作 $A1>_\exists A2$。定义如下：

$$A1>_\exists A2 =_{def} \overset{\leftrightarrow}{\Diamond}(A1\land\Box\neg A2) \lor \Box\neg A1;$$
$$O_\exists(A|B) =_{def} (A\land B) >_\exists (\neg A\land B);$$
$$= \overset{\leftrightarrow}{\Diamond}((A\land B) \land \Box\neg(\neg A\land B))) \lor \Box\neg(A\land B);$$
$$\leftrightarrow \overset{\leftrightarrow}{\Diamond}(B\land\Box(B\to A)) \lor \Box\leftrightarrow(A\land B);$$
$$O^C_\exists(A|B) =_{def} (A\land B) >_\exists (\neg A\land B) \land \overset{\leftrightarrow}{\Diamond}(A\land B)$$
$$\leftrightarrow \overset{\leftrightarrow}{\Diamond}(B\land\Box(B\to A));$$
$$O^{CC}_\exists(A|B) =_{def} (A\land B) >_\exists (\neg A\land B) \land \overset{\leftrightarrow}{\Diamond}(A\land B) \land \overset{\leftrightarrow}{\Diamond}(\neg A\land B)。$$

据此，这种二维方法可以有效地解决前面提到的强优先问题。同时又能够充分地刻画渎职义务推理、例外义务推理。因此，相对于前面的几种理论具有更强的表达能力。

但是，对于如何处理道义困境推理问题，该系统仅仅是将两个义务所要求的实现的状态（可能世界）定义为是不可比较的，而对于以下例子依然不

---

① 原作者为了区分表达极小化义务的两类极小化条件句，将 Hansson-Lewis 类型的为全称极小化条件句，将表达自己定义的极小化条件义务的条件句称为存在极小化条件句。

能很好地刻画：

例 3.11 萨特悖论与公民义务

我们假设萨特悖论所描述的情景，并且加上一个无关的前提：公民应当缴税并投票。我们用 M 表示照顾母亲，F 表示参军，T 表示缴税，V 表示投票，则存在一个义务前提集合 S＝{OM，OF，O¬（M∧F），O（T∧V）}。

基于直观我们希望推出结论 O（T∧（M∨F）和 O（V∧（M∨F）。也就是说，当存在道义困境时，即 OM 与 OF 因不能同被实现而构成一对矛盾，尽管我们要求阻止道义爆炸的产生，我们还是希望尽可能地得出所欲的结论，对于并不存在冲突的义务，希望能够进行可欲的规范推理。然而，该系统尽管满足了前者的要求，对于后者依然缺乏充分的刻画。

这个系统尽管具有较强的表达能力，其对道义原则的适用顺序的限制毕竟是不自然的，并且也不像作者所讲的那样符合直观的解释，并不是先对各种可能的状态进行优先排序，然后再做极小化的选择。特别是对于后件弱化原则的适用不能先于前件强化原则的要求，意味着我们必须先行确定是否存在后者的适用。而通常的情况是我们径直做尽可能的推理以得出所欲的结论，如果推出了矛盾则废止先前得出的结论，这就是我们通常所说的规范推理的可废止特性，而该系统尽管总体上是非单调的，但并没有很好地刻画规范推理的这一特性。

基于后面的这两个问题，有必要以一种更灵活、更具直观性的方法刻画规范推理，这就是我们后面所讨论的自适应逻辑。

第四章

自适应逻辑的基本思想及其标准格式

本章将讨论自适应道义逻辑的基本思想，并给出它的一个标准格式。一个自适应逻辑通常由一个下限逻辑、一个异常集合和一个自适应策略构成。根据该逻辑，它可以尽可能正常、可靠、一致地解释前提集，除非会导致不一致。因此，自适应逻辑实质是一个形式化的证明框架，能够较直观地刻画道义逻辑可废止性等特点。

一、自适应逻辑的主要思想

自适应逻辑（Adaptive Logic，简称 AL）并不是通常意义上的逻辑系统，而是一个形式化的证明框架。如其名称所表明的，自适应逻辑的主要特点是能够灵活地适应具体的前提集合，根据特定的异常标准"尽可能正常地"解释前提集合，为被解释的推理过程界定一种后承关系。其动态证明使其成为刻画可废止推理的一个有效的工具。它通过展示内部的动态过程和可能的外部的动态过程阐明推理。外部的动态过程揭示推理的非单调性关系：如果增加了新的前提或者旧的前提发生了改变，原来推出的结论可能不再成立。形式刻画就是：对于 Γ，Δ 和 A，满足条件 $\Gamma \vdash A$，$\Gamma \cup \Delta \nvdash A$。内部动态过程刻画一个证明（推理步骤的序列）：随着对前提认识的增加，先前得出的结论可能被收回，而先前被收回的结论也可能重新被认为是可推出的。

在过去的十几年里，尤其是在那些与科学哲学和其他哲学有密切联系的逻辑学家的影响下，自适应逻辑得到了迅速的发展，探讨了越来越多的领域，构建了不同形式的自适应逻辑系统，有些刻画经典逻辑，有些刻画多值逻辑，有些刻画多模态逻辑。其适用的语境也多种多样：处理不一致性，归纳概括，溯因推理，似真推理，对主体在论辩过程中立场改变的解释，不相容性，等等。这些逻辑都有一个共同的结构,基于该结构可以构建所有这些逻辑的证明论、语义论等,为此,迪德里克·贝茨(2007)[①] 构建了一个标准格式的自适应逻辑(Standard format Adaptive Logics,简称 SAL)。一个标准格式的自适应逻辑具有所有重要的元理论特征,如可靠性、完全性等。我们将简单介绍与我们所要构建的自适应道义逻辑有关的内容,详细描述见迪德里克·贝茨(2007)等。

二、SAL 的一般结构

一个标准格式的自适应逻辑 AL 由下面三部分构成:

(1) 一个下限逻辑(Lower Limit Logic,简称 LLL):一个具有自反性、传递性、单调性和紧致性的逻辑[②],它具有一个典型的语义(不包含不足道的模型)并且包含经典逻辑 CL。

(2) 一个异常集合 Ω:一个由(可能受约束的)逻辑公式 F 构成的集合,它是 LLL - 待定的。

(3) 一个自适应策略。

标准格式的下限逻辑 LLL 包含经典逻辑 CL,其语言可以根据需要增加更多的新的联结词,构成一个扩展语言,但是都将给出它们的 CL 意义。

自适应逻辑的典型方法是通过在前提集合所允许的条件下假定 Ω 的元素尽可能多地为假的方法扩展 LLL - 后承集合。如果刻画异常集合的逻辑公式 F 是 LLL - 所能确定的,那么,或者 $\vdash_{LLL} F$ 或者 $\vdash_{LLL} \neg F$。对于前一种情形,Ω 的元素没有一个可能是假的;而对于后一种情形,Ω 的所有元素都会导致 LLL 不足道。

表达式 Dab(Δ)中的 Δ 是指 Ω 的一个有限子集,Dab(Δ)表示 Δ 的元素的经典析取,其中的析取支可能按照某个顺序排列,也可能不存在这种

[①] Diderik Batens, A Universal Logic Approach to Adaptive Logics. Logica Universalis, 1, pp. 221 - 242, 2007.

[②] 一个逻辑 L 是自反的,当且仅当 $\Gamma \subseteq Cn_L(\Gamma)$;L 是单调的,当且仅当 $Cn_L(\Gamma) \subseteq Cn_L(\Gamma \cup \Gamma')$;L 是传递的,当且仅当,如果 $\Gamma' \subseteq Cn_L(\Gamma)$,那么,$Cn_L(\Gamma') \subseteq Cn_L(\Gamma)$;L 是紧致的,当且仅当,如果 $A \in Cn_L(\Gamma)$,那么存在一个有限的 $\Gamma' \subseteq \Gamma$,且 $A \in Cn_L(\Gamma')$。

顺序，不论以何种方式，所有这些析取式都被认为是逻辑等值的。如果 Δ 是一个单元集，Dab（Δ）就是一个异常（Ω 的一个元素），并且不存在经典的析取。如果 Δ = ø，Dab（Δ）就是一个空字符串并且 A∨Dab（Δ）为 A。

对于自适应策略的需要可以做如下理解：对于某个前提集合 Γ 和一个下限逻辑 LLL，因为有些 Δ 不是单元集，则 Γ⊢$_{LLL}$Dab（Δ），这个策略就是在这种情况下确定以何种方式"尽可能正常地"解释前提。现有自适应逻辑研究文献中常用的自适应策略包括极小异常策略和可靠性策略等。但是，正如我们下面的一些例子所要表明的，规范推理将经常地遭遇到规范冲突，如果将规范冲突定义为异常，一旦出现规范冲突，则该推理步骤就将被标记，而事实上规范推理要求能够在存在规范冲突的情况下进行所欲的推理，因此，可靠性策略不符合建立刻画规范推理的自适应道义逻辑的要求。据此下面我们仅考虑极小异常策略。

下限逻辑 LLL 与异常集合 Ω 共同确定一个所谓的上限逻辑（Upper Limit Logic，简称 ULL）。ULL 的语法结构通过增加一个加入异常就会导致不足道的公理（或者规则）构成。大致来说，上限逻辑 ULL 很像下限逻辑 LLL，除了它将异常不足道化。因此，假设 Δ¯ = {¬A | A∈Δ}，则我们可以做如下定义：

定义 4.1　上限逻辑后承关系

Γ⊢$_{ULL}$A，当且仅当，Γ∪Ω¯⊢$_{LLL}$A。

一个 ULL – 模型是一个能证明不存在 Ω 的元素的 LLL – 模型。

定义 4.2　上限逻辑证明

Γ⊨$_{ULL}$A，当且仅当，A 被 Γ 的 LLL – 模型证明，并且该模型不能证明 Ω 的元素。

一个正常的前提集合是要求没有异常为真的集合，换句话说就是具有 ULL – 模型的前提集合。

即使刻画异常集合 Ω 的逻辑公式 F 对于 LLL – 不是必然的，其中的一些公式也可以是 LLL – 必然的。如果它们中的一些是 LLL – 定理，那么将必然没有 ULL – 模型，并且 Cn$_{ULL}$（Γ）对于所有的 Γ 都是不足道的。因此，在这种情形下 Ω 应当被定义为 {F | ⊬$_{LLL}$F；……}，其中……表示对 F 的

进一步约束。

很多情况下一些逻辑所考虑的是演绎的标准问题——像这样的逻辑被认为是语境依赖的。如果这个演绎的标准是一个自适应逻辑的上限逻辑，这个自适应逻辑就被称为是具有矫正性的；如果这个演绎标准是一个自适应逻辑的下限逻辑，这个自适应逻辑就被称为是扩张性的。在本书中，我们将采用 CL 作为演绎的标准。

三、SAL 的证明论

SAL 证明的动态性通过附加条件（Ω 的有限子集）到推出的公式，以及引入一个标记的概念受到控制。同时适用一个推理规则将一个证明行增加到一个证明中，标记确定在一个证明的每一个步骤中[①]哪些证明行的条件是涉及异常的，哪些是不涉及异常或者尽管涉及异常却是无影响的。推导规则由下限逻辑 LLL 和异常集合 Ω 确定，而标记的概念由 Ω 以及策略确定。因此，出现在一个证明中的证明行（被标记的或者未被标记的）独立于所选择的策略。

一个带注释的证明行由一个行号、一个公式、一个正当理由和一个条件构成。其中后者的存在将动态的证明与通常的证明区别开来。正当理由由一个（可能为空的）行号列表和适用的规则名称构成，其中行号表示在该证明行被推出的公式。

正如前面所提到的，推理规则确定哪些证明行（由上述四类元素构成）可以增加到一个给定的证明中。标记的唯一作用是：在证明的每一个步骤中，特定证明行被标记，而另一些证明行没有被标记。对于所有的标记操作，一个证明行是否被标记仅取决于该行的条件和在证明中被推出的极小 Dab - 公式。而是否把标记视为注释的一部分很显然仅仅是一个惯例而已。

推理规则可归结为三个通用规则，其中 AΔ 是 A 出现在以 Δ 为条件的一个证明中的简写。

[①] 一个证明步骤可以被视为一个证明行序列，一个证明可以被视为一个证明步骤链。每一个证明开始于步骤 1。通过适用一个推理规则为一个证明增加一个证明行使证明进入下一个步骤，以此构成一个包括所有证明行的序列。

定义 4.3　SAL 的三个通用规则

(1) PREM　　如果 $A \in \Gamma$：……　　……A　　ø

(2) RU　　　如果 A_1，……，$A_n \vdash_{LLL} B$

A_1　　Δ_1……　　……A_n　　Δ_n

B　　　$\Delta_1 \cup ……\Delta_n$

(3) RC　　如果 A_1，……，$A_n \vdash_{LLL} B \vee Dab(\Theta)$

A_1　　Δ_1……　　……A_n　　Δ_n

B　　　$\Delta_1 \cup ……\Delta_n \cup \Theta$

在我们讨论标记定义之前，有必要指出自适应证明与 LLL - 证明之间的重要的关系。一个根据 Γ 的 AL - 证明可以被视为一个带有包装的 LLL - 证明。在后者中，条件的元素通过经典的合取构成一个公式。

引理 4.1　存在一个根据 Γ 的 AL - 证明，即存在一个包含 A 在条件 Δ 下被推出的证明行，当且仅当，$\Gamma \vdash_{LLL} A \vee Dab(\Delta)$。

证明：

自左至右的证明：通过对根据 Γ 的 AL - 证明长度的归结，该证明可以转化为一个根据 Γ 的 LLL - 证明，其中有 A_i 在条件 Δ_i 下被推出的每一个证明行都被推出 $A_i \vee Dab(\Delta_i)$ 的一个证明行所替代。

自右至左的证明：因为 LLL 的紧致性，存在一个根据 Γ 对 $A \vee Dab(\Delta)$ 的 LLL - 证明。因此，存在一个通过适用 PREM 和 RU 的根据 Γ 的 AL - 证明，其中 $A \vee Dab(\Delta)$ 在条件 ø 下被推出。通过对最后一步适用规则 RC，可以得到一个根据 Γ 在条件 Δ 下 A 被推出的证明。

在 AL - 证明与 ULL - 证明之间也存在着直接对应关系。当 Ω 的元素导致 ULL 的不足道时，删除 AL - 证明中的条件就会构成一个 ULL - 证明。

我们还需要关于标记概念的一些预备知识。Dab（Δ）在一个证明中的步骤 s 是一个极小 Dab - 公式，当且仅当它是一个以 ø 为条件的证明行中的公式，并且不存在满足条件 $\Delta' \subset \Delta$ 的 Dab（Δ'）是一个以 ø 为条件的证明行的公式。$\Sigma = \{\Delta_1, \Delta_2, ……\}$ 的一个选择集合是一个由 Σ 的每一个元素中选择出的一个元素组成的集合。Σ 的一个极小选择集合是一个其真子集没有一个是 Σ 的选择集合的 Σ 的选择集合。当 Dab（Δ_1），……，Dab（Δ_n）是

115

在条件 ø 下在步骤 s 被推出的极小 Dab – 公式时，$U_s(\Gamma) = \Delta_1 \cup \cdots\cdots \cup \Delta_n$，$\Phi s(\Gamma)$ 是 $\{\Delta_1, \cdots\cdots, \Delta_n\}$ 的极小选择集合。①

定义 4.4　基于极小异常策略的标记

证明行 i 在步骤 s 被标记，当且仅当 A 在证明行 i 中在条件 Δ 下被推出：

（1）不存在 $\varphi \in \Phi s(\Gamma)$ 满足条件 $\varphi \cap \Delta = \emptyset$；或者

（2）对于 $\varphi \in \Phi_s(\Gamma)$，不存在一个证明行，A 在其中在条件 Θ 下被推出，并且 $\varphi \cap \Theta = \emptyset$。

就其语义方面，该定义背后的思想是：如果步骤 s 的极小 Dab – 公式恰好是 Γ 的极小 Dab – 后承，则一个 A 是可被推出的，当且仅当它在证实 $\Phi s(\Gamma)$ 的一个元素的 Γ 的每一个模型中为真。

标记可能被加上然后又被去掉，去掉之后又被加上。因此，推理规则结合标记的概念可以界定一个可变推出性概念，即相对于证明步骤的可推出性：A 在一个证明步骤 s 根据 Γ 被推出，当且仅当 A 是一个在步骤 s 没有被标记的证明行中的公式。然而，我们仍然需要一个与此不同的、不变的可推出性概念：终极可推出性。直观上看，A 在一个 AL – 证明中的行 i 被根据 Γ 终极推出，当且仅当 A 是行 i 中的公式，行 i 没有被标记，并且该证明对于行 i 是稳定的。最后一个条款的意思是行 i 不会在该证明的任何后续步骤中被标记。对于某些 AL、Γ 和 A 而言，仅有一个根据 Γ 的无穷证明，在其中 A 是一个证明行 i 的公式对于证明行 i 是稳定的。无须多言，一个无穷证明的存在性是无法通过构建出这个证明得到确立的，而只能靠在元语言中的推理才能实现。因此，下面定义的终极推出概念似乎更具吸引力：

定义 4.5　终极推出

A 在一个证明步骤 s 的行 i 根据 Γ 被终极推出，当且仅当：

（1）A 是证明行 i 的第二个元素；

（2）行 i 在步骤 s 没有被标记；

（3）如果行 i 在该证明的后续证明行中被标记，则在更进一步的延长中

---

① 该证明可以通过稍微修改变得更简单，例如把 $\Phi s(\Gamma)$ 定义为极小 Ω – 封闭的选择集合，其中一个选择集合 φ 的 Ω – 闭包是 $Cn_{LLL}(\varphi) \cap \Omega$。

行 i 的标记被去掉。

定义 4.6　AL - 终极推出

$\Gamma \vdash_{AL} A$（A 是根据 Γ 的 AL - 终极推出的），当且仅当 A 在一个证明中的一个证明行根据 Γ 是终极推出的。

定义 4.7　博弈论解释

正方表明 A 在行 i 是终极推出的，无论反方怎样延长这个证明使其在行 i 被标记，正方都可以进一步延长这个证明以使证明行 i 中的标记被去掉。

$\Gamma \vdash_{AL^m} A$（A 是根据 Γ 的 AL^m - 终极推出的），当且仅当 A 在一个证明的一个证明行是终极推出的，其中的证明行按照极小异常策略被标记。

注意：当通过使一些规则有效使 LLL 扩展为 ULL 时，通过使这些规则适用的有效 LLL 被扩张至 AL。

四、SAL 的语义模型

SAL 的语义选择 Γ 的一些 LLL - 模型作为 Γ 的 AL - 模型。这种选择取决于 Ω 和相应的策略。为说明这一点，我们先定义一些必要的概念。

令 Dab（Δ）为 Γ 的一个极小 Dab - 后承，当且仅当 $\Gamma \vDash_{LLL} Dab(\Delta)$，并且对于所有的 $\Delta' \subset \Delta$，$\Gamma \nvDash_{LLL} Dab(\Delta')$。

当 Dab（Δ_1），Dab（Δ_2），……是 Γ 的极小 Dab - 后承时，

$\cup(\Gamma) = \Delta_1 \cup \Delta_2 \cup \cdots\cdots$

设 M 是一个 LLL - 模型，令 Ab（M）= $\{A \in \Omega \mid M \vDash A\}$。

定义 4.8　极小异常模型

Γ 的一个 LLL - 模型 M 是极小异常模型，当且仅当不存在 Γ 的 LLL - 模型 M' 满足条件 Ab（M'）$\subset$ Ab（M）。

定义 4.9　极小异常模型证明

$\Gamma \vDash_{AL^m} A$，当且仅当 A 被 Γ 的所有极小异常模型证实。

令 $\mathcal{M}_\Gamma^{LLL}$ 是 Γ 的 LLL - 模型集合，$\mathcal{M}_\Gamma^{ULL}$ 是 Γ 的 ULL - 模型集合，$\mathcal{M}_\Gamma^m$ 是 Γ 的 AL^m - 模型（极小异常模型）集合。如果 $\mathcal{M}_\Gamma^{LLL}$，则这些定义保证：$M \in \mathcal{M}_\Gamma^m$，当且仅当没有 Γ 的其他的 LLL - 模型比 M 更少异常。

引理 4.2　$\mathcal{M}_\Gamma^{ULL} \subseteq \mathcal{M}_\Gamma^m \subseteq \mathcal{M}_\Gamma^{LLL}$

证明：根据定义 4.2 和定义 4.8 立即可证。

五、SAL 的上限逻辑的性质

根据定义 4.1 和定义 4.2 则：

定理 4.1　上限逻辑的可靠性和完全性

$\Gamma \vdash_{ULL} A$，当且仅当 $\Gamma \models_{ULL} A$。

下面的定理特别重要。可以说是自适应逻辑的核心意义所在。通过适用 AL，我们希望尽可能地接近 ULL。定理 4.2 告诉我们，这可以通过把 Γ 所允许的异常尽可能地假定为假而实现。

定理 4.2　可推出性调节定理

$\Gamma \vdash_{ULL} A$，当且仅当存在一个有限的 $\Delta \subseteq \Omega$，满足条件 $\Gamma \vdash_{LLL} A \lor Dab(\Delta)$。

证明：下面的六个表达式是等价的：

$\Gamma \vdash_{ULL} A$。

根据定义 4.1：$\Gamma \cup \Omega^{\neg} \vdash_{LLL} A$，

因为 LLL 是紧致的：对于一个有限的 $\Gamma' \subseteq \Gamma$ 和一个有限的 $\Delta \subseteq \Omega$，$\Gamma' \cup \Delta^{\neg} \vdash_{LLL} A$；

因为 LLL 包含 CL：对于这些 Γ' 和 Δ，$\Gamma' \vdash_{LLL} A \lor Dab(\Delta)$；

因为 LLL 是单调的：对于一个有限的 $\Delta \subseteq \Omega$，$\Gamma \vdash_{LLL} A \lor Dab(\Delta)$。

定理 4.3　ULL 具有自反性、传递性、单调性、紧致性，并且包含 CL

证明：根据定义 4.1 直接证明。

上限逻辑可以通过增加对刻画 Ω 的逻辑公式予以约束的公理模式 $\neg F$ 到下限逻辑 LLL 中实现公理化。这种方法也许被认为有些复杂。然而事实上大部分上限逻辑的公理化是非常简单的，即可以通过用公理模式 $\neg F$ 扩展 LLL 而实现，只要对 F 没有约束，或者只要对于 F 的每一个 A 都存在一个有限的 $\Delta \in \Omega$，满足条件 $A \vdash_{LLL} Dab(\Delta)$，就可以采用这种方法。并且即使不是这种情况，$\Omega$ 被一个受约束的逻辑公式所刻画，通常的情况是不存在能够证明任何不受约束的 F 的公式的 ULL – 模型。

六、SAL 的可靠性和完全性

本部分的证明需要假定 SAL 的下限逻辑有一个典型语义。

引理 4.3 如果 Γ 有 LLL - 模型,那么,$\varphi \in \Phi(\Gamma)$,当且仅当对于一个 $M \in \mathcal{M}_\Gamma^m$,$\varphi = Ab(M)$。

证明:略。

定理 4.4 $\Gamma \vdash_{ALm} A$,当且仅当对于每一个 $\varphi \in \Phi(\Gamma)$,存在一个 $\Delta \subset \Omega$,满足 $\Delta \cap \varphi = \emptyset$,并且 $\Gamma \vdash_{LLL} A \vee Dab(\Delta)$。

证明:

(1) 由左至右的证明。假设 $\Gamma \vdash_{ALm} A$,根据定义 4.6 和定义 4.5,一个根据 Γ 的 AL^m - 证明包含一个证明行 i,以 A 作为该行的公式,以 $\Delta \subset \Omega$ 作为它的条件,并且根据极小异常策略,或者该行没有被标记,或者如果该证明的所有的证明行 i 在其中被标记的延长都有一个更长的延长使得证明行 i 不被标记。

假设我们通过在条件 ø 下推出 Γ 的每一个极小 Dab - 后承延长证明,则 $\Phi_s(\Gamma) = \Phi(\Gamma)$。根据定义 4.4,证明行 i 不被标记,当且仅当延长的证明有一个更长的延长满足条件:

(a) 对于一个 $\varphi \in \Phi(\Gamma)$,$\Delta \cap \varphi = \emptyset$;

(b) 对于每一个 $\varphi \in \Phi(\Gamma)$,存在一个证明行,以 A 作为其公式,某个 Δ' 且 $\Delta' \cap \varphi = \emptyset$ 作为其条件。

我们说存在这样一个延长,当且仅当对于每一个 $\varphi \in \Phi(\Gamma)$,存在一个 $\Delta \subset \Omega$ 满足 $\Delta \cap \varphi = \emptyset$ 且 $\Gamma \vdash_{LLL} A \vee Dab(\Delta)$。

(2) 由右至左的证明。假设对于每一个 $\varphi \in \Phi(\Gamma)$,存在一个 $\Delta \subset \Omega$ 满足 $\Delta \cap \varphi = \emptyset$ 且 $\Gamma \vdash_{LLL} A \vee Dab(\Delta)$。那么存在一个根据 Γ 的 AL^m - 证明,其中:

(a) 对于 Γ 的每一个极小 Dab - 后承在条件 ø 下被推出。

(b) 对于每一个 $\varphi \in \Phi(\Gamma)$,存在一个 $\Delta \subset \Omega$ 满足 $\Delta \cap \alpha = \emptyset$。

很显然在这个证明中 A 被最终推出。

定理 4.5 Al^m 的可靠性和完全性

$\Gamma \vdash_{ALm} A$,当且仅当,$\Gamma \vDash_{ALm} A$.

证明：

(1) $\Gamma\vdash_{ALm}A$。

根据定理 4.4：

(2) 对于每一个 $\varphi\in\Phi(\Gamma)$，存在一个 $\Delta\subset\Omega$ 满足 $\Delta\cap\varphi=\emptyset$ 且 $\Gamma\vdash_{LLL}A\vee Dab(\Delta)$。

根据 LLL 的可靠性和完全性：

(3) 对于每一个 $\varphi\in\Phi(\Gamma)$，存在一个 $\Delta\subset\Omega$ 满足 $\Delta\cap\varphi=\emptyset$ 且 $\Gamma\vDash_{LLL}A\vee Dab(\Delta)$。

根据引理 4.3：

(4) 对于每一个 $M\in\mathcal{M}_\Gamma^m$，存在一个 $\Delta\subset\Omega$ 满足 $\Delta\cap\varphi=\emptyset$ 且 $\Gamma\vDash_{LLL}A\vee Dab(\Delta)$。

根据 CL：

(5) 对于每一个 $M\in\mathcal{M}_\Gamma^m$ 证明 A。

根据定义 4.19：

(6) $\Gamma\vDash_{LLL}A$。

七、SAL 的其他一些重要性质

定理 4.6 AL 相对于 LLL 具有 Dab 保持性

定理 4.7

(1) $Cn_{LLL}(\Gamma)\subseteq Cn_{ALm}(\Gamma)\subseteq Cn_{ULL}(\Gamma)$。

(2) $\Gamma\subseteq Cn_{AL}(\Gamma)$。（自反性）

(3) 如果 $Dab(\Delta)$ 是 Γ 的一个极小 Dab-后承，且 $A\in\Delta$，则存在 $M\in\mathcal{M}_\Gamma^m$ 证明 A 且证明 $\Delta-\{A\}$ 的所有元素（如果存在的话）。

(4) $U(\Gamma)=\cup\Phi(\Gamma)$。

(5) $\mathcal{M}_\Gamma^m=\{\mathcal{M}_{CnALm(\Gamma)}^m\}$，因此，$Cn_{ALm}(\Gamma)=Cn_{ALm}(Cn_{ALm}(\Gamma))$。（固定点，极小异常的幂等性）

(6) $Cn_{LLL}(Cn_{AL}(\Gamma))=Cn_{AL}(\Gamma)$。（LLL 系统相对于 AL 的冗余性）

(7) 如果 $\Gamma'\in Cn_{AL}(\Gamma)$，那么，$\cup(\Gamma'\cup\Gamma)=Cn_{AL}(\Gamma)$。

(8) 如果 $\Gamma'\in Cn_{AL}(\Gamma)$，那么，$Cn_{AL}(\Gamma'\cup\Gamma)=Cn_{AL}(\Gamma)$。

(9) 如果 $\Gamma' \subseteq Cn_{AL}(\Gamma)$，那么，$Cn_{AL}(\Gamma \cup \Gamma') \subseteq Cn_{AL}(\Gamma)$。（谨慎切割性）

(10) 如果对于每一个 $A \in \Gamma'$，$\Gamma \vDash_{AL} A$ 且 $\Gamma \vDash_{AL} B$，那么，$\Gamma \cup \Gamma' \vDash_{AL} B$。（谨慎单调性）

定理 4.8

(1) 如果 Γ 是正常的，则：$\{\mathcal{M}^{ULL} M_\Gamma\} = \{\mathcal{M}_\Gamma^m\} = \{\mathcal{M}_\Gamma^{LLL}\}$。

(2) 如果 Γ 是异常的且 $\{\mathcal{M}_\Gamma^{LLL}\} \neq \emptyset$，那么 $\{\mathcal{M}_\Gamma^{ULL}\} \subset \{\mathcal{M}_\Gamma^m\}$，并因而 $Cn_{ALm}(\Gamma) \subset Cn_{ULL}(\Gamma)$。

(3) $\{\mathcal{M}_\Gamma^{ULL}\} \subseteq \{\mathcal{M}_\Gamma^m\} \subseteq \{\mathcal{M}_\Gamma^{LLL}\}$，当且仅当，$Cn_{LLL}(\Gamma) \subset Cn_{ALm}(\Gamma) \subset Cn_{ULL}(\Gamma)$。

定理 4.9

(1) 对于一个 Γ 和 Δ，$Cn_{AL}(\Gamma) \not\subseteq Cn_{AL}(\Gamma \cup \Delta)$。（AL 具有非单调性）

(2) 对于一个 Γ 和 Δ，$\Delta \subseteq Cn_{AL}(\Gamma)$，但是 $Cn_{AL}(\Delta) \not\subseteq Cn_{AL}(\Gamma)$。（切割性/传递性对于 AL 不成立）

(3) 存在 Γ，A 和 B 满足条件 $\Gamma \cup \{A\} \vdash_{ALr} B$，但是，$\Gamma \nvdash_{ALr} \neg A \vee B$。（演绎定理对于 AL' 不成立）

定理 4.10 证明的不变性

如果 $\Gamma \vdash_{AL} A$，那么每一个以 Γ 为前提集的 AL 证明都可以被延长，在其中 A 可被最终推出。

以上定理的证明见迪德里克·贝茨（2007）。

第五章

一个容纳规范冲突的
自适应逻辑系统 ALCDPM

我们生活在普遍的规范之中,以规范约束、指导我们的行为选择。然而,无论是在真实的现实世界,还是虚拟的人工智能世界,一个主体常常处于不一致,甚至相互冲突的规范的包围之中。标准道义逻辑因为继承了经典逻辑的由假得全原则,当存在规范冲突时会导致道义爆炸的结果,即做任何事都成为义务。因而,构建能够容纳规范冲突又能够避免道义爆炸的逻辑系统成为道义逻辑以及人工智能研究等领域的重要课题之一。[1]

一、容纳规范冲突的道义逻辑的各种可能进路及其批判

在现有研究文献中,有两个常被视为规范冲突典型的例子,它们分别是柏拉图悖论和萨特悖论所描述的情景。在柏拉图《理想国》中,克法洛斯将"正义"定义为说真话,偿还债务。苏格拉底迅速反驳了这种观点,提议说偿还某些债务是错误的——例如,偿还一位处于精神错乱状态的朋友的武器。[2] 苏格拉底的观点并不是说偿还债务是不具有道德意义的,相反,他希望表明偿还债务并不总是正确的,至少当债权人要求偿还债务的时机不合适的时候偿还债务是不恰当的。这时候所遇到的就是两个道德规范之间的冲突:偿还债务的义务和避免他人受到伤害的义务之间存在冲突。萨特描述的另外一个规范冲突的例子是:他的一位学生的哥哥在 1940 年德国人的入侵中被杀,这位学生想为他的哥哥报仇参加抵抗组织。但是这位学生的母亲与他生

---

[1] Jan Broersen, Leon van der Torre, Ten Problems of Deontic Logic and Normative Reasoning in Computer Science. Dagstuhl Seminar Proceedings 07122 Normative Multi – agent Systems.

[2] [古希腊] 柏拉图:《理想国》,郭斌和、张竹明译,商务印书馆 1986 年版,第 6 页。

活在一起,并且因丧子之痛而得病需要这位学生的照顾。①

柏拉图和萨特所举的这两个例子被广泛引用,在我们生活中类似的例子更是广泛存在。例如,我们为是否举报涉嫌犯罪的朋友而左右为难,一方面基于法律的义务我们应当举报,另一方面基于社会伦理不应当举报。医生为是否将严重的病情告知患者而左右为难,一方面基于人道主义考虑他不应当告知,因为这徒增患者的痛苦,另一方面基于职业操守他应当告知,否则将侵犯患者的知情权。

以上几种情形有一个共同的特点:主体认为自己有义务去实施两个行为中的每一个,但是又不可能做两件事情,因为它们是相矛盾的。伦理学家把这种情形称为道义困境。道义困境的本质特征是:主体被要求实施两个或两个以上的行为中的每一个,并且该主体可以分别实施每一个行为,但是该主体无法实施所有的这些行为。该主体似乎无论怎么选择,都不可避免要做错误的事情(或者不能去做他应当去做的事情),因此不可避免地要受到惩罚。

据此,我们可以将道义困境定义为:一个主体 s 基于同一条件存在义务 OA 和 OB,但是 OA 与 OB 是不相容的,并且其中的一个义务不能压倒另一个义务。该定义可被形式刻画为:$OA \land OB \land O(\neg(A \land B))$,或者 $OA \land OB \land \neg \Diamond (A \land B)$。

一个更简单的定义是,一个事态 A 既是应当实现的又是不应当实现的,也就是在这类情形中,OA 与 O¬A 都为真,即:$OA \land O\neg A$。

如果接受遗传原则 RM:

RM:如果 $\vdash A \rightarrow B$,那么 $\vdash OA \rightarrow OB$,

或者它的一些变体,以及逻辑等值置换规则 RE:

RE:如果 $\vdash A \leftrightarrow B$,那么,$\vdash OA \leftrightarrow OB$。

第一个道义困境可以归结为第二个道义困境的定义,也就是说第一类道义困境都蕴涵着一个第二类道义困境。因此任何道义逻辑要避免第二类道义

---

① Sartre, Jean-Paul, Existentialism Is a Humanism, Trans, Philip Mairet, in Walter Kaufmann (ed.), Existentialism from Dostoevsky to Sartre, New York: Meridian, pp. 287-311, 1957.

困境都必须避免第一类道义困境。据此，我们完全可以只考虑第二类道义困境，因为对它的讨论更为简单，尽管在后面的讨论中我们可能会列举一些第一类道义困境的例子。

逻辑刻画道义困境并不是从根本上解决道义困境问题，或者说如何在相互冲突的义务之间作出选择。涉及在相互冲突的义务之间作出道义选择的时候，必须借助于根据某个标准对这些义务的优先性进行衡量，而根据前面的分析，真正的道义困境中的义务并不存在这种优先关系，因此，前面我们所讨论的各种方法都无法处理道义困境推理问题。而所要做的主要是解决以下两个方面的问题：

第一，如何避免道义爆炸（Deontic Explosion，简称 DEX）。所谓道义爆炸是指如果存在道义困境，那么做所有事情都是应当的。

DEX：⊢（OA∧O¬A）→OB。

关于道义爆炸产生的原因有两个解释，一是由经典逻辑的由假得全原则（Ex Falso Quodlibet，简称 EFQ）、聚合原则 AND 和遗传原则 RM 所共同导致的：

EFQ：⊢（A∧¬A）→B；

AND：⊢（OA∧OB）→O（A∧B）。

设基于同一情形应当做行为 A 和¬A，根据以上定义则义务 OA 和 O¬A 构成一个道义困境。假设任意行为 B，则（A∧¬A）→B；对其适用 RM，则 O（A∧¬A）→OB；对 OA 和 O¬A 适用 AND，则 O（A∧¬A）；对以上两个公式适用 MP，则（OA∧O¬A）→OB，即如果存在道义困境，那么所有事情都是应当的。

另一个解释则是将两个不相容的行为表达为¬◇（A∧¬A）。假设 OA 和 O¬A，并且¬◇（A∧¬A），A 蕴涵 A∨B，适用遗传原则，则 OA 蕴涵 O（A∨B），同样，O¬A 蕴涵 O（¬A∨B），适用聚合原则，则 O（（A∨B）∧（¬A∨B）），它等值于 O（B∨（A∧¬A）），而后者又等值于 OB，所以，可以得出结论（OA∧O¬A）→OB。

基于前面的分析，道义困境的情形是普遍存在的，但是，我们并不因此认为做所有的事情都是应当的，对于一个能够充分刻画道义困境推理的道义逻辑必须避免道义爆炸。

第二，通过对道义爆炸原则 DEX 的限制，尽可能得出可欲的结论。以萨特悖论为例，尽管参军的义务与照顾母亲的义务构成一个道义困境，我们依然希望其他的义务具有确定性，并且能够分别参与到其他的规范推理之中。尽管道义困境的存在将使特定的义务失去唯一的行为指引性，但是，我们不希望整个道义体系因此而坍塌，而是希望能够将道义困境限定在一个特定的范围，并能够进行其他的规范推理。

据此可以确定一个可以容纳冲突的道义逻辑系统应当满足以下两个标准：

＊：无不足道性标准。一个能够容纳道义困境的道义逻辑应当不能根据义务冲突 OA 和 O¬ A 推出矛盾，导致道义爆炸，即这个逻辑应当使 DEX 原则无效。

＊＊：强度标准。一个能够容纳道义困境的道义逻辑应当满足，如果增加了道义一致性原则 D，则该逻辑应当与标准道义逻辑 SDL 等价，即所构建的道义逻辑在不存在道义困境的时候能够得出与 SDL 相同的结论。这样做的好处是：第一，只需要对 SDL 做最小的修改使其能够容纳道义困境。第二，在我们将要构建的自适应道义逻辑中可以把 SDL 作为一个上限逻辑，便于证明其可靠性和完全性定理。

这两个标准分别从两个方面保证了所构建的道义逻辑系统既不至于太强，使不可欲的推理模式有效，也不至于太弱，使可欲的推理模式无效。而现有文献中的道义逻辑要么太强，如 SDL；要么太弱，如极小道义逻辑系统，都不能满足这两个标准。

构建能够充分刻画道义困境的规范推理的道义逻辑的首要前提是不能使道义一致性原则 D 有效，因为它从根本上排除了道义困境存在的可能性。然而，仅仅排除 D 原则是远远不够的，因为如前所述，任何包含遗传原则 RM 与聚合原则 AND 和由假得全原则 EFQ 的道义逻辑事实上也都会导致道义爆炸。因此，道义逻辑要能够充分地处理道义困境就必须拒绝原则 RM、AND、EFQ，或者其中至少一个。另外，如果加入等值置换规则 RE，则遗传原则 RM 等价于聚合规则的逆 M，并且等价于析取规则 OR。

M：⊢O（A∧B）→（OA∧OB）；

OR：⊢OA→O（A∨B）。

而等值置换规则 RE 对于所有合理的道义逻辑似乎都是一个必要的条件。这就意味着在 RM 有效的情况下，M 和 OR 都是可以推出的（当然是在 RE 有效的前提下）；在假定 RE 有效的情况下，则根据 M 或 OR，RM 也是可以推出的。因此，若 M 或 OR 有效则同样会导致 DEX。

因此，构建能够充分刻画道义困境的规范推理的道义逻辑的可能的方案在保证 D 原则无效，RE 原则有效的前提下，包括以下几种选择：

第一，限制或使 EFQ 原则无效。

第二，限制或使 AND 原则无效。

第三，限制或使 RM 原则无效，并且使 M 和 OR 原则无效。

卢·格布尔对以上方案分别进行了探讨[1]，并证明了前两种方案都是不可行的，进而基于第三点构建了 DPM 系统。[2] 可以证明，DPM 可以避免 DEX 及其多个变体，也可以证明，在不存在道义困境的情况下，即没有违反 D 公理的情况下，DPM 将与标准道义逻辑 SDL 等价。因此，系统 DPM 不仅可以成功地避免道义爆炸，也可以充分地处理以前所构建的系统中出现的问题。但是，正如后来学者所批评的："该系统的主要问题是可推的义务集合严重地依赖前提的形式表达方法：对相同的前提集合采用不同的形式表达方法会导致不同的结论。此外，这种方法不能处理更为复杂的事例。"[3] 但是，需要肯定的是，卢·格布尔的研究为我们明确了规范推理中哪些道义原则的适用条件从根本上决定了规范推理的非单调性，我们只需要构建一个动态的形式框架即可将整个规范推理形式刻画为一个可判定的过程。基于以上理念，多

---

[1] Lou Goble, A Proposal for Dealing with Deontic Dilemmas. A. Lomuscio and D. Nute（Eds.）：DEON 2004, LNAI 3065, pp. 74 – 113, 2004. A Logic for Deontic Dilemmas. Journal of Applied Logic 3（2005）, pp. 461 – 483. Normative Conflicts and the Logic of "Ought". NOU S 43：3（2009）, pp. 450 – 489.

[2] Lou Goble：A Proposal for Dealing with Deontic Dilemmas. A. Lomuscio and D. Nute（Eds.）：DEON 2004, LNAI 3065, pp. 74 – 113, 2004. A Logic for Deontic Dilemmas, Journal of Applied Logic, 3, pp. 461 – 483, 2005. Normative Conflicts and the Logic of "Ought", NOU S 43：3, pp. 450 – 489, 2009.

[3] Joke Meheus, Mathieu Beirlaen, and Frederik Van De Putte, Avoiding Deontic Explosion by Contextually Restricting Aggregation. in G. Governatori and G. Sartor（Eds.）：DEON 2010, LNAI 6181, pp. 148 – 165, 2010.

位学者将目光投向自适应逻辑系统并取得了相应的成果。① 但是，如同前面的所分析的，构建一个可容纳冲突的道义逻辑系统，不仅仅是能够避免道义爆炸，还应该能够尽可能满足对其他可欲推理形式的逻辑刻画，其中最重要的是能够区分并刻画不同的规范推理形式以及包含事实分离规则和道义分离规则。

二、规范推理的基本模式及相关概念的界定

（一）规范推理的基本模式

道义逻辑被认为是"最成问题"的一个哲学逻辑分支。② 概因其所研究的规范推理涉及不同类型的规范前提，从而需要不同的逻辑模式予以表达：当现实情境符合规范适用条件时所进行的推理（涵摄义务推理）；规范被违反时所进行的推理（渎职义务推理）、存在规范困境时所进行的推理（道义困境推理）、存在例外规范时所进行的推理（例外义务推理）。③ 也许单独刻画某一种类型的规范推理模式对于道义逻辑而言并不是一件特别困难的事情，但是，要在一个逻辑系统中对以上列举的所有推理模式都进行恰当的刻画使问题变得复杂起来。这就要求，第一，一个充分的道义逻辑首先能够区分不同类型的规范推理模式，并对其形式结构予以准确的刻画。第二，不能仅仅为了刻画某种类型的推理模式而简单地剔除某个或某些基本的原则，其结果往往导致所构建的系统太弱，而不能刻画另外一些可欲的推理模式，如前面所提到的极小道义逻辑系统。可取的方案应当是对一些原则的适用条件予以必要的限制，根据相应的条件确定这些原则是否可以适用，这就决定了所构建的系统必然是非单调的系统。第三，虽然标准道义逻辑所包含的几乎每一

---

① Joke Meheus, Mathieu Beirlaen, and Frederik Van De Putte, Avoiding Deontic Explosion by Contextually Restricting Aggregation. in G. Governatori and G. Sartor (Eds.): DEON 2010, LNAI 6181, pp. 148 – 165, 2010. Christian Straßer and Joke Meheus, AdaptiveVersions of the Deontic Logics DPM. Presented at CLMPS 2007, Beijing. Christian Straßer, An Adaptive Logic Framework for Conditional Obligations and Deontic Dilemmas. Presented at the WCP4, Melbourne, 2008.

② von Wright, Deontic Logic—as I See It, In Norms, Logics and Information Systems—New Studies in Deontic Logic and Computer Science, p. 15, 1998.

③ 笔者关于规范推理的基本模式及其逻辑刻画的讨论参见《法律方法（第15卷）》，山东人民出版社2012年版，第215–217页。

个原则都受到了批评，但是，鉴于迄今为止它依然是最为基础的道义逻辑系统，以此为研究的起点不失为一个合理的选择。

（二）固有性义务与指导性义务

自罗斯①之后，哲学家们经常把义务区分为初始义务和实际义务，或者全面深思的义务。初始义务的原意是指表面看起来显而易见的、自明的义务。作为一种规范通常指那些初步看起来应当适用的规范，但随着信息的增加或者更细致的考察，可能会发现存在冲突、例外等前提的不一致，此时对该规范的适用就被另外的规范所废止。实际义务是指经过对特定语境下各种要素的全面衡量，相对于该语境具有效力的义务。正如纽特和于所说："规范推理涉及不同的概念，包括初始义务的概念、渎职义务的概念、道义困境的概念等，它们都构成了道义逻辑研究中的障碍。在标准道义逻辑及其不同的扩展系统中都很难处理这些难题。结果导致道义逻辑在那些必须实际上从事规范推理的人群那里变得声名狼藉。"②

义务的概念较多，我们有必要对其做简单的区分。一般来说，初始义务和渎职义务的概念通常是针对刻画渎职义务推理而言的，初始义务相当于表面义务，而渎职义务相当于实际义务。对于例外义务推理而言，其义务类型可分为例外义务和典型义务或一般义务。就可废止道义逻辑而言，通常把典型义务视为初始义务，把例外义务视为实际义务。需要指出的是，尽管我们对固有性义务与指导性义务的区分非常类似于这种初始义务和实际义务之间的区分，但是，就其本质而言两者有很大不同，前面的各种区分都是在刻画规范的推理中所做的区分，都存在于规范推理的规范前提之中，关注的是这些规范之间的逻辑关系。而我们对固有性义务和指导性义务的区分是为了刻画适用规范的推理，它们都属于导出义务，都是经适用事实分离规则由前面的这些义务推导出来的，事实依赖性是其根本的特点。

（三）初始义务冲突与实际义务冲突

支持以上观点的理由主要是，虽然可能存在初始义务的冲突，但是，明

---

① W. D. Ross, The Right and the Good, Oxford: Clarendon Press, p. 17, 1930.
② D. Nute and X. Yu, Defeasible Deontic Logic: Introduction, in Nute, D. (ed.), Defeasible Deontic Logic, Dordrecht: Kluwer Academic Publishers, p. 1, 1997.

确的规范冲突往往可以被具体的道义理由的性质所消除。这种观点通常为那些特殊的道德理论——如通常的一个康德主义理论或者功利主义理论——所坚持，认为实施某种行为提供论证的真正的道德理由仅仅在于它们本身就消除了冲突的可能性。例如，多纳根（1993）[1]通过提出的一种理性主义理论反对道德冲突。他构建了一个理性论辩程序理论，根据该理论这类冲突根本不存在：每当出现一个明显的冲突的时候，那么，所应当做的就是认为这种理论是有缺陷的，就需要对其进一步修正，直到冲突被消除。并且对于一个功利主义者很自然地会支持一个由米尔提出的一个结论：功利主义原则——最根本的道德理性，提供了一个普遍的标准，根据该标准可以处理任何明显的道德冲突。很显然这种观点从根本上排斥了道义逻辑的可能。它们诉诸关于某个行为的某个理由的进一步考量，这些理由可以由正确的道德理论提供；当然，推理的一般路线是明确的，但是，详细地构建这样一个论证事实上是一项艰巨的任务。

另外一种观点则认为，初始义务之间可能存在冲突，而在实际义务之间不存在冲突[2]，该观点是由多纳根[3]、富特[4]隐含地提出，而由布林克[5]明确地予以辩护的一种观点，即对冲突义务的"析取性解释"。最强的规范冲突似乎是在一个特殊的情景中，存在着做两个不相容的行为 A 和 B 的初始理由是同等重要的或者是不可比较的。按照这种析取性解释，经过考虑所有因素后所确定的在这种情景中特定主体不是应当做 A 或者做 B 的结论，而是应当做 A 或者 B。例如，对于萨特的例子而言，他或者保护祖国或者照顾他的亲人，而不能违反两个义务。

以上两种观点都有各自的瑕疵，很显然在实际的规范推理中初始义务冲

---

[1] Alan Donagan, Moral Dilemmas, Genuine and Spurious: A Comparative Anatomy. Ethics, 104, pp. 7–21, 1993.

[2] John F. Horty, Reasoning with Moral Conflicts. Nous, vol. 37, pp. 557–605, 2003.

[3] Alan Donagan. Moral Dilemmas, Genuine and Spurious: A Comparative Anatomy. Ethics, 104, pp. 7–21, 1993.

[4] Philippa Foot. Moral Realism and Moral Dilemma. Journal of Philosophy, 80, pp. 379–398, 1983.

[5] David Brink. Moral Conflict and Its Structure. The Philosophical Review, 103, pp. 215–247, 1994.

突和实际义务冲突都是广泛存在的，因而需要不同的规范推理模式予以处理。通常情况下，对于存在优先关系的义务之间的冲突（渎职义务与初始义务之间的冲突，典型义务与例外义务之间的冲突），我们可以运用优先可废止逻辑予以处理，对于不可比较或者具有对称性的义务之间的冲突构成的道义困境，需要运用道义困境推理的模式处理。但是，无论如何二者都需要基于具体的语境才能确定哪些初始义务能够成为实际义务，哪些不能。我们不同于第一种观点的地方在于不是借助于某种理性主义的方法从根本上消除规范冲突的存在，而是强调尽管在初始义务集合中可能存在冲突义务，但是，基于事实的选择所确定的实际义务不会产生冲突。我们不同于第二种观点的地方在于真正的道义困境也仅仅存在于初始义务集合中，而对义务的析取性解释仅仅存在于基于特定的事实在推出实际义务时才作出的。

（四）触发

在给出正式的关于固有性义务和指导性义务的概念和形式刻画之前，我们还需要引入一个概念：触发。令 $\mathcal{J}$ 表示基于一个基础语境的整个的初始义务的集合。作为一个初始的建议，有理由认为 $\mathcal{J}$ 包含的义务在特定的情形下有约束力，因为在这些情形下这些义务的前件被保证是成立的。因为我们把这些前件视为触发条件，我们可以将这些初始义务视为在这些情境中被触发的初始义务，并且把在由 B 所表达的触发条件这些情况下被触发的所有的初始义务写作被触发的$_\mathcal{J}$(B)，该概念可定义如下：

令 $\mathcal{J}$ 是一个初始义务集合。那么，在情形 B 下被触发的 $\mathcal{J}$ 所包含的义务集合是：

被触发的$_\mathcal{J}$(B) = {i∈$\mathcal{J}$: B⊢前件 [i]}。

这是由霍尔蒂[①]引入的一个概念，但是我们注意到这个定义无法涵盖渎职义务推理的情况。在渎职义务推理中，尽管存在的事实触发了渎职义务，但是，该事实也意味着对另一个义务的违反，我们后文将表明这个被违反的义务依然具有效力，所以，我们需要将这个定义做以下修改：

---

① John F. Horty, Reasoning with Moral Conflicts, Nous, vol. 37, pp. 557 – 605, 2003.

定义 5.1 触发

令 N 是一个初始义务集合。那么，在情形 B 下被触发的 N 所包含的义务集合是：

被触发的$_N$(B) = {n∈N: B⊢前件[n] ∨ 后件[¬n]}。

需要指出的是我们把被触发视为一个初始义务（即一个规范前提集合中包含的所有义务）产生效力的前提条件，但是，我们并不直接把这个概念刻画为我们所构建的系统的一部分，因为对于因违规而被触发的义务并没有满足事实分离的条件，所以，我们规定那些仅被触发而没有经过事实分离规则而产生实际效力的义务为固有性义务。

定义 5.2 被触发而无实际效力的固有性义务

令 $\mathcal{J}$ 是一个初始义务集合。那么，在情形 B 下被触发的固有性义务是：

被触发的固有性义务 O^pA = {A∈N: B⊢后件[¬n]}。

其中 O^p 是一个表示固有性义务的算子，下面我们给出其严格的定义。

所谓指导性义务是指基于特定语境具有实际效力的义务。我们用 O^iA 表示应当实现 A 的指导性义务。指导性义务告诉我们的是，基于当前的语境我们应当履行并且能够履行的义务，也就是说不需要考虑没有被触发的义务，也不需要考虑已经被违反的义务。通常说一个主体总是被形形色色的义务体系所约束，我们不应当犯罪的法律义务，我们应当尊敬老人的伦理义务，我们应当信守诺言的道德义务等，但是，并非所有的义务对于处于特定语境下的主体都会产生直接的效力。例如，在餐桌礼仪悖论的例子中，尽管有初始义务不应当直接用手抓饭吃，但是，当我们吃芦笋的时候，这个义务被另一个适用条件更具特异性的例外义务所废止，对我们具有直接效力的义务是应当直接用手抓着吃，这种情况下我们说一般性义务没有被触发，所以没有成为指导性义务，即没有实际效力的义务。被特定的语境所触发是初始义务成为指导性义务的第一个条件。但是，并非所有被触发的义务都能成为指导性义务。在渎职义务推理中，尽管一个初始义务被触发了，但是，该义务又因为违规事实的存在，被与之相应的渎职义务所废止，那么这个义务也不会成为指导性义务。所以，没有被其他义务所废止是一个义务成为指导性义务的第二个条件。

所谓固有性义务，简单地说，就是基于特定事实条件被触发的义务，我

们用 O^PA 表示应当实现 A 的固有性义务。固有性义务告诉我们在一个特定的语境下理论上应当履行的义务。一般情况下，如果一个初始义务被触发，并且没有被其他与之相矛盾的义务所推翻，那么，这个固有性义务就会成为指导性义务。但是，固有性义务还包括已经被违反了但对我们依然具有约束力的义务。在渎职义务推理中，被触发的初始义务尽管已经被违反了，但是它们依然具有"现实性"，它们是确定一个违规者应当承担责任的条件，并且作为我们一旦违反它们就应当受到惩罚或者予以补偿的根据。因此，固有性义务的唯一条件就是被触发，而无论它是否产生了实际的效力。固有性义务与指导性义务之间不同的特点和条件成为我们刻画不同规范推理模式的基本手段。

三、自适应道义逻辑 ALCDPM 的基本元素

（一）不同规范推理模式的形式结构及推导规则

基于以上对固有性义务和指导性义务的定义，我们可以根据经适用事实分离规则推导出的这两类义务的不同确定不同规范推理模式的形式结构及推导规则（见图 5.1）。

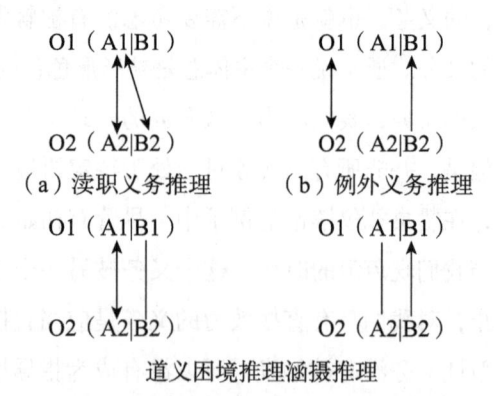

O1（A1|B1）　　　　O1（A1|B1）
↕↓　　　　　　　　　↕
O2（A2|B2）　　　　O2（A2|B2）
（a）渎职义务推理　　（b）例外义务推理

O1（A1|B1）　　　　O1（A1|B1）
↕　　　　　　　　　↕
O2（A2|B2）　　　　O2（A2|B2）
道义困境推理　涵摄推理

图 5.1　不同规范推理模式的形式结构

1. 渎职义务推理的形式结构及推导规则

渎职义务可定义为：对于两个义务 O1（A1｜B1）和 O2（A2｜B2），如果（A1→¬B2）∧¬（A1∧A2），则 O2 是 O1 的渎职义务。为表达的方便我们称 O1 为 O2 的表面义务。

渎职义务的特点是：第一，其事实条件与与其对应的表面义务的义务要求相矛盾，从而只有在该表面义务被违反的情况下才生效。第二，两个义务的义务要求不一致。这又可分为两种情况：一是这两个义务的义务要求相矛盾，二是这两个义务的要求仅仅是不相同的，其中渎职义务的义务要求是对被违反的表面义务的救济或补偿，例如履行诺言悖论。

例 5.1 履行诺言悖论

（1）你应当不违背你的诺言。O（¬b∣T）.

（2）如果你违背诺言，你应当为违背诺言而道歉。O（a∣b）.

（3）你没有履行诺言。¬b

应当道歉的义务与应当履行诺言的义务之间似乎并不存在根本的冲突。因此有些学者将前者称为强渎职义务，后者称为弱渎职义务。本书对此并不加以区分，因为对于后者而言，虽然弱渎职义务与其表面义务的义务要求并不存在形式上的矛盾，但是就其表达的义务意义而言，如果二者并存则导致"语用乖谬"问题，如应当履行诺言的义务与应当道歉的义务并不应当都得到履行。更重要的是二者在导出的固有性义务和指导性义务的推理中结构是相同的。我们可以将渎职义务的结构形式用图 5.1（a）表示。其中双箭头表示矛盾关系，O2 是 O1 的渎职义务。

基于对适用规范的推理的限定，我们对不同的规范推理模式的刻画实质上是刻画出不同规范推理的事实分离规则。渎职义务推理的推理规则是：

FD_{CTD}：如果 ⊢A1→¬B2，⊢A1→¬A2，那么，（O（A1∣B1）∧O（A2∣B2）∧B2→O^PA1∧O^PA2∧O^aA2。

其中蕴涵式的前件是一个合取式，第一个合取支表示包含一个表面义务及其渎职义务的规范前提，第二个合取支表示违反表面义务的事实。蕴涵式的后件表示渎职义务推理分离出的实际的义务，它包含两个固有性义务和一个指导性义务。其中 O^PA1 表示表面义务的义务要求，虽然该义务被违反了，但是作为被触发的义务仍然具有效力，按照托尔[①]的说法，它仅仅是被遮蔽，

[①] van der Torre, Reasoning about Obligations: Defeasibility in Preference‑based Deontic Logic. PhD Thesis, Erasmus University Rotterdam, 1997.

但是并没有被推翻，可以说这是渎职义务推理区别于常识推理的最重要的特点。O^pA2 表示根据渎职义务的义务要求分离出的固有性义务，O^aA2 表示渎职义务的义务要求不仅被分离成为固有性义务，还成为具有实际效力的指导性义务。

需要注意的是，在渎职义务推理中，两个固有性义务是不一致的，其中的一个成为指导性义务，而另一个因为违反事实的存在并没有成为指导性义务，所以，对于特定主体实际具有约束力的指导性义务并不存在冲突，这正符合我们关于渎职义务推理的直观。

2. 例外义务推理的形式结构及推导规则

与对渎职义务的定义类似，例外义务可定义为：对于两个义务 O1（A1｜B1）和 O2（A2｜B2），如果（A1→¬ A2）∧（B2→B1），则 O2 是 O1 的例外义务。为了表述的方便，我们把 O1 称为 O2 的典型义务。

例外义务的特点是：第一，其事实条件蕴涵与其对应的典型义务的事实条件。第二，两个义务的义务要求不一致。我们可以将例外义务的结构形式用图 5.1（b）表示。其中双箭头表示不一致关系，单箭头表示蕴涵关系，O2 是 O1 的例外义务。

例外义务推理可定义为基于一个包含例外义务及其典型义务的规范集合和一个典型义务的例外事实所进行的推理。例外义务推理的特点是尽管我们可以将例外事实视为典型义务的事实条件的一个具体形式，但是，因为存在一个例外义务，该例外义务推翻了其典型义务，或者说废止了对典型义务的触发，典型义务相对于这个事实条件既没有成为固有性义务，也没有成为指导性义务，例外义务推理分离出的义务包含一个关于例外义务的固有性义务和一个指导性义务。其推理规则是：

FD_{EO}：如果 ⊢ A1→¬ A2, ⊢ B2→B1, 那么, ⊢（O（A1｜B1）∧ O（A2｜B2）∧ B2→O^pA2 ∧ O^aA2。

3. 道义困境推理的形式结构及推导规则

与对一元道义困境的定义类似，我们可以把二元道义困境定义为基于相同的事实条件存在相矛盾的义务要求的义务。用公式表达则是：对于两个义务 O1（A1｜B1）和 O2（A2｜B2），如果 A1→¬ A2, B1↔B2, 则 O1 和 O2

134

构成一个道义困境。

道义困境的特点是：第一，两个义务的事实条件相同。第二，两个义务的义务要求不一致。我们可以将道义困境的结构形式用图5.1（c）表示。其中双箭头表示不一致关系，直线段表示相同或逻辑等值。

道义困境推理可定义为基于一个包含道义困境的规范集合和一个触发这两个义务的事实所进行的推理。道义困境推理的特点是同一个事实触发了两个道义要求相矛盾的义务，并且这两个义务不能一个是表面义务，一个是渎职义务，也不能一个是典型义务，一个是例外义务。对于道义困境推理我们希望能够对两个相矛盾的义务做"析取性解释"，避免两个义务都被违反。则其推理规则可表达为：

FD_{DO}：如果⊢（A1→¬ A2），⊢B1↔B2，⊬（A1→¬ B2）∧（A1→¬ A2），⊬（A1→¬ A2）∧ B2→B1），那么，O（A1｜B1）∧O（A2｜B2）∧B1→（（O^pA1 ∧ O^aA1）∨（O^pA2 ∧ O^iA2））。

4. 涵摄义务推理的形式结构及推导规则

简单地看，涵摄义务推理就是对事实分离规则FD的简单适用，即根据一个条件义务和表达该条件得到满足的事实，分离出该条件义务的义务要求作为固有性义务和指导性义务。然而，因为涉及种种规范冲突存在的可能，所以，必须对FD予以严格限制，将FD的适用限制在不存在规范冲突的范围内。即：

$FD-_{SO}$：如果⊢（B1↔B2），⊬（A1→¬ B2）∧（A1→A2），⊬（A1→¬ A2）∧（B2→B1），⊬（A1→¬ A2 ∧（B1↔B2），那么，O（A1｜B1）∧O（A2｜B2）∧B2→O^pA2∧O^iA2。

需要指出的，对于涵摄义务推理的另一个形式，即根据一个初始义务和一个蕴涵该义务的更具体的事实，适用前件强化原则SA所进行的规范推理，可以首先通过该具体事实蕴涵该义务的事实条件触发该义务，从而推出相应的固有性义务和指导性义务。但是，如果该具体事实触发了该义务的一个例外义务、渎职义务或与之构成道义困境的义务，则按照相应的推理模式得出相应的结论，这说明前件强化原则的适用也具有可废止性。

涵摄义务推理事实上是排除了在规范集合中包含与之冲突的义务之后所

进行的推理，基于我们对规范冲突的详细分类，我们要求排除在规范集合中存在该义务的渎职义务、例外义务以及与之构成道义困境的义务。事实证明，这样一个推理过程并不符合实际的推理过程。更好的方法是将涵摄义务推理视为一个可废止推理的过程，将各种规范冲突视为异常情况，尽可能"正常地解释前提集合"，并选用一个极小异常策略，为规范推理构建极小异常模型，这就是我们本书要构建的自适应道义逻辑的主要思想。在这个意义上，该自适应逻辑的下限逻辑就是对涵摄义务推理的刻画。

为了表达的方便，我们有时候用 O（D|¬A），D⊢¬A 表示 O（A|B）的渎职义务，用 O（D|B∧C），D⊢¬A 表示 O（A|B）的例外义务。

基于以上分析，我们可以将不同规范推理模式分离出的固有性义务和指导性义务列表如表5.1：

表5.1 不同规范推理模式分离出的固有性义务和指导性义务

规范推理模式	渎职义务推理	例外义务推理	道义困境推理	涵摄义务推理
前提	O（A|B）； O（D|¬A）； D⊢¬A ¬A	O（A|B）； O（D|B∧C）； D⊢¬A B∧C	O（A|B）； O（¬A|B）； B	O（A|B）； B
固有性义务	O^pA；O^pD	O^pD	$O^pA \vee O^p\neg A$	$O^pA \vee (O^pA \wedge O^p\neg A)$
指导性义务	O^iD	O^iD	$O^iA \vee O^i\neg A$	O^ia
典型的例子	齐硕姆悖论	餐桌礼仪悖论	救生员悖论	餐桌礼仪悖论（二）
优先关系	可能世界的理想性	事实条件的特异性	不可比较或者存在对称性	涵摄关系
废止关系	渎职义务遮蔽表面义务	例外义务推翻典型义务	析取性解释	冲突义务废止涵摄义务

（二）ALCDPM 的下限逻辑 CDPM.2f

1. 下限逻辑的选择标准

一个标准格式的自适应逻辑的下限逻辑就是一个排除任何异常的逻辑，

具体到道义逻辑，它要满足前面提出的两个标准：＊：无不足道性标准；＊＊：强度标准。

当然，因为本书构建的是一个旨在刻画不同规范推理模式的自适应二元道义逻辑，所以需要对以上标准做进一步的说明和修正：第一，对于无不足道标准，我们要求该逻辑不仅能够容纳道义困境，还能够容纳渎职义务和例外义务。事实上如前所论，我们把道义困境、渎职义务和例外义务皆视为规范冲突的不同形式，只不过在构成道义困境的两个义务之间由于不可比较或者具有对称性而无法通过根据某个优先标准予以衡量选择，而渎职义务与与之相冲突的典型义务之间、例外义务与与之相冲突的典型义务之间分别存在着某种优先关系，可以通过衡量优先选择其中的一个废止另一个。但无论如何，对于一个下限逻辑而言，避免因为规范冲突而导致道义爆炸是其一个基本的条件。第二，对于强度标准，因为刻画渎职义务推理和例外义务推理都必须借助二元道义逻辑，所以需要将相应的要求修正为满足二元道义逻辑的形式，需要将 D 原则替换为 DC 原则，将一元标准道义逻辑 SDL 替换为二元标准道义逻辑 DSDL。据此，我们可以将满足自适应二元道义逻辑的下限逻辑的标准改为：

＊–D：无不足道性标准。一个能够容纳规范冲突的道义逻辑应当不能根据义务冲突 O（A | B）和 O（¬ A | B）推出矛盾，导致道义爆炸，即这个逻辑应当使 DEX 原则及其变体无效。

＊＊–D：强度标准：一个能够容纳规范冲突的道义逻辑应当满足如果增加了道义一致性原则 DC，则该逻辑应当与标准道义逻辑 DSDL 等价。即所构建的道义逻辑在不存在规范冲突的时候能够得出与 DSDL 相同的结论。

基于以上标准，我们选择了克里斯蒂安·斯特拉塞尔构建的系统 CDPM.2e[1] 作为我们要构建自适应二元道义逻辑的下限逻辑的基础。当然因为我们要构建的系统与这个系统有本质的不同，我们需要对其公理和推理规则做相应的修改。我们把所构建的下限逻辑系统称为 CDPM.2f，该名称表示

---

[1] Christian Straßer, A Deontic Logic Framework Allowing for Factual Detachment. http：//ugent.academia.edu/ChristianStra%C3%9Fer/Papers.

对该学者的尊重并与这些理论保持一致。

2. CDPM.2e 系统及其存在的问题

CDPM.2e 系统是克里斯蒂安·斯特拉塞尔在卢·格布尔构建的 DPM 的二元道义逻辑版本 CDPM 系统[①]的基础上，为了刻画事实分离规则而构建的一个二元道义逻辑。本书所构建的 ALCDPM 系统很多思想源于该系统，但是，正如后面我们所分析的，该系统并没有克服 CDPM 系统的主要缺陷，以此为基础所构建的自适应道义逻辑仍然需要用户自主地加入相应的前提。其主要技术在于通过引入两个弗协调义务算子·pO（A｜B）和·iO（A｜B）表示什么情况下不能推出固有性义务和指导性义务，然后将规范冲突定义为异常而实现对规范推理的刻画，该理论的主要缺陷是因为没有具体地刻画不同规范推理的异常集合导致规范推理的不确定性。

（1）CDPM.2e 系统。CDPM.2e 系统是由以下原则（公理模式及推导规则）构成的形式系统。

RCE：如果⊢A≡B，那么，⊢O（C｜A）≡O（C｜B）；

CRE：如果⊢A≡B，那么，⊢O（A｜C）≡O（B｜C）；

EOi：如果⊢A≡B，那么，⊢O^iA≡O^iB；

EOp：如果⊢A≡B，那么，⊢O^pA≡O^pB；

CREi：如果⊢A≡B，那么，⊢·iO（A｜C）≡·iO（B｜C）；

RCEi：如果⊢A≡B，那么，⊢·iO（C｜A）≡·iO（C｜B）；

CREp：如果⊢A≡B，那么，⊢·pO（A｜C）≡·pO（B｜C）；

RCEp：如果⊢A≡B，那么，⊢·pO（C｜A）≡·pO（C｜B）；

RCPM：如果⊢B→C，那么，⊢P（B｜A）→（O（B｜A）→O（C｜A））；

Ep：如果⊢D→¬A，那么，⊢（（P（D｜B∧C）∧O（D｜B∧C））∧B∧C∧P（B∧C｜B）∧O（A｜B））→·pO（A｜B）；

CTDR：如果⊢A→¬C 且⊢A→¬D，那么，⊢（O（A｜B∧C）∧O（D｜B））→·pO（A｜B∧C）；

oV-Ei：如果⊢D→¬A，那么，⊢（（P（D｜B∧C）∨O（D｜B∧C））

[①] Lou Goble, A Logic for Deontic Dilemmas. Journal of Applied Logic 3, pp.461–483, 2005.

$\wedge B \wedge C \wedge O (A|B))) \rightarrow \cdot_i O (A|B)$。

此外，还包含以下公理模式：

CP：⊢P (T|A);

CPAND：⊢ (O (A|C) ∧O (B|C) ∧P (A∧B|C))→O (A∧B|C);

WRM：⊢ (O (B|A) ∧P (B∧C|A))→O (B|A∧C);

PS'：⊢ (O (A|B∧C) ∧P (A|¬B∧C))→O (B→A|C);

FDp：⊢ (O (A|B) ∧B∧¬ $\cdot_p$O (A|B))→O^pA;

FDi：⊢ (O (A|B) ∧B∧¬ $\cdot_i$O (A|B))→O^iA;

fV：⊢ (O (A|B) ∧¬ A∧B→$\cdot_i$O (A|B)。

CDPM.2e 的邻域语义。

令一个邻域框架 F 是一个六元组 <W, $\mathcal{O}$, $\mathcal{N}^i$, $\mathcal{N}^p$, $\mathcal{O}^i$, $\mathcal{O}^p$>，其中 W 是一个可能世界集合，$\mathcal{O}$：W→℘ (℘ (W) X ℘ (W))，$\mathcal{N}^i$：W→℘ (℘ (W) X ℘ (W))，$\mathcal{N}^p$：W→℘ (℘ (W) X ℘ (W))，$\mathcal{O}^i$：W→℘ (℘ (W))，$\mathcal{O}^p$：W→℘ (℘ (W))。据此，$\mathcal{O}$, $\mathcal{N}^i$, $\mathcal{N}^p$ 为每一个可能世界 w∈W 指派一个命题有序对，即$\mathcal{O}_w$, $\mathcal{N}^i_w$, $\mathcal{N}^p_w$⊆℘ (W) X ℘ (W)，[1] $\mathcal{O}^i$, $\mathcal{O}^p$ 为每一个可能世界指派一个命题，即$\mathcal{O}^i_w$, $\mathcal{O}^p_w$⊆℘ (W)。框架 F 上的一个模型 M 是一个三元组 <F, @, v>，其中@ ∈W 表示现实世界，v：$\mathcal{A}$→℘ (W)。一个原子命题被映射到它在其中被认为成立的可能世界的集合。定义 M⊨α，当且仅当 M, @⊨α；F⊨α，当且仅当对于定义在框架 F 基础上的所有模型 M, M⊨γ；一个框架集合$\mathcal{F}$⊨α，当且仅当对于所有的 F∈$\mathcal{F}$, F⊨α。此外，当 w∈W 时，对模型有以下要求：

M-p：M, w⊨p，当且仅当 w∈v (p)，其中 p∈$\mathcal{A}$；

M-$\mathcal{O}$：M, w⊨O (A|B)，当且仅当 <|B|$_M$, |A|$_M$> ∈$\mathcal{O}_w$；

M-$\mathcal{N}^i$：M, w⊨$\cdot_i$O (A|B)，当且仅当 <|B|$_M$, |A|$_M$> ∈$\mathcal{N}^i_w$；

M-$\mathcal{N}^p$：M, w⊨$\cdot_p$O (A|B)，当且仅当 <|B|$_M$, |A|$_M$> ∈$\mathcal{N}^p_w$；

M-$\mathcal{O}^i$：M, w⊨$\mathcal{O}^i$A，当且仅当|A|$_M$∈$\mathcal{O}^i_w$；

M-$\mathcal{O}^p$：M, w⊨$\mathcal{O}^p$A，当且仅当|A|$_M$∈$\mathcal{O}^p_w$。

---

[1] 我们遵照格布尔的表达格式，并将这些映射的构成框架的自变量表达为下标。

其中$|α|_M =_{def} \{w \in W \mid M, w \models α\}$。关于经典逻辑联结词的定义同常规：

M-¬：$M, w \models ¬α$，当且仅当$M, w \not\models α$；

M-∨：$M, w \models α \vee β$，当且仅当$M, w \models α$ 或者 $M, w \models β$；

M-∧：$M, w \models α \wedge β$，当且仅当$M, w \models α$ 且 $M, w \models β$；

M-→：$M, w \models α \rightarrow β$，当且仅当$M, w \models ¬α \vee β$；

M-T：$M, w \models T$；

M-⊥：$M, w \not\models T$。

我们定义$\overline{W'} =_{def} W \setminus W'$，其中对于一个给定的框架 $F = <W, \mathcal{O}, \mathcal{N}^i, \mathcal{N}^p, \mathcal{O}^i, \mathcal{O}^p>$，$W' \subseteq W$。为了界定 CDPM.2e 系统，我们还需要以下框架上的条件。对于所有的 X，Y，$Z \subseteq W$ 和 $w \in W$，要求：

F-RCPM：如果$Y \subseteq Z$；$<X, Y> \in \mathcal{O}_w$ 和 $<X, \overline{Y}> \notin \mathcal{O}_w$，那么，$<X, Z> \in \mathcal{O}_w$；

F-WRM：如果$<X, Y> \in \mathcal{O}_w$ 和 $<X, \overline{Y \cap Z}> \notin \mathcal{O}_w$，那么，$<X \cap Z, Y> \in \mathcal{O}_w$；

F-CPAND：如果$<X, Z> \in \mathcal{O}_w$ 和 $<X \overline{Y \cap Z}> \notin \mathcal{O}_w$，那么，$<X, Y \cap Z, Y> \in \mathcal{O}_w$；

F-CP：$<X, \emptyset> \notin \mathcal{O}_w$；

F-PS'：如果$<Y \cup Z, X> \in \mathcal{O}_w$ 且 $<\overline{Y} \cap Z, \overline{X}> \notin \mathcal{O}_w$，那么，$<Z, \overline{Y} \cup X> \in \mathcal{O}_w$。

为了对事实分离规则建模，我们还需要以下框架类上的条件：

F-FD^i：如果$<Y, X> \in \mathcal{O}_w$；$w \in Y$，$<Y, X> \notin \mathcal{N}_w^i$，那么 $X \in \mathcal{O}_w^i$。

F-FD^p：如果$<Y, X> \in \mathcal{O}_w$；$w \in Y$，$<Y, X> \notin \mathcal{N}_w^p$，那么 $X \in \mathcal{O}_w^p$。

F-E^p：如果$w \in Y \cap Z$；$<Y, \overline{Y \cap Z}> \notin \mathcal{O}_w$；$<Y, X> \in \mathcal{O}_w$；$Z' \subseteq \overline{X}$，($<Y \cap Z, \overline{Z'}> \notin \mathcal{O}_w$ 或者 $<Y \cap Z, Z'> \in \mathcal{O}_w$)，那么 $<Y, X> \in \mathcal{N}_w^p$。

F-CTDR：如果$<Y \cap Z, X>, <Y, Z'> \in \mathcal{O}_w$；$Z' \subseteq \overline{Z}$；$Z' \subseteq \overline{X}$，那么，$<Y \cap Z, X> \in \mathcal{N}_w^p$。

F-fV：如果$<Y, X> \in \mathcal{O}_w$；$w \in Y$；$w \notin X$，那么，$<Y, X> \in \mathcal{N}_w^i$。

F－OV－E^i：如果 w∈Y∩Z；<Y, X>∈$\mathcal{O}_w$；（<Y∩Z, $\overline{Z'}$>∉$\mathcal{O}_w$ 或者 <Y∩Z, Z'>∈$\mathcal{O}_w$），并且 Z'⊆$\overline{X}$，那么，<Y, X>∈$\mathcal{N}_w^i$。

定理 5.1　CDPM.2e 相对于满足相应条件的模型类 $\mathcal{M}$ 具有可靠性和完全性。其条件是 M－CN，M－RCPM，M－PS'，M－WRM，M－CPAND，M－CP，M－FDi，M－FDp，M－Ep，M－CTDR，M－fV，M－oV－Ei：

$\Gamma\models_{\mathcal{M}}\varphi$，当且仅当 $\Gamma\vdash_{CDPM.2e}\varphi$。

定理 5.2　对于 CDPM.2e 和满足条件 F－CN，F－RCPM，F－PS'，F－WRM，F－CPAND，F－CP，F－FD^i，F－FD^p，F－E^p，F－CTDR，F－fV 和 F－OV－E^i 的框架类 $\mathcal{F}$ 具有可靠性和完全性：

$\Gamma\models_{\mathcal{F}}\varphi$，当且仅当 $\Gamma\vdash_{CDPM.2e}\varphi$。

推论 5.1　CDPM.2e 是可判定的。

相关定理证明类似于 CPDM，略。

（2）CDPM.2e 系统存在的问题。克里斯蒂安·斯特拉塞尔构建的 CDPM.2e 系统的公理和推理规则主要可分为四类：第一类包括 RCE、CRE、EOi、EOp、CREi、RCEi、CREp、RCEp，表达的是逻辑等值置换原则适用于二元道义算子 O（—｜—）和新增加的四个道义算子·iO（—｜—）、·pO（—｜—）、O^i（—｜—）、O^p（—｜—）。第二类包括 RCPM、CP、CDAND、WRM、PS'，它们源于 CDPM 相应的道义原则或修订。第三类包括 Ep、CTDR、Ov－Ei、fV，是对包含道义算子·iO（—｜—）和·pO（—｜—）的道义原则的刻画。第四类包括 F－Dp、F－Di，表达的是·iO（—｜—）和·pO（—｜—）与 O^i（—｜—）、O^p（—｜—）之间的逻辑关系。基于以上分类可以看出 CDPM.2e 系统相对于 CDPM 系统的主要特色在于增加了刻画事实分离规则的后两类，并且第四类表达的又是与第三类之间的逻辑关系，因此，我们只需要分析第三类道义原则就可以了。第三类包含的四个公理 Ep、CTDR、Ov－Ei、fV 分别刻画基于不同的规范前提和事实条件不能推出固有性义务与指导性义务，但是，除了 CTDR、fV 直接刻画的是基于例外义务、渎职义务作为前提的推理，剩下的两个公理 Ep 和 fV 在分别刻画强渎职义务和弱渎职义务推理时都用到了 P（D｜B∧C），这个条件在 CDPM 系统中是由用户自主加入的，在自适应逻辑中被定义为¬（O（D｜B∧C）∧¬O

(D∣B∧C)) 作为不能适用原则：如果⊢D→¬A，那么，⊢O (D∣B∧C) ∧ B∧C∧P (B∧C∣B) ∧O (A∣B)) →·pO (A∣B)；如果⊢D→¬A，那么，⊢O (D∣B∧C) ∧B∧C∧O (A∣B))) →·iO (A∣B) 的异常，也就是说这两个异常是一样的，另外对于例外义务推理的异常的定义也是 ¬ (O (D∣B∧C)∧¬O (D∣B∧C))，所以，在以 CDPM.2e 系统为下限逻辑构建的自适应道义逻辑 DCDPMe 中，其所定义的异常集合为 $\Omega^d =_{def} \Omega^i \cup \Omega^p$，其中 $\Omega^x =_{def} \{O (A∣B) \wedge \cdot xO (A∣B): A, B \in S\}$，也就是说并没有区分不同规范推理模式的异常的不同的情况，这个问题直接导致的结果是在自适应证明中需要用户自主地加入所谓无害的前提，另一个问题是对于固有性义务基于不同的逻辑系统（另一个是基于 CDPM.2d 构建的自适应逻辑系统）存在两个不同的直观。这两个问题在对下面的例子的分析中得到了充分的体现：

例 5.2　怀孕与结婚悖论

（1）约翰应当不使戴安娜怀孕。

（2）如果约翰没有使戴安娜怀孕，他应当不与她结婚。

（3）如果约翰使戴安娜怀孕，他应当与她结婚。

（4）约翰使戴安娜怀孕了。

令 i 表示约翰使戴安娜怀孕，m 表示约翰与戴安娜结婚，则该例可形式表达为：

（1）O (¬i∣T)；

（2）O (¬m∣¬i)；

（3）O (m∣i)；

（4）i。

其 DCDPMd 的一个证明如下：

1. O (¬i∣T)　　　　　PREM　　　　ø
2. O (¬m∣¬i)　　　 PREM　　　　ø
3. O (m∣i)　　　　　PREM　　　　ø
4. i　　　　　　　　　PREM　　　　ø
5. ·iO (¬i∣T)　　　 1, 4; fV　　　ø

第五章 ‖ 一个容纳规范冲突的自适应逻辑系统 ALCDPM

6. O (¬i→¬m | T)   2; S   ø
7. P (¬i∧¬m | T)   PREM   ø
8. O (¬i∧¬m | T)   1, 6, 7; CPAND   ø
9. O (¬m | T)   7, 8; RCPM   ø
10. ·pO (m | T)   3, 8; CTDR   ø
11. ·iO (¬m | T)   3, 4, 9; oV – Ei   ø
12. O^{i}m   3, 4; (FDi)^C {O (m | i) ∧ ·iO (m | i)}
13. O^p¬i   1; (FDp)^C {O (¬i | T) ∧ ·pO (¬i | T)}
14. O^p¬m   9; (FDp)^C {O (¬m | T) ∧ ·pO (¬m | T)}

在 DCDPMe 中，以下是接着第 5 行的证明：

6. O^{i}m   3, 4; FDi^C {O (m | i) ∧ ·iO (m | i)}
7. O^p¬i   1; FDp^C {O (¬i | T) ∧ ·pO (¬i | T)}
8. O^{p}m   3, 4; (FDp)^C {O (m | i) ∧ ·pO (m | i)}

很显然基于两个不同的系统对于同一个例子分离出了两个相矛盾的指导性义务 O^p¬m 和 O^{p}m。克里斯蒂安·斯特拉塞尔称为关于"固有性义务的两个直观"，并且"建议读者基于不同的直观选择相应的逻辑"。那么，是什么原因导致这种直观的分歧呢？基于前面系统对固有性义务的定义，不应当出现这种分歧才对，作者将此原因归结为两个系统包含的道义分离规则不同。但是，我们并不认为这是直接的原因，也不是根本原因。

直接的原因在于 DCDPMd 证明中的第 7 行增加了被作者视为"无害的允许规范" P (¬i∧¬m | T)。那么，怎么判定其是有害的还是无害的，正如克里斯蒂安·斯特拉塞尔对卢·格布尔构建的 DPM 系统和 CDPM 系统需要通过用户自主作出判断加入相应前提的做法所做的批评一样，这种做法将导致推理过程和推理结论的不确定性。例如，增加的这个前提并不是根据前提或者相关公理或定理、推导规则推导出来的有效结论，我们可以很容易找到这类直观无效的反例：结合前面我们提到的救生员困境的例子，假设你是一位救生员，A、B 溺水，你有义务救 A，你也有义务救 B。如果你救 A，则应当将 A 送赶往医院；如果你救 B，则应当将 B 送往医院。但是，由于时间限制，当你送其中的一人到医院时将来不及救另外一人，但是你可以同时送 A 和 B

143

去医院。在该例中，时间只是一个制约因素，其描述的情景可表达如下：

例 5.3　受到时限的救生员困境

（1）你应当救溺水者 A。O（A | T）

（2）你应当救溺水者 B。O（B | T）

（3）如果你救 A，则应当将其送往医院。O（h | A）

（4）如果你救 B，则应当将其送往医院。O（h | B）

（5）如果你只救 A 并将其送往医院，则不可能救 B。¬P（A∧¬B∧h | T）

（6）如果你只救 B 并将其送往医院，则不可能救 A。¬P（B∧¬A∧h | T）

（7）你可以同时送 A 和 B 到医院。P（A∧B | T）

（8）你救了 A。

在这里前提（1）（3）（8）描述的情景与例 5.6 中前提（1）（2）（4）描述的情景类似，但是，由于本例中还存在前提（2）（4）（5）（6），则不允许推出 P（A∧h | T）。需要注意的是因为（7）的存在该例并不构成一个道义困境。

该例表明虽然克里斯蒂安·斯特拉塞尔构建自适应道义逻辑的主要目的就是克服 CDPM 系统需要用户预先判断是否加入相应的前提，以及加入某个前提是有害的还是无害的判断。但是，在其构建的系统中依然存在同样的缺陷。对于较简单的例子比较容易把握能否加入相应的前提，对于复杂的例子，这种由用户增加前提的语境依赖性将产生难以把握的影响。

导致该问题的根本原因是 CDPM.2e 系统没有正确地刻画基于不同规范推理模式分离出的固有性义务。基于两种不同的逻辑得出不同的结论，显然是不妥的，因为基于我们的直观，在不同的语境下确实存在着两个不同的固有性义务，但是，尽管固有性义务存在冲突，因为它们是相对于不同的语境而言的，所以，才会认为它们并不是不一致的。因此，我们可以得出结论 O^p（A∨¬A），也就是说，当取消语境条件和相应的事实分离规则的情况下，CDPM 退化为一个相应的 DPM 系统。至于说得出两个不同的结论，并不是两个直观的不同，而是作者没有正确地认识到得出结论 5 的推理过程是对

1和2适用DD，而不是对1和3适用DD。我们说无论在那个系统中，只要不存在规范冲突都是允许适用道义分离规则的，基于此得出 $O^p\neg m$ 的指导性原则并无不妥。但是，在规范前提集合中，根据渎职义务 $O(m|i)$ 还可以分离出一个固有性义务 $O^p m$，这是在假定已经存在违反了初始义务的情况下才有效力的义务，我们可以称为渎职性固有义务。我们并不需要对初始义务分离出的固有性义务进行区分，因为这是在我们假定事实的基础上适用事实分离规则确定的相矛盾的指导性义务，而并非在真正的事实下分离出的指导性义务，并且对于固有性义务的冲突并不是真正的冲突，而是相对于不同的语境的固有性义务，它们也不会导致所谓的道义爆炸，只要我们注意到并非所有的固有性义务都会产生相应的指导性义务就容易理解为什么不需要对初始性固有义务与渎职性固有义务作出区分了。

我们坚决反对将推理过程本身的刻画诉诸直观，我们仅仅把是否符合直观作为评判我们得出的结论是否合理、可以接受的一个标准，也可以把直观作为我们设计相应的道义逻辑的理论基础，也就是它属于元理论，而非道义逻辑本身。基于不同的规范推理存在不同的逻辑结构形式，我们需要定义不同的事实分离规则，而这正是我们要构建新的下限逻辑的基本思想。

3. CDPM.2f 系统

（1）CDPM.2f 的公理系统。CDPM.2f 系统的形式语言 $\mathcal{L}_{\text{CDPM.2f}}$ 是在命题逻辑语言基础上加上一个二元道义算子 $O(—|—)$ 和两个一元道义算子 O^p 和 O^i，并且如果 A 和 B 是合式公式，则 $O(A|B)$、$O^p A$、$O^i A$ 也是合式公式。如通常的定义，$P(A|B)$ 是 $\neg O(\neg A|B)$ 的简写，$P^p A$ 是 $\neg O^p \neg A$ 的简写，$P^i A$ 是 $\neg O^i \neg A$ 的简写。

CDPM.2f 是包含经典命题逻辑的重言式以及以下原则（公理模式和推到规则）的例示的最小集合：

RCE：如果 $\vdash A \equiv B$，那么，$\vdash O(C|A) \equiv O(C|B)$；

CRE：如果 $\vdash A \equiv B$，那么，$\vdash O(A|C) \equiv O(B|C)$；

EOi：如果 $\vdash A \equiv B$，那么，$\vdash O^i A \equiv O^i B$；

EOp：如果 $\vdash A \equiv B$，那么，$\vdash O^p A \equiv O^p B$；

RCPM：如果 $\vdash B \rightarrow C$，那么，$\vdash P(B|A) \rightarrow (O(B|A) \rightarrow O(C|A))$；

CP：⊢P（T｜A）；

CPAND：⊢（O（A｜C）∧O（B｜C）∧P（A∧B｜C））→O（A∧B｜C）；

WRM：⊢（O（B｜A）∧P（B∧C｜A））→O（B｜A∧C）；

PS'：⊢（O（A｜B∧C）∧P（A｜¬B∧C））→O（B→A｜C）；

FD$_{CTD}$：如果⊢A1→¬B2，⊢A1→¬A2，那么，（O（A1｜B1）∧O（A2｜B2）∧B2→O^{P}A1∧O^{P}A2∧O^{a}A2。

FD$_{EO}$：如果⊢A1→¬A2，⊢B2→B1，那么，⊢（O（A1｜B1）∧O（A2｜B2）∧B2→O^{P}A2∧O^{a}A2。

FD$_{DO}$：如果⊢（A1→¬A2），⊢B1↔B2，⊬（A1→¬B2）∧（A1→¬A2），⊬（A1→¬A2）∧（B2→B1），那么，O（A1｜B1）∧O（A2｜B2）∧B1→（(O^{P}A1∧O^{a}A1)∨(O^{P}A2∧O^{i}A2))。

FD$_{SO}$：如果⊢（B1↔B2），⊬（A1→¬B2）∧（A1→A2），⊬（A1→¬A2）∧（B2→B1），⊬（A1→¬A2∧（B1↔B2），那么，O（A1｜B1）∧O（A2｜B2）∧B2→O^{P}A2∧O^{i}A2。

（2）CDPM.2f 的邻域语义。

令一个邻域框架 F 是一个四元组 <W, $\mathcal{O}$, $\mathcal{O}^i$, $\mathcal{O}^P$>，其中 W 是一个可能世界集合，$\mathcal{O}$：W→℘（℘（W）X℘（W）），$\mathcal{O}^i$：W→℘（℘（W）），$\mathcal{O}^P$：W→℘（℘（W））。据此，$\mathcal{O}$ 为每一个可能世界 w∈W 指派一个命题有序对，即 $\mathcal{O}_w$⊆℘（W）X℘（W），$\mathcal{O}^i$，$\mathcal{O}^P$ 为每一个可能世界指派一个命题，即 $\mathcal{O}^i_w$，$\mathcal{O}^P_w$⊆℘（W）。框架 F 上的一个模型 M 是一个三元组 <F，@，v>，其中 @∈W 表示现实世界，v：α→℘（W），α∈$\mathcal{A}$，$\mathcal{A}$ 表示 $\mathcal{L}_{CDPM.2f}$ 的所有原子命题的集合。一个原子命题被映射到它在其中被认为成立的可能世界的集合，定义 M⊨α，当且仅当 M，@⊨α；F⊨α，当且仅当对于定义在框架 F 基础上的所有模型 M，M⊨γ；一个框架集合 $\mathcal{F}$⊨α，当且仅当对于所有的 F∈$\mathcal{F}$，F⊨α。此外，当 w∈W 时，对模型有以下要求：

M-p：M，w⊨p，当且仅当 w∈v（p），其中 p∈$\mathcal{A}$；

M-$\mathcal{O}$：M，w⊨O（A｜B），当且仅当 <｜B｜$_M$，｜A｜$_M$>∈$\mathcal{O}_w$；

M-$\mathcal{O}^i$：M，w⊨$\mathcal{O}^i$A，当且仅当｜A｜$_M$∈$\mathcal{O}^i_w$；

M-$\mathcal{O}^P$：M，w⊨$\mathcal{O}^P$A，当且仅当｜A｜$_M$∈$\mathcal{O}^P_w$。

其中 $|\alpha|_M =_{def} \{w \in W \mid M, w \vDash \alpha\}$。关于经典逻辑联结词的定义同常规：

M - ¬：$M, w \vDash \neg \alpha$，当且仅当 $M, w \nvDash \alpha$；

M - ∨：$M, w \vDash \alpha \vee \beta$，当且仅当 $M, w \vDash \alpha$ 或者 $M, w \vDash \beta$；

M - ∧：$M, w \vDash \alpha \wedge \beta$，当且仅当 $M, w \vDash \alpha$ 且 $M, w \vDash \beta$；

M - →：$M, w \vDash \alpha \rightarrow \beta$，当且仅当 $M, w \vDash \neg \alpha \vee \beta$；

M - T：$M, w \vDash T$；

M - ⊥：$M, w \nvDash T$。

我们定义 $\overline{W'} =_{def} W \setminus W'$，其中对于一个给定的框架 $F = \langle W, \mathcal{O}, \mathcal{O}^i, \mathcal{O}^p \rangle$，$W' \subseteq W$。对于 CDPM.2f 系统，还需要以下框架上的条件。对于所有的 $X, Y, Z \subseteq W$ 和 $w \in W$，要求：

F - RCPM：如果 $Y \subseteq Z$；$\langle X, Y \rangle \in \mathcal{O}_w$ 且 $\langle X, \overline{Y} \rangle \notin \mathcal{O}_w$，那么，$\langle X, Z \rangle \in \mathcal{O}_w$。

F - CP：$\langle X, \emptyset \rangle \notin \mathcal{O}_w$。

F - CPAND：如果 $\langle X, Z \rangle \in \mathcal{O}_w$ 且 $\langle X, \overline{Y \cap Z} \rangle \notin \mathcal{O}_w$，那么，$\langle X, Y \cap Z, Y \rangle \in \mathcal{O}_w$；

F - WRM：如果 $\langle X, Y \rangle \in \mathcal{O}_w$ 且 $\langle X, \overline{Y \cap Z} \rangle \notin \mathcal{O}_w$，那么，$\langle X \cap Z, Y \rangle \in \mathcal{O}_w$；

F - PS'：如果 $\langle Y \cup Z, X \rangle \in \mathcal{O}_w$ 且 $\langle \overline{Y} \cap Z, \overline{X} \rangle \notin \mathcal{O}_w$，那么，$\langle Z \overline{Y} \cup X \rangle \in \mathcal{O}_w$。

F _ FD$_{CTD}$：如果 $X \subseteq \overline{Y'}$，$X \subseteq \overline{X'}$，$\langle Y, X \rangle \in \mathcal{O}_w$，$\langle Y', X' \rangle \in \mathcal{O}_w$，$w \in Y'$，那么，$X \in \mathcal{O}_w^p$，$X' \in \mathcal{O}_w^p$，$X' \in \mathcal{O}_w^i$；

F - FD$_{EO}$：如果 $X \subseteq \overline{X'}$，$Y' \subseteq \overline{Y}$，$\langle Y, X \rangle \in \mathcal{O}_w$，$\langle Y', X' \rangle \in \mathcal{O}_w$，$w \in Y'$，那么，$X' \in \mathcal{O}_w^p$，$X' \in \mathcal{O}_w^i$；

F - FD$_{DO}$：如果 $X \subseteq \overline{X'}$，$Y' \subseteq \overline{Y}$ 且 $Y \subseteq \overline{Y'}$，$w \notin (X \subseteq \overline{Y'} \cap X \subseteq \overline{X'})$，$w \notin (X \subseteq \overline{X'} \cap Y' \subseteq \overline{Y})$，$\langle Y, X \rangle \in \mathcal{O}_w$，$\langle Y', X' \rangle \in \mathcal{O}_w$，$w \in Y'$，那么，$X \in \mathcal{O}_w^p$ 且 $X' \in \mathcal{O}_w^i$，或者 $X' \in \mathcal{O}_w^p$ 且 $X' \in \mathcal{O}_w^i$；

F - FD$_{SD}$：如果 $Y' \subseteq \overline{Y}$ 且 $Y \subseteq \overline{Y'}$，$w \notin (X \subseteq \overline{Y'} \cap X \subseteq \overline{X'})$，$w \notin (X \subseteq$

$\overline{X'} \cap Y' \subseteq \overline{Y}$），$w \notin (X \subseteq \overline{X'}$ 且 $Y' \subseteq \overline{Y}$ 且 $Y \subseteq \overline{Y'}$，$<Y, X> \in \mathcal{O}_w$，$<Y', X'> \in \mathcal{O}_w$，$w \in Y'$，那么 $X' \in \mathcal{O}_w^p$ 且 $X' \in \mathcal{O}_w^i$。

（3）CDPM.2f 相关定理。

定理 5.3 对于 CDPM.2e 和满足条件 F M – RCPM，M – CP，M – CPAND，M – WRM，M – PS'，M – FD$_{CTD}$，M – FD$_{EO}$，M – FD$_{DO}$，M – FD$_{SO}$。的框架类 $\mathcal{F}$ 具有可靠性和完全性：

$\Gamma \models_\mathcal{F} \varphi$，当且仅当 $\Gamma \vdash_{CDPM.2e} \varphi$。

定理 5.4 CDPM.2f 相对于满足相应条件的模型类具有可靠性。其条件是 F – RCPM，F – CP，F – CPAND，F – WRM，F – PS'，F – FD$_{CTD}$，F – FD$_{EO}$，F – FD$_{DO}$，F – FD$_{SO}$：

$\Gamma \models_\mathcal{F} \varphi$，当且仅当 $\Gamma \vdash_{CDPM.2e} \varphi$。

推论 5.2 CDPM.2e 是可判定的。

相关定理证明类似于 CPDM，略。

定理 5.5 DEX 及其变体对于 CDPM.2f 是无效的。

推论 5.3 CDPM.2f 满足标准 $* - D$。

定理 5.6 CDPM.2f 加上 DC 原则构成的系统等价于 DSDL。

推论 5.4 CDPM.2f 满足标准 $** - D$。

相关定理证明类似于 CDPM 系统和 CDPM.2e 的证明，略。

（三）ALCDPM 的异常集合

基于我们对规范冲突的各种形式的刻画，ALCDPM 系统的异常集合可定义为：

定义 5.3 ALCDPM 的异常集合：

$\Omega^d =_{def} \Omega^{DD} \cup \Omega^{FDCTD} \cup \Omega^{FDEO} \cup \Omega^{FDDO} \cup \Omega^{FDSO}$。

其中 $\Omega^{DD} =_{def} O(A|B) \wedge O(\neg A|B)$，该异常是自适应一元道义逻辑 ALDPM 的二元逻辑表达形式，用于限制在初始义务推理过程中的规范冲突。

$\Omega^{FDCTD} =_{def} \{\neg((A1 \rightarrow \neg B2) \wedge (A1 \rightarrow \neg A2) \wedge O(A1|B1))\}$，该异常用于限制渎职义务推理过程中的异常，其实质是定义了一个被触发的初始义务是否能够成为渎职义务的条件，即相对于一个被触发的初始义务

O（A2｜B2），如果存在另一个被触发的初始义务 O（A1｜B1），如果不能满足的条件（A1→¬ B2）∧（A1→¬ A2），则 O（A2｜B2）不是一个渎职义务，不能适用渎职义务事实分离规则 FD_{CTD}。或者说在一个证明行中如果对初始义务 O（A2｜B2）、O（A1｜B1）和表达事实的 B2 适用 FD_{CTD} 分离出了 O^pA1、O^pA2、O^iA2，而在后续证明中基于条件 ø 推出了¬（A1→¬ B2）或者¬（A1→¬ A2）或者¬ O（A1｜B1），则根据后面我们要谈到的极小异常策略可能被标记，即分离出的结论 O^pA1、O^pA2、O^iA2 被废止。

$\Omega^{FDEO} =_{def}$ ｛¬（A1→¬ A2）∧（B2→B1）∧（O（A1｜B1））｝，该异常用于限制例外义务推理过程中的异常，其实质是定义了一个被触发的初始义务是否能够成为例外义务的条件，即相对于一个被触发的典型义务 O（A2｜B2），如果存在另一个被触发的初始义务 O（A1｜B1），如果不能满足的条件（A1→¬ A2）∧（B2→B1），则 O（A2｜B2）不是一个例外义务，不能适用例外义务事实分离规则 FD_{EO}。或者说在一个证明行中如果对初始义务 O（A2｜B2）、O（A1｜B1）和表达事实的 B2 适用 FD_{EO} 分离出了 O^pA2、O^iA2，而在后续证明中基于条件 ø 推出了¬（A1→¬ A2）或者¬（B2→B1）或者¬ O（A1｜B1），则根据后面我们要谈到的极小异常策略可能被标记，即分离出的结论 O^pA2、O^iA2 被废止。

$\Omega^{FDDO} =_{def}$ ｛¬（(A1→¬ A2)∧B1↔B2∧¬（(A1→¬ B2)∧(A1→¬ A2)）∧¬（(A1→¬ A2)∧(B2→B1)）∧（O（A1｜B1））｝，该异常用于限制道义困境推理过程中的异常，其实质是定义了一个被触发的初始义务是否能够与另一个被触发的义务构成道义困境的条件，即相对于一个被触发的典型义务 O（A2｜B2），如果存在另一个被触发的初始义务 O（A1｜B1），如果不能满足的条件（A1→¬ A2）∧B1↔B2∧¬（(A1→¬ B2)∧(A1→¬ A2)）∧¬（(A1→¬ A2)），则 O（A2｜B2）不能适用例外义务事实分离规则 FD_{EO}。或者说在一个证明行中如果对初始义务 O（A2｜B2）、O（A1｜B1）和表达事实的 B2 适用 FD_{DO} 分离出了（O^pA1 ∧ O^aA1）∨（O^pA2 ∧ O^iA2），而在后续证明中基于条件 ø 推出了¬（A1→¬ A2）、或者¬（B1↔B2）、或者（A1→¬ B2）∧（A1→¬ A2））、或者（A1→¬ A2）∧（B2→

B1），则根据后面我们要谈到的极小异常策略可能被标记，即分离出的结论（$O^pA1 \wedge O^aA1$）$\vee$（$O^pA2 \wedge O^iA2$）被废止。

$\Omega^{FDSO} =_{def} \{\neg((B1 \leftrightarrow B2) \wedge \neg((A1 \rightarrow \neg B2) \wedge (A1 \rightarrow A2)) \wedge \neg((A1 \rightarrow \neg A2) \wedge (B2 \rightarrow B1)) \vee \neg((A1 \rightarrow \neg A2 \wedge (B1 \leftrightarrow B2)) \wedge (O(A1|B1)\}$，该异常用于限制涵摄义务推理过程中的异常，其实质是定义了一个被触发的初始义务和触发该义务的事实是否能够适用涵摄义务推理的条件，即相对于一个被触发的典型义务 O（A2｜B2），如果存在另一个被触发的初始义务 O（A1｜B1），如果不能满足条件（(B1↔B2) $\wedge \neg$((A1→¬B2) $\wedge$ (A1→A2)) $\wedge \neg$((A1→¬A2) $\wedge$ (B2→B1)) $\wedge \neg$((A1→¬A2 $\wedge$ (B1↔B2)) $\wedge$ (O（A1｜B1），则 O（A2｜B2）不能适用例外义务事实分离规则 FD_{SO}。或者说在一个证明行中如果对初始义务 O（A2｜B2）、O（A1｜B1）和表达事实的 B2 适用 FD_{SO} 分离出了 O^pA2 和 O^aA2，而在后续证明中基于条件 ø 推出了¬(B1↔B2)、(A1→¬B2) $\wedge$ (A1→A2)、(A1→¬A2) $\wedge$ (B2→B1) 或者 (A1→¬A2 $\wedge$ (B1↔B2)，则根据后面我们要谈到的极小异常策略可能被标记，即分离出的结论 O^pA2 和 O^iA2 被废止。

（四）ALCDPM 的极小异常策略

一个自适应逻辑的异常策略与根据该逻辑定义的异常集合规制动态的证明过程。在进行规范推理时，我们尽可能正常地解释前提集合，即在不存在规范冲突的情况下，我们可以尽可能地适用道义分离规则和事实分离规则，而在存在规范冲突的情况下，则要复杂得多，需要进一步考虑在相冲突的规范之间是否存在某种优先关系，以确定它们是否构成一个真正的道义困境；如果是则仅仅得出一个极小异常的结论，即 O（A｜B）$\vee O$（¬A｜B）；如果存在某种优先关系，则不构成真正的道义困境，这又分为两种不同的情况，即属于渎职义务推理或属于例外义务推理。

需要说明的是，我们之所以选择极小异常策略是因为在规范推理中尽管会遇到各种规范冲突即异常，但是，我们并不因此放弃推理。根据我们对不同推理的模式的异常的定义可以看出，涵摄义务推理事实分离规则的适用涉及的异常可能性最大，然后是道义困境推理事实分离规则，至于渎职义务推理事实分离规则和例外义务推理规则涉及的异常究竟如何比较则比较困难，但是我们注意到，如果增加一个条件，则渎职义务会转化为一个例外义务，以我们前面提到的履行诺言悖论为例，如果我们增加另一个前提：

（4）如果对方背叛了你，你应当违背诺言。

则语句（4）表达的义务构成了语句（1）表达的义务的一个例外，并且构成了语句（2）表达的义务的一个例外，假设对方背叛了你的事实成立，因此你违背了诺言，那么，因为你履行了一个例外义务，因此并没有违反语句（1）表达的义务，因而也就不会触发该义务的渎职义务，即语句（2）表达的义务。

因此适用渎职义务推理事实分离规则可能涉及的异常要比适用例外义务推理事实分离规则可能涉及的异常大。

基于以上分析和极小异常策略的定义，在规范推理时，我们应当优先适用涵摄义务推理，尽可能地分离出相应的固有性义务和指导性义务。如果在后续的证明中出现了规范冲突，即异常，则适用涵摄义务推理事实分离规则得出的结论被废止，这时候我们选择道义困境推理，需要注意的是我们所定义的道义困境是在排除了渎职义务和例外义务的情况下规范冲突，因此其得出的结论也可能被后续的证明所废止。接着选择渎职义务推理模式，如果在后续的证明中能够推出证明该违规事实构成了一个例外，则适用渎职义务推理模式得出的结论被废止。当然这一过程的逆向解释是，如果我们不能证明特定的事实是一个例外，则可以假定它是一个渎职事实，假设不能证明该事实是一个渎职事实，继则假定该事实触发了一个道义困境，在排除以上三种规范冲突存在的情况下，则可以适用涵摄义务推理。

四、自适应道义逻辑 ALCDPM

（一）ALCDPM 的基本结构

定义 5.4 ALCDPM 为一个三元组 <一个下限逻辑 LLL，一个极小异常集合 Ω^d，一个异常策略>，其中：

（1）LLL 是 CDPM.2f。

（2）$\Omega^d =_{def} \Omega^{DD} \cup \Omega^{FDCTD} \cup \Omega^{FDEO} \cup \Omega^{FDDO} \cup \Omega^{FDSO}$。

（3）异常策略是极小异常策略。

ALCDPM 是一个标准格式的自适应逻辑，其证明结构、标记策略、证明关系等皆如标准格式，[①] 这里不再赘述。

（二）ALCDPM 的一些重要性质

定理 5.7 ALDPM 具有可靠性和完全性。

当 $\Gamma \subseteq W$ 时，$\Gamma \vdash_{ALCDPM} A$，当且仅当，$\Gamma \Vdash_{ALCDPM} A$。

证明：根据标准格式定理直接可证。

定理 5.8 ALDPM 不会使 DEX 及其变体有效。

类似于标准格式定理的证明。

推论 5.5 ALCDPM 满足标准 $* - D$。

该推论说明该系统能够容纳规范冲突而不至于导致道义爆炸。

需要指出的是在将各种异常视为正常的情况下，CDPM.2f 则等价于一个标准二元道义逻辑 DSDL 加上相应的事实分离规则的扩张逻辑，我们称为 DSDL$^+$，即 ALCDPM 的上限逻辑 UALCDPM。

定理 5.9 对于一个 UCDPM - 一致前提集合 Γ，ALCDPM 与 UCDPM 具有同样的后承集合。

证明：根据标准格式定理 4.12（1）直接可证。根据对 Ω^d 的定义，则相对于上限逻辑 UCDPM 具有一致性的前提集合被称为是"正常的"前提集合。如果 Γ 是正常的，则 $U(\Gamma) = \emptyset$，并且只有 Γ 的 UCDPM - 模型是极小异常的。则：$\mathcal{M}_\Gamma^{UCDPM} = \mathcal{M}_\Gamma^{ALCDPM} \mathcal{M}_\Gamma^{UCDPM.2F}$。

根据我们对异常集合 Ω^d 的定义，加入 D 原则意味着不再将 $OA \wedge O\neg A$ 视为异常，则即使在前提集合中加入 $OA \wedge O\neg A$ 对于 UCDPM 也是一致的，所以，有以下推论：

推论 5.6 增加 D 原则到 ALCDPM 的下限逻辑中作为一个公理构成的逻辑等价于 CDPM.2f 去掉事实分离规则的系统，即 DSDL。

推论 5.7 ALCDPM 满足标准 $* * - D$。

这说明该系统满足了强度性标准。

[①] Diderik Batens, A Universal Logic Approach to Adaptive Logics. Logica Universalis, 1, pp. 221 - 242, 2007.

ALCDPM 的其他一些性质，如自反性、极小异常的幂等性、谨慎单调性、非单调性等皆可根据标准格式相关定理和 CDPM.2f 的相关定理直接可证。

（三）ALCDPM 对一些重要的道义悖论的处理

例 5.4　齐硕姆悖论

（1）你应当去帮助你的邻居。O（h∣T）

（2）如果你去帮助你的邻居，你应当告知他你要去。O（t∣h）

（3）如果你不去帮助你的邻居，你应当并告知他你要去。O（¬t∣¬h）

（4）你没去帮助你的邻居。¬h

首先我们注意到，基于事实 ¬h，该例被触发的义务集合为 N = { O（h∣T），O（¬t∣¬h）}，事实集合 F = {¬h}。义务 O（t∣h）没有被触发，而义务 O（h∣T）虽被触发，却不满足事实分离规则的适用，所以，直接可得出结论 O^ph。

1	O（h∣T）	PREM	ø
2	O（¬t∣¬h）	PREM	ø
3	¬h	PREM	ø
4	O^p¬t∧O^i¬t	2, 3; FD_{SO}^C	{¬((B1↔¬h) ∧¬((A1→¬¬h) ∧（A1→¬t)) ∧¬((A1→¬¬t) ∧（¬h→B1)) ∧ ¬((A1→¬¬t ∧（B1↔¬h)) ∧（O（A1∣B1)}

因为该例基于事实 ¬h，只触发了一个义务 O（¬t∣¬h），根本不可能产生规范冲突的情况，则可以直接适用涵摄义务事实分离规则 FD_{SO}，所以，推理过程异常简单，其结论包括基于定义 2.2 得出的 O^ph，还有经适用涵摄义务推理得出的结论 O^p¬t 和 O^i¬t。

例 5.5　餐桌礼仪悖论

（1）就餐时，你应当不直接用手抓着吃。O（¬f∣m）

（2）在吃芦笋的情况下，你应当直接用手抓着吃。O（f∣a）

（3）你正在吃芦笋。a

(4) 吃芦笋是就餐。a→m

1	O (¬f∣m)	PREM	∅
2	O (f∣a)	PREM	∅
3	a	PREM	∅
4	a→m	PREM	∅
5	O^p¬f∧O^i¬f	1; FD_{SO}^c	{¬((a↔m) ∧¬((f→¬m) ∧ (f→¬f)) ∧¬((f→¬¬f) ∧ (m→a)) ∧¬((f→¬¬f ∧ (a↔m)) ∧ (O (f∣a)} √7
6	O^pf∧O^if	2; FD_{SO}^c	{¬((m↔a) ∧¬((¬f→¬f) ∧ (¬f→f)) ∧¬((f→¬¬f) ∧ (B2→B1)) ∧¬((¬f→¬¬f ∧ (m↔a)) ∧ (O (¬f∣m)} √7
7	¬(m↔a)	3, 4; PC	∅
8	(O^p¬f ∧ O^i¬f) ∨ O^pf ∧ O^if	1; FD_{DO}^C	{¬((f→¬¬f) ∧ a↔m ∧¬((f→¬m) ∧ (f→¬¬f)) ∧¬((f→¬¬f) ∧ (m→a)) ∧ (O (f∣a)} √7
9	O^p¬f∧O^i¬f	1; FD_{EO}^c	{¬(f→¬¬f) ∧ (m→a) ∧ (O (f∣a)} √10
10	¬(m→a)	3, 4; PC	∅
11	O^pf∧O^if	2,; FD_{EO}^c	{¬(¬f→¬f) ∧ (a→m) ∧ (O (¬f∣m)}

因为证明行 5、6、8、9 皆被标记，所以得出的结论皆被废止，只有证明行 10 没有被标记，所以，最终的结论是 O^pf∧O^if。

需要说明的是基于事实 a 和 a→m，被触发的义务实际上有两个，即 O (¬f∣m) 和 O (f∣a)，因此需要分别适用涵摄义务推理模式（证明的第 5，6 行），而构成道义困境的两个义务具有对称性，所以只需以其中的一个作为规范前提和相应的事实前提适用道义困境推理模式就可以了（证明的第 8 行）。还有虽然义务 O (¬f∣m) 被触发，但是，它是基于事实 m 被触发的，所以不能根据定义 2.2 推出固有性义务 O^p¬f。

例 5.6 救生员的困境

假设双胞胎兄弟 a 和 b 都溺水了，作为救生员的你有义务抢救他们中的任何一人，即 Oa 并且 Ob。但是，鉴于时间的急迫性，你只能救出他们中的一人。那么，你应当怎么做呢？

根据 ALCDPM 系统，将其表达为二元道义逻辑的形式：

1. 你应当救 a。O（a｜T）

2. 你应当救 b。O（b｜T）

3. 允许你救 a 或者救 b。Pa∨Pb

为表达简便，我们用 ｛！A｝表示 O（A｜T）∧O（¬A｜T）。

1	O（a｜T）	PREM	ø
2	O（b｜T）	PREM	ø
3	P（a｜T）∨P（b｜T）	PREM	ø
4	O（a∨b｜T）	1；RC	｛！a｝
5	O（a∨b｜T）	2；RC	｛！b｝
6	（！a∨！b）	1；RC	ø

需要说明的是，该例中并没有表达事实的语句，即，事实集合为空集。证明 ALCDPM 也能够很好地刻画关于规范的推理。

例 5.7 餐桌礼仪悖论二

（1）你应当不直接用手抓饭吃：O（¬f｜T）

（2）你应当将餐巾铺在你的膝盖上：O（n｜T）

（3）如果你吃的是芦笋，你应当直接用手抓着吃：O（f｜a）

（4）你吃的是芦笋。

对于该例的处理我们可以采用两种方法。第一种方法是首先对义务集合按照关于规范的逻辑进行推理，因为 ALCDPM 的下限逻辑 CDPM.2f 是在 CDPM 系统的基础上通过增加新的事实分离规则扩张而构建的，所以可以满足这个要求。并且 CDPM 是一个可以容纳规范冲突的系统，所以即使存在规范冲突也不会导致道义爆炸，值得一提的是该 CDPM 系统对于并非真正的道义困境的规范冲突的处理是不完善的，不能通过优先可废止逻辑很好地处理渎职义务推理和例外义务推理，而在 ALCDPM 系统中，通过动态的证明过程

155

能够很好地做到这一点。

第二种方法是首先根据 ALCDPM 系统进行适用规范的推理，分离出相应的固有性义务和指导性义务，然后根据这些义务之间的逻辑关系进行推理。因为 ALCDPM 并不包含关于固有性义务和指导性义务之间运算的公理和推导规则，因此，还无法做到后一步。但是，这并非一件困难的事情或者说没有必要，因为按照 ALCDPM 系统推出的指导性义务都是能够履行的义务，之间并不存在冲突，固有性义务之间以及固有性义务与指导性义务之间尽管可能存在冲突，基于我们前面的分析，它们并不会困扰规范对主体的约束、指导和评价功能。

五、结语

可以看出该系统的特点是：第一，它能够充分地刻画渎职义务推理、道义困境推理、例外义务推理和涵摄义务推理。第二，它是一个严格的形式系统，能够将道义原则的适用条件形式刻画为其证明的一部分，由证明本身而非用户自主地添加相应的适用条件。第三，我们选择的自适应逻辑是标准格式的自适应逻辑，在所选择的下限逻辑具有自反性、传递性、紧致性、单调性的条件下，能够较容易地证明它也具有相应的性质。相对于一个邻域语义，ALCDPM 具有可靠性、完全性等良好的性质。第四，通过有条件地适用而不是彻底排除道义遗传规则、聚合规则等，使 ALCDPM 最大可能地保留了标准道义逻辑的优点。同时又通过一个动态证明程序刻画了规范推理的可废止性特点。第五，通过使事实分离规则和道义分离规则在一定条件下有效，能够充分刻画关于规范的推理和适用规范的推理。第六，通过引入两个新的道义算子，界定了一个严格的道义逻辑后承关系，通过对不同异常的界定给出了适用不同规范推理模式的推理规则，能够区分不同类型的规范推理。

但是，该系统可能还存在着不少的缺陷，首先，对不同规范推理模式涉及的异常关系的界定，是否可以断定渎职义务推理可能涉及的异常要小于例外义务推理可能涉及的异常还存在疑问，也许通过严格界定不同异常之间的优先关系是一个更可取的方法。其次，我们仅仅考虑了自适应逻辑中两种比较成熟的策略：极小异常策略和可靠性策略，认为极小异常策略更适于刻画道义逻辑，是否还存在更好的策略还需要进一步的考察。最后，尽管我们引入了义务触发的概念，并且在规范推理的过程中发挥着重要作用，但是，我们并没有将其刻画为该逻辑系统的一部分，如果能够对其严格地形式定义，也许会大大简化我们对异常集合的刻画。

第六章

法律推理的一般过程与特征

一、法律推理的含义

《韦氏新大学词典》对"推理"的解释是：（1）按逻辑的方法而思维，或者以论据和前提之理由而推考或按断；（2）支以理由，解释以及论辩证明之、折服之或感动之。"它不仅包括了逻辑的推导关系，更强调了理由的列举与说明，突出了论证与论据的过程，着力于折服与感动的效果。"[①] 这是广义的推理概念。狭义的推理概念强调逻辑的推导功能，相应地，狭义的法律推理仅指逻辑推理在法律活动中的应用。因为逻辑只研究思维形式结构，是所有理性活动都应遵守的基本规则，因而法律领域中的推理同其他领域中的推理没有什么区别。作为法律方法研究的法律推理，采用的是广义的推理概念，不仅指法官在司法过程中的推理，即依据法律规定和案件事实作出司法判决结果时所进行的推理，还包括不同主体，如检察官、律师、警察、当事人等在所有法律活动中所进行的推理，如侦查推理、立法推理等。即使在司法过程中，刑事司法、民事司法中对于法律推理的要求也有区别，法官在作出判决结果和论证判决结果的过程中所进行的推理也有区别。基于表述的简洁性，我们这里所讲的法律推理仅指法官以法律规定、法律事实为前提，推导并论证审判结果的过程。从这个意义上讲，法律推理不仅指从前提中推导出结论，还包括推理前提的发现、识别、解释，结论的合理正当性证明等过程，因而法律推理成为法律方法的同义词，其缺陷是混淆、遮蔽了其他法律方法，优势在于能够较好地刻画整个司法过程。

[①] Webster's New Collegiate Dictionary, G. &C. Merriam Company, 1973, p. 962.

二、法律推理的一般过程

基于对法律推理的广义的理解，一个法律推理过程可能非常广泛而烦琐，涉及多种因素、方法和评价标准，为了表述的方便，我们借用 FRANCISCO J. LAPORTA. BARTOSZ BRO. ZEK 模型，对法律推理的一般过程做以下刻画（见图 6.1）。

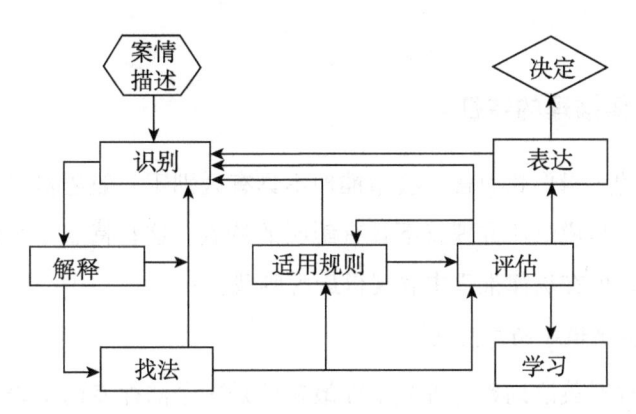

图 6.1 法律推理的一般过程

根据该模型，法律推理的一般过程可分为以下几个环节：案情描述；经验判断；寻找、解释法律；适用规则；论证评估；结论表达。其中前两个阶段主要是建构法律推理小前提的过程，通过直觉经验对案件事实进行范畴归类，识别、分析相关法律因素和意义，确定相应案件的法律性质，进行基本的法律定位，作出初步的性质判断。中间两个阶段是建构法律推理大前提的过程。对于一个典型案件，如果案件事实清楚，法律规定明确，可以直接形成案件事实和法律规定的逻辑联结。而对于一个非典型案件，则需要通过对法律规定的解释、漏洞补充以及不同规则间的衡量，确定可供适用的法律规定，实现案件事实与法律规定的逻辑联结。后两个阶段根据相应标准对法律推理的结论进行衡量、筛选。正如后文论述的法律推理的特征所揭示的，法律推理的大、小前提往往不具有认知上的唯一性，不同的案件事实认定、不同的法律规定的选择会形成不同的法律推理链条，得出不同的法律推理结论，因而，还需要根据相关标准对法律推理进行评估，如所作出的判决结果是否

159

真正符合相关价值要求，是否保持了与类似案件判决结果的一致，是否实现了法律效果与社会效果的统一等。如果结论是否定的，则需确定新的推理的大小前提，得出新的结论，再进行评估，如此循环往复，最终得出一个最具合理性的法律判决结果。对于一个典型案件，法律推理的过程简单而清晰，而对于一个复杂案件，前提的构建、结论的评估则需花费更多的精力。但无论如何只有通过法律推理，才能实现根据案件事实和法律规定得出判决结果的跨越。

三、法律推理的特征

就基本的逻辑形式而言，法律推理不具有区别于一般逻辑推理的本质属性，但这并不是说法律推理就不具有鲜明的特点。这些特点在其他领域的推理也会存在，但在法律推理中表现得最为典型。

（一）法律推理的可废止性

根据克林斯英语词典，可废止性最初就是一个法律专门术语，指对于不动产的权力或者土地的收益权作废的效力，或者——其他相同的事情——归于无效。在论文《权利和责任的归属》中，哈特把这个观念的用法扩展到所有具有这种属性的概念，即其应用都有一定的条件，同样的，一种或多种情形一旦存在，就会终止这个概念的初始的运用。合同这个概念就是一个典型的例子。一个要约作出并被接受之后一个合同就成立了，但是，合同也可能因为一方涉及一个违约条件而无效，例如，欺诈性的错误意思表达，不适当地施加影响。在这种情况下，作废条件的激活是关键，只有事实的发生并不足以废止合同。所以，可废止性区别于合同存在的一般条件，这些条件并不需要直接包含在内。[①] 如今，可废止性已成为法律推理研究中最受重视的特征之一，这一特点又涉及以下几个方面：

第一，前提的缺省性和开放性。我们一般要求通过推理得出的结论具有必然性，这就要求推理的前提是结论的充分条件，只要前提真，通过推理得出的结论也必然真。然而，对于包括法律推理在内的实践推理而言，推理的

---

① Jaap Hage, Studies in Legal Logic, Dordrecht, The Netherlands: Springer, p.22, 2005.

前提往往是不充分的信息,案件事实可能模糊不清,法律也存在着诸多漏洞,但是不得拒绝审判是近现代法治国家适用法律的一条通用原则,法官不允许在信息不充分的条件下拒绝对案件的审理。在这种情况下,法律推理要求尽可能地考虑各种相关形式化的实质要素,从中作出较合理的选择。同时,关联要素作为补充信息或前提参与论证,而关联要素总是以隐含、默示的方式存在,具有不确定性和开放性。"法院判决时所面对的实际情况不是在真空中,而是在一套现行的法规的运作中出现的……在这种运作中,根据实际情况而作的各种考虑,都可以被看作支持判决的理由。这些考虑是广泛的,包括各种各样的个人和社会的利益,社会的和政治的目的,以及道德和正义的标准。"[①] 因此,法律推理通常包括寻找前提的环节。例如,在法学之"提问辩难"或对话论辩的过程中,参与对话的人们所讨论的问题与其说是法律推理过程本身,不如说是在争论、寻找、确定推论的前提(尤其是大前提)。[②]

第二,推理机制的弗协调性和实质论辩性。法律推理要考虑的相关要素通常是复式的,并且可供发现的要素通常是不一致的。根据演绎逻辑的矛盾命题蕴涵一切命题的原则,当前提存在矛盾时演绎推理就会束手无策,法律推理则选择不同的要素作为推理的前提,从而得出不同的子结论,并对最终结论的合理性、可靠性给出具有说服力的理由,这样一个说服的过程属于论证的脉络。由于前提的开放性和推理机制的弗协调性,法律推理得出的结论是或然的,思维主体如果要求其结论具有必然性,就必须基于支持度、价值量、确信度等确定一个对子结论的评估标准,这些标准与特定领域的实质内容相联系,以外显的方式作为元规则参与论证。

第三,结论的可废止性和似真性。因为与问题关联的要素总是处在不断变化之中,原本得出的结论可能因某些因素的变化而不再成立,面对新的情况,旧的结论或者被废止,或者被修正,即使要保持也要在融入新的因素后被重新论证。

---

① [英]哈特:《法律推理问题》,刘星译,载《法学译丛》1991年第5期。
② [德]罗伯特·阿列克西:《法律论证理论》,舒国滢译,中国法制出版社2002年版,第285页及以下。转引自舒国滢:《寻访法学的问题立场》,载《法学研究》2005年第3期。

（二）法律推理的合法性

合法性是所有法律活动的必然要求之一，其具体要求就是法制的基本内容："有法可依，有法必依，执法必严，违法必究"。假如说实质推理在某种程度上还能够增强法律结论的合理性、可接受性的话，合法性要求基本上是通过形式推理来实现的。这主要是因为形式推理所具有的权威的形式性、内容的形式性、解释的形式性和强制的形式性四个特点所实现的。内容的形式性和解释的形式性如前所述。权威的形式性是指特定规则或其他法律事实（例如合同或裁决）成为一个形式依据所属的等级，一旦完成这种转化，该规则或法律事实就成为法律的一部分，从而使以其作为依据进行的推理获得了法律的支持。强制的形式性是指形式性依据所具有的至上性，排除权衡考虑，或至少是弱化一些相反的实质性依据的影响。这几个特征是法律推理具有合法性的有力保证。

（三）法律推理的现实性

很多法学理论研究存在着定位混乱的逻辑错误，没有正确把握法学理论的目的取向和价值取向，把法学混同于一般性的人文社会科学。一般来说，法学理论研究的目的在于为法律实践提供理论的指导和规范，而法律活动的核心目标在于息讼止争，促进多元化社会的主要目标的实现："在必须达成一致意见的情况下，使一致意见成为可能；在不可能达成一致意见的情况下，使一致意见成为不必要。"[1] 基于这一目标的导向，法学研究的学术品格必须具有以下功能：第一，能帮助法律人在复杂的矛盾分歧中形成一个最优的问题解决方案，该方案也许不符合绝对理性的最高标准，但它具有最大的可接受性，被当事人及社会等主体认可。第二，能帮助社会人对自己或他人的行为作出法律意义的解读，按照法律的标准进行明确的预测和规范。第三，维护法律自身的稳定和发展，一方面是法律自身内部的一致、明确，另一方面是法律与社会之间的协调。这些功能的实现要求法学理论研究必须具有规范性、可操作性、确定性的特征。尽管社会本身错综复杂，社会主体因情感、

---

[1] ［美］凯斯·R. 孙斯坦：《法律推理与政治冲突》，金朝武、胡爱萍、高建勋译，法律出版社2004年版，第7页。着重号为原文所加。

意志、价值、欲望的多元而充满非理性的特征，但这不能成为法律本身也必然是矛盾、模糊、多元的借口，而是更加要求法律必须能够提供唯一确定答案的动力。我们说最终产品的封闭性应是法学研究区别于其他人文社科理论研究的本质区别。假如说哲学、美学、文学理论的多元性能够拓展人们的思维，揭示多元的人生、社会意义的话，法律、法学理论主要的目标就是提供明确、一致、合理、正当的问题解决方法。从这个意义上讲法律是约束、规范社会主体行为、思维的规则体系，具体到司法主体法官而言，就是对其如何认定法律事实、解读法律规定，进行法律推理和法律判断，对特定案件作出裁断的规范和指导。

四、形式法律推理与实质法律推理

从认识论的角度讲，根据前提推断结论有两条模式可供选择：一是根据前提与结论之间的历史的、社会的、政治的、价值的等实质性联系进行推断，例如根据特定主体认知能力和精神状况推断其是否应为自己的某种行为负责；二是根据前提与结论之间的形式联系进行推断，例如根据某一个特定的权威法律规范的存在，推断某一行为应当引起某个特定的法律后果。前者之所以能够根据前提推出结论是因为存在一个实质依据。所谓实质依据，是指道德的、政治的、习俗的或者其他社会因素。后者之所以能够根据前提推出结论是因为存在一个形式依据。所谓形式依据，是指一种权威性的法律依据，法官和其他人被授权或要求以其为基础作出判决或采取行动，这种依据通常排斥、无视或至少是弱化出现在判决或行为过程中的、与之相对抗的实质性依据。[1]

根据形式依据进行的推理我们称为形式推理，根据实质依据进行的推理我们称为实质推理。按照理性主义的标准，任何法律结论的作出都必须借助法律推理的形式，而任何法律推理都必须存在至少一个推理依据，至于说是实质依据还是形式依据，这主要取决于一个国家的法律制度、历史传统、社

---

[1] 相关内容可参阅［英］P. S. 阿迪亚、R. S. 萨默斯：《英美法中的形式与实质》，金敏、陈林林、王笑红译，中国政法大学出版社 2005 年版。

会文化特点等，但很多情况下是根据以上因素所做的一种策略选择。在法学研究中，提出实质推理与形式推理的的划分，打破了法学和法律实施中形式逻辑的唯一性，使推理在司法中也变成了一个思维系统。在这种意义上，推理、论证、解释和衡量实际上没有质的区别，只不过是各显自己独特方法的一种形式。推理、解释、论证与衡量是一种在逻辑上存在交叉重合关系的概念，都是人们常用的思维方法，我们不可能找出它们之间的明确界限，但它们各自有都有自己的特色。特别是它们在作为修饰词的时候，我们的运用是否得当取决于语境。初学法律方法论者没有必要在此下太大的功夫，只是在进入研究阶段，才需要对此进行区分。

（一）法律推理的形式和实质

把推理分为形式推理和实质推理有很悠久的传统。在古希腊，亚里士多德根据前提对结论的支持以及各自的性质特点，把推理分为四种类型，其中证明性推理可以对应于形式推理，而论辩性推理可以对应于实质推理①。近代也出现过形式推理和辩证推理的论争，但就其实质而言更倾向于哲学层面的世界观和方法论的争论②。关于形式推理与实质推理的二分理论，真正在我国法学界产生较大影响的是美国法学家 E. 博登海默思想的引入③，在《法理学、法哲学与法律方法》中，他把法律推理分为分析推理和辩证推理。所谓分析推理，"意指解决法律问题时，所运用的演绎方法（有时用对某个模棱两可的术语所做的解释来补充）、归纳方法和类推方法。分析推理的特征乃是法院可以获得表现为某一规则或原则的前提，尽管该规则或原则的含义和适用范围并不是在所有情形下都是确定无疑的，而且调查事实的复杂过程

---

① 当然，这样一种对应并不十分贴切，但因为证明性推理要求"推理借以出发的前提为真实而原始，或者我们对它们的知识来自原始而真实"似乎更适合数学、数理逻辑等形式科学；而论辩性推理是"推理从被普遍地接受的意见出发"，会涉及更多的道德、伦理等实质内容，因此更适合于伦理、法律领域。参见张传新：《通过法律推理形式的历史考察看法律思维的性质》，载梁庆寅、熊明辉：《法律逻辑研究》，法律出版社 2005 年版，第 114 - 124 页。

② 张传新：《通过法律推理形式的历史考察看法律思维的性质》，载梁庆寅、熊明辉：《法律逻辑研究》，法律出版社 2005 年版，第 114 - 124 页。

③ 当然，这种影响并非仅仅是因为其理论的前沿性和深刻性，很重要的一方面是因为其著作《法理学法哲学与法律方法》在我国的广泛发行。

也必须限于该规则的适用"①。所谓辩证推理实际上就是亚里士多德所讲的论辩推理,指"寻求一种答案,以对两种相矛盾的陈述中应当接受何者作出回答","由于不存在使结论具有确定性的无可辩驳的'首要原则',所以我们通常所能做的就只是通过提出有道理的、有说服力的和合理的论辩去探索真理"②。

之后把法律推理区分为形式推理和实质推理似乎就成为一种通行的做法,但又因为受到西方,特别是美国的现实主义法学、批判法学等后现代法学的影响,似乎对形式推理更多持一种批判的态度,而过分地强调实质法律推理的作用。例如,认为法律推理的风格越是形式化,越容易被法律家以装作不考虑利益的名分加以操纵。而且,单纯的形式法律推理实际上是不存在的,否则,法官就可以作机械的操作了,成为"自动售货机式的判决机器"。③而实际上,实质推理的运用具有明确的条件和限制,博登海默认为:"在法律领域中,法官在解决争议时有必要运用辩证推理的情形主要有三种。这三类情形是:(1)法律未曾规定简洁的判决原则的新情形;(2)一个问题的解决可以适用两个或两个以上互相抵触的前提却必须在它们之间作出真正选择的情形;(3)尽管存在着可以调整所受理案件的规则或先例,但是法院在行使其所被授予的权力时考虑到该规则或先例在此争议事实背景下尚缺乏充分根据而拒绝适用它的情形。"④并且,实质推理也离不开形式推理,甚至可以这样说,实质推理仅仅是形式推理的一个环节,最终依然要通过形式推理的形式得以表达——"只要我们通过辩证筛选程序确立一个可行的前提——这个前提有可能成为一个可被接受的结论的基础,那么我们就可以用三段论演绎方法把这一前提适用于某个具体问题的解决。"⑤

---

① [美]博登海默:《法理学法哲学与法律方法》,邓正来译,中国政法大学出版社1999年版,第491页。
② [美]博登海默:《法理学法哲学与法律方法》,邓正来译,中国政法大学出版社1999年版,第497页。
③ 郝建设:《法律逻辑学》,中国民主法制出版社2008年版,第192页。
④ [美]博登海默:《法理学法哲学与法律方法》,邓正来译,中国政法大学出版社1999年版,第498页。
⑤ Aristole, "Analytica Priora", in Organon, transl. H. Tredennick (Loeb Classical Library ed., 1949), Vol. I, Bk. I. ii. 24a. 转引自[美]博登海默:《法理学法哲学与法律方法》,邓正来译,中国政法大学出版社1999年版,第498页。

（二）形式推理的特点及策略选择

首先我们要明确地区分这里所讲的形式推理与传统上被加以批判的"唯形式逻辑"推理之间的区别，我们不认为历史上确实存在一个人或者一种观点，相信仅仅依靠逻辑的力量就可以解决所有的法律问题，或者说法律运行中只有逻辑一种力量。正如斯科特·布鲁尔所指出的，如果霍姆斯坚持认为法律的生命不在于逻辑而在于经验，那么他就必须说明是什么人、什么观点坚持逻辑是法律唯一的力量源泉，"他必须说明攻击的不是个稻草人"。[①] 当然，形式推理与形式主义法学之间具有密切的关系，例如对明确规则的遵守、按照文本意义解释法律规则是形式推理的基本要求，也往往被视为形式主义法学的基本特征。但是，就法律推理而言，形式推理与"唯形式逻辑"推理之间的区别是显而易见的，形式推理仅仅强调法律推理必须存在一个形式依据才能根据前提推出相应的结论，其所采用的推理形式当然只能是普通逻辑的推理方法，但它仅仅将逻辑视为一个必要的因素，法律推理的力量还源于形式依据的权威性。例如，在我们判断一个主体是否应承担完全的刑事责任的时候，我们往往并不实质性地考量其实际的精神智力状况，而是看他是否达到了法定年龄等形式要件，当然在存在对其精神智力状况进行测试的必要性的时候，也必须是依据特定形式标准作出的判断。从这个意义上讲，形式依据并不仅仅局限于逻辑形式，就具体表现而言应包括以下内容：（1）规则。（2）法官判决和陪审团裁决。（3）程序法。（4）身份状况，诸如婚姻情况或公民身份也可以成为确认某些权利或义务的形式性依据。（5）关于时间、地点或数量的强制性规范。（6）从众多变数中确认权利或义务的规则。[②]

法律推理的最理想的模式就是制定一个详细、严密的规则体系，使任何行为、事件都与特定的法律后果对应起来，从而当该行为、事件出现时，就按照特定的规则推导出相应的法律后果。这就是所谓的最弱的逻辑。因为所有的逻辑规则都被法律化了，都成了某条法律规则，也就是在这个时候，人

[①] [美] 斯科特·布鲁尔：《从霍姆斯的道路通往逻辑形式的法理学》，载 [美] 斯蒂文·J. 伯顿：《法律的道路及其影响》，张芝梅、陈绪刚译，北京大学出版社2005年版，第137页。

[②] [英] P.S. 阿迪、R.S. 萨默斯：《英美法中的形式与实质》，金敏、陈林林、王笑红译，中国政法大学出版社2005年版，第9—10页。

们才不需要逻辑。然而，正如很多理论所批判的，这样的逻辑体系根本不可能存在。当然，任何规则都不存在的所谓法治也不存在，任何法律制度和理论都必须在最强和最弱的推理模式的中间地带进行选择。至于说选择的标准则最终取决于法律制度背后的历史文化和社会传统。我们这里把法律推理定位于形式推理也仅仅是一种策略选择，所以有必要论述这种策略选择的理由，也就是形式推理的特点和优势：

第一，形式推理具有较强的可判定性。矛盾冲突之所以转化为一个法律案件是因为双方都认为自己会得到法律的支持，而之所以作出矛盾的判断又恰恰是因为法律蕴涵着不一致的价值追求，假如诉诸实质考量的话往往因为价值立场的多元性而受到指责。而形式推理所要求的恰恰就是把实质的考量转化为形式的判定，例如，道路交通法规定靠右行驶，并在道路中间画出一条标志线；红灯停绿灯行，并设立相应的设施。事实上，我们限制实质推理的一个重要的理由是无法为复杂的实质因素划分出一个优先等级，而形式推理则可以根据形式依据的权威等级进行排序。例如，根据制定颁布法律规则的机构的上下级关系进行的排序等。"在一个井然有序的法律体系中，根据各个规则的优先性程度，所有的形式性依据都有一个各自所属的等级。但是，纯粹的实质依据不具有任何程度的等级形式性。"[1] 这种有序的形式性依据等级就为某个推理是否有效提供了一个严格的标准。另一个标准是法律推理的逻辑形式标准，之所以逻辑推理成为理性思维的最根本的基础就在于通过几千年的发展，逻辑学等确立了严格的推理的形式有效性规则，违背这些规则就意味着不讲理，就意味着放弃了法律的支持。

第二，形式推理具有更强的确定性。确定性是法治的一个必要条件，没有确定性我们将无法以法律指导、约束我们的行为，无法预测特定行为会导致什么样的法律后果，也就没有法治。"法院的存在主要是要以一种有序的和相关的非暴力手段解决纠纷。为了便于预测，就要求法院严格地把现有的规则运用到已经发生的事件的可确定的事实中。普通法就是运用先例，从个

---

[1] ［英］P. S. 阿迪亚、R. S. 萨默斯：《英美法中的形式与实质》，金敏、陈林林、王笑红译，中国政法大学出版社2005年版，第11页。

别的判决中创造出一系列的规则,并且通过拟制和衡平使规则适应社会的变化而形成的。随着现代社会变化的加速,清晰、明确地朝前看的立法变成了规则细化和法律改革的重要手段。"[1]这里必须面对的一个问题是如何实现抽象的法律规定与具体的案件对接。霍姆斯在批判形式逻辑的时候所坚持的一个观点是"一般原则不能决定具体的案件"[2]。如果霍姆斯的指责是正确的话,又该如何决定一个具体的案件呢?我们通常有两种选择:一是诉诸有很大不确定性的实质推理;二是制定完全详尽的具体规则。第一个选择是我们要极力避免的,第二个选择是我们不断努力但终究是难以达到的。事实上这两种选择都是不可取的,也是不必要的。形式推理的核心价值或者最根本的特点就在于它的内容形式性和解释形式性,也就是通过特定的程序使特定的内容及其解释成为一个形式性依据,如同我们后面将要讨论的,法律规定的不仅是抽象的法律概念的内涵是什么,它还要不断地通过形式化一个概念的外延标准使法律概念变得更加具体,并依据逻辑的分析确定其相应的种属关系,甚至传统的反形式主义者也把它作为法学家的一项重要工作。霍姆斯认为:"法学家的工作就是要让人们了解法律的内容:也就是从内部进行研究,或者说从最高的属到最低的种,逻辑地整理和分类,以满足实践的需要。"[3]当然,这项工作的目的不仅是霍姆斯所讲的"更易于记忆和理解",还是各种法律推理形式中最重要的环节之一。对法律概念、法律规则的解释多少也是形式化的,它按照特定规则确定某种解释的优先性,并且判断某种解释的可接受性。尽管有些解释方法看起来更倾向于实质推理,如对法律规则创制者本意的探究,但它也要遵守某种形式的要求,也就是说形式推理并不排斥实质内容的考量,而是将各种实质要素纳入相应的形式标准之中。从这个意义上也就可以理解为什么西方的法律女神往往被塑造成一个蒙着双眼,一手持剑,一手持天平的少女。她为什么要蒙上双眼呢?有人给出的解释是蒙着

---

[1] [美]托马斯·C.格雷:《霍姆斯论法律中的逻辑》,载[美]斯蒂文·J.伯顿:《法律的道路及其影响》,张芝梅、陈绪刚译,北京大学出版社2005年版,第175页。

[2] [美]托马斯·C.格雷:《霍姆斯论法律中的逻辑》,载[美]斯蒂文·J.伯顿:《法律的道路及其影响》,张芝梅、陈绪刚译,北京大学出版社2005年版,第178页。

[3] [美]托马斯·C.格雷:《霍姆斯论法律中的逻辑》,载[美]斯蒂文·J.伯顿:《法律的道路及其影响》,张芝梅、陈绪刚译,北京大学出版社2005年版,第178页。

双眼是因为她始终保持中立,从不偏袒任何一方当事人;手中的天平象征着公平,而剑则象征着斩除邪恶势力。这种解释似乎欠妥,天平已经象征着公平中立,蒙上双眼显然是为了不想了解世界的真相到底是什么,她只需要倾听诉讼双方有什么诉讼请求以及有什么依据支持其诉讼请求;她也不去探究实质上的孰是孰非,而是按照内心的标准判断谁更应该得到法律的支持。

第三,形式推理具有较强的可操作性。法律不是纯粹的理论知识,归根结底要能应用于司法实践。形式推理的可判定性与确定性为法律推理提供了较强的可判定性。几乎所有案件都会涉及实质利益之争,但并非所有的案件都要借助利益衡量的方法,甚至有时会有意识地回避直接的利益衡量,这是因为价值利益具有多元性、对立性、标准的主体性等因素,容易转化为不可调和的纷争。因此,实质利益衡量方法不具有简明的可操作性,也不易维持法院中立的立场。特别是在面对具体案件时,法院往往借助于形式或程序,借以表现其思维的刚性原则,是非分明,避免无谓的争执。同样,解释的方法也具有很大的局限性,从哲学的角度讲解释是不可能的。很多解释不是因为语言的模糊歧义,所谓的口舌之争仅仅是利益之争的外在表现。产生冲突的根本原因并非因为对于具体的事实或者对事实的描述存在争议,或者对法律文本的理解存有先在的分歧,而是因为不同的理解遮盖着实质的利益冲突。如果法院以实质的利益衡量方法介入,则很容易被其中一方,甚至双方指责为拉偏手。俗话讲"清官难断家务事",为什么家务事难断,盖因家务事多为鸡皮蒜毛的小事,法律并没有严格的形式规定,从这个意义上讲,没有形式就没有裁判,没有形式就无法裁判。

第四,公正性、稳定性、效率性等衍生特征。公正是法律的核心价值之一,但公正必须借助特定的手段才能得以实现。支持实质推理的最大理由之一是它具有实现个别正义的更大可能性。然而,这样的公正价值的实现可能要付出更大的代价。首先是法律的不稳定性,因为每一个具体的案件都必然存在其特殊性,而每一个法官都会有不同的价值、政治倾向,法律很容易被个别法官以案件的特殊性为由予以突破和放弃。因此,在实质推理时很容易导致类似的案件难以得到类似的处理,从而动摇人们对法律的信念,朝令夕改是法治大忌,而失去了法律的刚性更无所谓法治,最终使法律失去公正的保证功能。另外，过度推崇实质推理还容易导致法律运行的成本增高，效率下降。因为形式推理具有更强的可判定性和确定性，从而使法律具有更强的可操作性，也较容易被理解。当当事人可以很好地预测不利的法律判决结果时，他可能为了减少损失而放弃必然要输掉的官司。在诉讼过程中也可以减少因法律推理的模糊性而导致的不必要的环节，使正义尽快得到实现，这也就是为什么更倾向于形式推理的英国法律比更倾向于实质推理的美国法律更具效率的重要原因。"较之始终根据实质性考虑行事的做法，根据形式性依据形式，会更具确定性和可预测性（并且形式性依据会更有效地进行自我适用）。这就是为什么具有高度内容上之形式性的、详尽又精确的规则，通常比具有低度内容上之形式性的宽泛规则更为优越。举例来说，管理工业作业场所的成文法规（例如，在英格兰广泛存在的那些法规），常常极为详尽地规定了那些安全状况的精确尺度，譬如脚手架的宽度，安全屏障的尺寸，等等。很显然，雇主们肯定会发现，较之普通法上的合理注意规则，这些法规大多数更容易理解并遵照执行，也更容易查明这些规则是否被违反。"[1]

最后，我们必须强调的是纯粹的形式推理也许是一个永远不可企及的理想模式，但不能因为现实的不足而放弃对理想的追求；从另一个角度讲，实质正义才是法治的根本目标，形式推理仅仅是实现这个目标的工具和途径，但我们同样要意识到，借助该工具和途径我们会离法治的目标越来越近，而缺乏形式约束的实质推理最终可能背离我们追求的目标。

---

[1] ［英］P.S. 阿迪亚、R.S. 萨默斯：《英美法中的形式与实质》，金敏、陈林林、王笑红译，中国政法大学出版社 2005 年版，第 20 页。

第七章

法律中的逻辑分析方法

一、逻辑分析方法的含义和作用

自古以来法律与逻辑之间存在着密切的关系，第一，法庭论辩是逻辑学产生的重要源泉，逻辑是法律思维的重要工具。正是出于法庭论辩取胜的需要，促使人们研究法律推理和论证的逻辑方法和规律，达到以理服人的目的。第二，逻辑是法律体系赖以建立、发展的重要基础。逻辑史学家黑尔蒙曾指出，三段论的逻辑形式早在古埃及和美索不达米亚的司法判决中就已经有所运用了。古巴比伦的《汉谟拉比法典》也是用逻辑的对立命题与省略的三段论方式来宣示法律规则的。[1] 在西方，古希腊哲学家亚里士多德等发展起来的一套严密的逻辑理论体系对于罗马法的发展曾产生了深远的影响，加上罗马的法学家们对于各种法律概念、法律关系的探讨和阐述，终于使罗马法摆脱了其他古代法律体系不合理性、不合逻辑的轨迹，成长为一个博大精深、结构严谨的体系。这种讲究逻辑严密的传统对后世西方各国的立法与司法影响深远。[2]

事实上，法律作为调整社会关系的规范体系，反映着社会不同阶层的价值追求和社会与自然的客观规律，也必然遵循和反映着人类理性思维的一般形式和规律。形式的有效和内容的真实是我们考察理性思维的两个基本维度，二者作为必要条件共同构成了正确思维的充分条件。"所有的人都会死；苏格拉底是人；因此苏格拉底会死。"我们仿效美国法学家波斯纳，以一个广

---

[1] 转引自《中国逻辑思想论文选（1949—1979）》，生活·读书·新知三联书店1981年版，第5页。

[2] 贺卫方：《中国古代司法判决的风格与精神：以宋代判决为基本依据兼与美国比较》，载《中国社会科学》1990年第6期；王洪：《司法判决与法律推理》，时事出版社2002年版，第80页。

泛引用的例子开始我们的讨论①。这是一个正确的三段论推理，其正确性源于两点：第一，它有一个有效的推理形式。第二，它的两个前提命题"所有的人都会死""苏格拉底是人"以及推理的结论命题"苏格拉底会死"是真实的。比照该三段论推理可以构造两个与其非常相似的三段论：第一个"所有人都会死；孙悟空是人；所以孙悟空会死。"第二个"所有的人都会死；苏格拉底会死；因此苏格拉底是人。"这两个都是错误的推理，其中，第一个的错误在于其结论明显违背我们对于孙悟空这个概念的认知，要识别出这一错误就必须对相关的思维内容有所了解，这需要经验知识的学习。而第二个的前提和结论虽然是真的，但从前提推不出结论，要识别出这一错误就必须对前提与结论间的逻辑关系有所了解。因此说，经验和逻辑是思维不可分离的两个方面，经验是逻辑的载体，逻辑是经验的形式。缺乏逻辑性的经验是情感、意志、偏好等非理性因素的瞬时体验；逻辑只有和特定领域对象的结合才能发挥其方法论的指导作用。这一点在法律领域表现得尤为突出，"虽然演绎逻辑并不能解决法律秩序中最为棘手的问题，但是这并不意味着逻辑与经验之间的相互关系是对立或相背的。如果我们不是完全无视道德与社会方面的考虑，也不是错误地把逻辑认为是'机械式'的推理行为，那么我们就一定能够得出结论说，逻辑和经验在行使司法职能过程中与其说是敌人，毋宁说是盟友"②。事实上，我们以上对思维内容和思维形式的区分只具有认识论的意义，在实际的思维过程中，我们的知识及基于知识的推理是一个整体，在思维形式和思维内容之间并不存在截然的区分。对此奎因的评论是："我们关于客观世界的陈述面临的经验认识的评判不是个别的而是一体性的。"通过经验形成假设性知识的复杂体系，如果结果是不可接受的，则必须通过对假设性知识的修正以重新获得其可接受性。修正可以在一体性知识的任意层面进行，或者是表达经验的一些陈述，或者是关于事实之间一般联系规律的认识，或者是采用不同的逻辑，甚至是评价知识可接受性的标准。引导这种调整过程的合理性标准也是一体性知识的一部分，都可能成为修正

---

① ［美］理查德·A. 波斯纳：《法理学问题》，苏力译，中国政法大学出版社2002年版，第39页。
② ［美］博登海默：《法理学——法哲学及其方法》，邓正来译，中国政法大学出版社1999年版，第497页。

的对象。知识这个概念是相当全面、包容的，不但包括传统所认为的假设性知识，还包括我们可能的认识世界的约束条件和合理性标准。事实上，我们更倾向于修正或放弃这个复杂的一体性知识的这一部分，而坚持另一部分。其中最不倾向于修正的那部分就是关于推理有效性的理论，我们称为"逻辑"。基于这种观点，逻辑不是传统所认为的经验知识的对立面，我们的假设性知识具有一定的连续性，从我们随时都准备加以修正的非本质性的信念，到只有存在非常强的对立证据的情况下才可能修正的牢固的信念。信念和标准都是相互联结的一体性知识的一部分，我们尽可能地使其保持"一致性"，一致性标准本身就是我们希望保持一致性的系统性理论的一部分。我们可以称这种一体性知识为一个"承诺集合"。逻辑属于这个承诺集合的一部分，并且是其最不愿意放弃的那部分。很明显，逻辑与该承诺集合的其他部分之间并不存在截然分明的界线，甚至也不存在为什么要在二者之间进行严格划分的根据，因为在逻辑和其他知识之间并不存在根本的不同。[1]

因为逻辑相对于一般经验认识更具有稳定性和确定性，所以，为了尽可能地保证法律思维的确定性和一致性，逻辑就具有一般方法论的意义，它既可以为法律思维提供基本的思维框架和模式，具有建构性功能；也可以提供法律推理、法律论证的形式评估标准，具有评价性功能。具体来说，逻辑的作用包括以下几个方面：第一，逻辑为法律思维提供了基本的知识表达形式。逻辑具有超越个体经验的稳定结构形式，使客观世界内在的规律与主观世界的理性之间的沟通成为可能，使法律的价值追求与事实认识有了内在的连接。逻辑是一切理性思维的基础，而建立在现代理性主义基石之上的法治更是与逻辑有着密不可分的关系，即使倡言"法律的生命不在于逻辑，而在于经验"的美国大法官霍姆斯也说过"律师受到的训练就是在逻辑上的训练。类推、区分和演绎的诸过程正是律师们最为熟悉的。司法判决所使用的语言主要是逻辑语言"[2]。第二，逻辑所提供的严格的推理、论证规范为法律共同体内的法律论辩提供了理性交往的平台。逻辑作为一种形式化的语言表达为法

---

[1] Jaap Hage, "Studies in Legal Logic", Springer, Vol. 70, p. 5, 2005.
[2] Oliver Wendell Holmes, "The Path of the Law", Harvard Law Review 10, p. 465, 1897.

▶▶ 多元法律逻辑与思维研究

律思维提供了确定性、一致性的保证,在这一语境下,逻辑方法是普遍而有效的思维方法,遵守逻辑规则是正确法律思维的最基本规则。因此,不管是在法律理论上,还是在法律实践中,形式逻辑历来被看作一种平等和公正地实施正义的重要工具,它责成执法者和法官要始终一贯地执行法律,并且摆脱个人意志和个人好恶偏见。正如博登海默所说:"法官有责任按照某一明显应适用于一个诉讼案件的法律规则来审判该案件。在这种性质的情形中,形式逻辑是作为平等、公正执法的重要工具而起作用的。它要求法官始终如一地和不具偏见地执行法律命令。例如,如果有一条法规规定要对政府官员行贿受贿加以惩罚,而且某个人已被确定采取了这种行贿受贿的行为,那么法官或陪审团就应当得出三段论逻辑所要求的必然结论,而且应当制止用偏见或其他无关的考虑来解决该案件。"① 第三,逻辑为法律思维的正确性提供了形式的评价标准。在司法过程中,抽象的法律规则与具体的个案之间存在着天然的缝隙,司法的任务就在于将抽象的法律与个案结合,完成普遍性的法律的个性化,这一过程是通过法律发现、法律解释、漏洞补充、法律推理、法律论证等一系列法律方法来实现的。"面对明确的法律,法官可以直接将其作为法律推理的大前提,径直向判决转换;对模糊不清的法律需要进行解释;对存在空缺结构的法律则需要漏洞补充。"② 问题的关键是对于复杂而丰富的个案,法官可能会有不同的法律发现与其相对应,而根据现代法律解释理论很难提供一个唯一正确的法律答案,因此,要保证判决的权威性,就必须要求法官对所认定事实的真实性、所适用法律的恰当性以及法律推理的逻辑性都作出合乎理性的论证。阿列克西把法律论证分为外部证成和内部证成两个方面,外部证成是对内部证成所使用的各个前提的证立,这些前提主要是实在法规则、经验命题等。内部证成解决从既定的前提推导出作为结论的法律判决的形式有效性问题,即结论能否从前提中逻辑地推导出来。因此,逻辑就成为评判法律思维正确性的一个不可缺少的重要标准。正如苏联法学家库德里亚夫采夫在《定罪通论》中所强调的:"逻辑学对于法学的意义是

---

① [美]博登海默:《法理学——法哲学及其方法》,邓正来译,中国政法大学出版社1999年版,第496-497页。
② 陈金钊:《法治与法律方法》,山东人民出版社2003年版,第261页。

不容置疑的。大概社会生活的任何领域都不会像在法的领域那样，由于违背逻辑规律造成不正确的推理，导致虚假的结论而引起如此重大的危害。推理的逻辑性，在侦查和审理案件时严格遵守正确的思维规律，对于每一个法律工作者是基本的不可缺少的要求。"[1]

二、关于法律逻辑的误解及澄清

尽管大量文献证明逻辑对于法律的发达史起着至关重要的作用，但自19世纪后期以来，逻辑在法律理论界受到了越来越多的批评，先是历史主义法学、现实主义法学、实用主义法学，后来似乎所有的法学理论都把对逻辑的批判视为其理论建构的起点，特别是具有"后现代"倾向的一些法学理论更是否定逻辑在法律领域中的作用。事实上，在今天强调逻辑在法律中的作用要比批判逻辑冒更大的风险[2]。之所以在这个问题上产生这么大的分歧，一个根本的原因在于不同的人对于逻辑这个概念本身持有不同的认识，甚至同一个人也在不同意义上使用这一概念。例如，以对法律中的逻辑主义持严厉批判态度而闻名的霍姆斯来说，在其《法律的道路》这篇文章中，他至少是在五个不同意义上使用"逻辑"这个概念的。(1)"逻辑"大约相当于"有判断力的""合理的""正当的""明智的"这一系列概念的同义词。(2)"逻辑"作为三段论推理（或者其他形式推理）。(3)"逻辑"作为和几何学类似的形式推理系统，包括公理、推理规则、定理。(4)"逻辑"作为理性的可辨别的因果关系的模式。(5)"逻辑"作为一系列的论证方式，它们各自有固定的形式却又区别于其他。[3] 因为对逻辑存在着如此多的不同理解，这也直接导致了对于法律与逻辑关系的不同的评价，在支持论者看来，那些对

---

[1] [苏联] 库德里亚夫采夫：《定罪通论》，李益前译，中国展望出版社1989年版，第59页。

[2] 对法律逻辑的责难主要包括以下几个方面：(1)逻辑推理只能解决简单案件，而不能解决疑难案件。(2)法律文本的不周延性、相互矛盾及缺漏，使得推理无法进行下去，因而需要实质推理加以补充。(3)真正的法律推理实际上从来没发生过，所谓的三段论式推理的依法判案，不过是一种包装。(4)逻辑推理模式使法律出现了机械性和僵化模式。参见谢晖、陈金钊：《法理学》，高等教育出版社2005年版，第476-481页。

[3] [美] 斯科特·布鲁尔：《从霍姆斯的道路通往逻辑形式的法理学》，载 [美] 斯蒂文·J.伯顿主编：《法律的道路及其影响》，张芝梅、陈旭纲译，北京大学出版社2005年版，第131-132页。

于法律逻辑的批评实际上是基于对逻辑这个概念的误解基础之上的，这些误解包括以下几个方面：第一种误解在于把"逻辑"当作了"三段论逻辑"。许多称"逻辑"不是用于分析法律论述的合适工具的学者，是从只有一种逻辑系统的错误假定出发的。他们反对将逻辑作为分析和评价法律论述的工具主要是因为不是每个论述都能被重构为三段论。这种误解的根源在于，在传统的法律论证方法中，学者们大多用三段论作为法律论述的实例。直到100多年前，三段论逻辑还是最有影响力的逻辑理论，所以这种理论就成了许多学者认识逻辑之于法律论证的作用的依据。逻辑支持论者认为，在法学中，"逻辑"并非仅指三段论逻辑，在诸如命题逻辑、谓词逻辑和道义逻辑等现代逻辑理论中，人们提出了用于分析各类论述的理论体系。法律论证不能总是被重构为逻辑有效的论述并不适用于那些采用现代逻辑理论的法律论述方法。反对论者没有证明，这些现代逻辑理论不适于分析法律论述。第二种误解涉及逻辑在法律裁决过程和法律裁决证立中的作用。反对逻辑用于重构法律论证的人认为，法官在支持其裁决时提出的论述应当是对其（内在）裁决过程的准确描述。在这些学者看来，逻辑并不是分析反映裁决过程之论证的合适工具，因为它并不总是以逻辑的方式进行。逻辑支持者认为，反对论者没有在裁决过程和裁决证立之间作出必要的区分，因而未能看到逻辑对于法律的重要性。法官在其裁决中所作出的论证必须与作出该裁决的过程分离开来进行评价。逻辑对裁决制作过程的分析并不重要，但它对其证立的分析则颇为重要。从形式上看，关于裁决的证立，必须确定它是否是从论述中推导而出。如何找到这些论述的问题并非一个逻辑问题，而是一个在法律方法论和裁决制作过程理论的语境下予以回答的问题。第三种误解是，逻辑迫使法官得出特定的结论。既然在一个形式有效的论述中，如果前提为真，结论必然为真，佩雷尔曼等学者认为，逻辑促成了特定的结论。由于法律裁决并非如数学证明一样那么有说服力，所以，逻辑不能用来分析和评价法律论述。在倡导将逻辑运用于法学的学者看来，这种观点是基于逻辑促成特定结论的错误假设之上的。在此背景下，索特曼使用逻辑的"托词功能"一语，这是因为逻辑要向无法负责的事情负责。逻辑并不充分保证某一结论的可接受性。为了维护某一特定结论的可接受性，就必须说明其前提是可接受的或真实的。

要证明接受某一结论是合理的,就必须证明接受逻辑地导出该结论的某种前提是合理的。如果某结论显得无法接受,错误不在于逻辑,而在于作为前提的论断。如果结论不可接受,则必须改变某一前提。逻辑促成特定结论的观点,也与认为逻辑推论在某种程度上涉及法官服从法律的义务这种误解有关。阿列克西和科赫认为,法官遵循法律的义务并不意味着其裁决是由法律与案件事实规定的。裁决并不受法律规定是因为对特定规则的选择并不是强制的。如果某法官选择适用某一解释,他还必须提供一种额外的证立,由此证明该规则能够适用于当前的案件。第四种误解认为逻辑对法律论证的实质向度没有什么作用。依佩雷尔曼之见,那种纯粹的形式推理方法将自己局限于检验形式推论的正确性,而不考虑该结论的可接受性,这不足以用来描述法律论证。法律论证之逻辑方法的支持者并不认为逻辑是评价法律论证的唯一工具。在逻辑有效性的形式规范之外,尚需其他可接受的实质法律规范。前提的选择和形成常常立足于对事实的鉴别或对法律规则的解释。这种鉴别或解释又立足于某种价值判断。选择某种前提乃立足于某种价值判断(反之亦成立),涉及道德的、社会的和政治的因素的运用。这种事实并不意味着在分析和评价法律论证的形式向度时不能使用逻辑。逻辑只能用于证明某一结论是由某些前提推导出来的。逻辑方法的反对者将不属于逻辑方法支持者的主张强加在他们身上。第五种误解认为有效性的形式标准因其特殊属性而不适于法律论证。法律论证涉及价值的推理,而这超出了形式推理的范围。佩雷尔曼和图尔敏等学者认为,如果研究的主题没有超越日常语言的论证范围,就必须发展出形式逻辑的替代工具。索特曼认为,佩雷尔曼和图尔敏等学者错误地设想,除了逻辑标准,法律论证尚需另一种可供选择的非形式的、实质的有效性标准。依索特曼之见,非形式的有效性标准纯属多余。而且,佩雷尔曼和图尔敏拒绝形式逻辑的理由也不正确,它是建立在一种对"什么是逻辑"的错误理解上。另外,在非形式逻辑中,结论可接受的主张依赖于以下原则:如果前提可以接受,那么结论亦然。这种主张等于说"如果前提,那么结论"。假若把这一断言加之于论述,非形式的有效性又变成了形式有效性。[1]

---

[1] [荷]伊芙琳·T.菲特丽丝,《法律论证原理——司法裁决之证立理论概览》,张其山、焦宝乾、夏贞鹏译,商务印书馆2005年版,第32-36页。

对于该问题我们可以从两个方面予以分析。第一，广义的逻辑与狭义的逻辑。以上对逻辑的不同理解大致可分为两种观点，一种是坚持逻辑即理性的广义逻辑观，其实质是将逻辑分析方法视为一般方法论，一种观点是坚持逻辑即形式逻辑的狭义逻辑观。按照英国当代著名法哲学家麦考密克的说法："合乎逻辑这个词语至少有两层含义，它们仅部分一致。从演绎逻辑推理这一意义上讲，如果一个命题符合逻辑本身的要求，换句话说，如果结论部分是通过前提严格推理得出的，那么该命题就合乎逻辑。""然而，我们平常所运用的'合乎逻辑'一词具有更宽的含义……某一行为或某一事实陈述，我们可以说它们不合逻辑，这是因为它们有讲不通的地方。""如果一个法律推理的大前提'不合逻辑'，那么对由该大前提得出的推论，也就打上了不合逻辑的烙印。"[①] 德国法学家乌尔弗里德·诺伊曼认为："法律逻辑学的概念有双重含义，因为逻辑学这个概念被在广义和狭义上使用。在广义上，'逻辑学'更指'方法论'，在这个含义中，被用于谈论'社会科学的逻辑学'或'文化科学的逻辑学'。在这个意义上，逻辑不仅指形式逻辑，而主要是指价值判断。这也就是说，逻辑学已不仅是指研究思维规律的科学，不仅是从形式方面去研究概念、判断和推理，而主要是研究它们的实质内容。"[②] 在狭义上，逻辑学的概念仅涉及形式规则，即关涉其有效性不依赖于特殊适用范围之规则。如果人们以狭义的概念为基础，那么，就有充分理由去怀疑一种特殊的"法律"逻辑学之存在。谈论特殊的法律逻辑学，就像说医学或生物学逻辑学一样，显得无甚意义。在这种情况下，"法律逻辑学"的问题，可能只是把普通逻辑运用到法律和法学中去。[③] 事实上，我国法律院系广泛开设的法律逻辑学大多就是"把普通逻辑运用到法律和法学中去"[④]。这一观

---

① N. MacCaormick，Legal Reasoning and Legal Theory，Oxford University Press，1978，pp. 38 – 39.
② 沈宗灵：《现代西方法理学》，北京大学出版社1992年版，第451页。
③ [德] 乌尔弗里德·诺伊曼：《法律逻辑学》，载 [德] 阿图尔·考夫曼、温弗里德·哈斯默尔主编：《当代法哲学和法律理论导论》，郑永流译，法律出版社2002年版，第315页。
④ 吴家麟先生主编的《法律逻辑学》认为："法律逻辑学是一门应用性质的形式逻辑分支。""法律逻辑学不是法学的一个部门，而是形式逻辑学的一个部门；它是处于形式逻辑学下面一个层次的逻辑分支学科。""它的任务在于把形式逻辑一般原理应用于法学和法律工作的实际，探索在法律领域应用形式逻辑的具体特点，因此，法律逻辑学并没有与传统形式逻辑不同的特殊对象，研究的还是属于思维领域的现象。"

点基于传统的逻辑概念,认为逻辑只关涉思维形式结构,"不存在有实质内容的逻辑,如果我们关注推理中的实质条件,那么,我们就远离逻辑而进入修辞学、辩证法、论辩并最终进入方法论的领域,但它不能被恰当地称为逻辑"①。基于以上分析,法律逻辑学作为一门学科是不存在的,它要么是广泛意义上的法律方法论,要么是法律领域中的逻辑分析方法,该逻辑方法同其他领域中的逻辑方法没有实质的差别。第二,逻辑一元论与逻辑多元论。事实上,以上无论是广义的逻辑观还是狭义的逻辑观都是逻辑一元论的观点,按照这种观点肯定法律逻辑的存在就会导致一些荒谬的结论,"如果法律家只使用如三段论或置换法之类的普通推理模式,那么,说存在法律逻辑便如宣称存在动物学逻辑一样没有理由:从大象比狐狸大、而狐狸又比老鼠大的事实中,可推理得出大象比老鼠大的结论。倘使在所有领域皆使用相同的逻辑,则'法律逻辑'的表述就会如同在国家统计学家列出计算交易数目问题时称为法律算术一样不正常"②。在人类文明的诸多知识体系中,逻辑科学具有鲜明的学科特点和性质,一方面,它是一门工具、方法论性质的科学,是作为认识的工具和方法产生出来的,体现了人类思维普遍性的一面,在这个意义上,逻辑学被称为是研究思维形式及其规律的科学。另一方面,逻辑学的产生和发展也离不开认识实践的推动,实践证明一种逻辑类型或分支的建立,最后总能映射到某方面实践或某些科学的需要上,并因和特定对象领域的结合,打上该对象领域的深刻烙印,甚至该对象领域所揭示的逻辑规律和方法为该对象领域所特有,我们往往把这样的逻辑称为某某逻辑,如法律逻辑、经济逻辑等。不同领域逻辑结构和方法的不同,所以,逻辑应该是多元的,而不是一元的。只不过由于长期以来人们所掌握的逻辑主要是以亚里士多德逻辑为主要内容的普通逻辑,并由于其应用的广泛性而被认为是唯一的逻辑。把法律作为限定词置于逻辑之前,从而使法律逻辑成为区别于普通逻辑及其他逻辑的独立的逻辑分支,那么,法律逻辑就必然具有普通逻辑或其

---

① [比]佩雷尔曼:《法律推理》,朱庆育译,载陈金钊、谢晖主编:《法律方法(第2卷)》,山东人民出版社2003年版,第134页。
② [德]乌尔弗里德·诺伊曼:《法律逻辑学》,载[德]阿图尔·考夫曼、温弗里德·哈斯默尔主编:《当代法哲学和法律理论导论》,郑永流译,法律出版社2002年版,第135页。

他逻辑不具有的特征和属性,这些特征和属性反映了法律领域独有的逻辑形式和方法。这样的法律逻辑不是普通逻辑在法律领域中的应用,而是以现代逻辑,主要是以近几十年来发展起来的广义模态逻辑为理论基础的规范(道义)逻辑。[①] 这一结论并未否定普通逻辑对于法学的重要意义,作为一门研究思维基本规律和方法的基础学科、一门工具学科,普通逻辑学对普及逻辑思维知识,提高法科学生的理性思维能力,培养严谨、严密的理性思维品格是非常必要的,而作为一种重要的分析方法更是其他方法替代不了的。

三、法律逻辑分析方法的特点

以上的分析旨在表明我们惯常所称的法律逻辑并不是真正的法律逻辑,也许称为法律中的逻辑分析方法更为合适,这种方法具有以下特征:第一,法律逻辑分析方法是一种实证分析方法。当代主要法学理论之一的分析实证主义法学的哲学基础就是强调把认识的任务归结为对知识进行逻辑分析,特别是对陈述知识的语言进行分析,通过对语言的逻辑分析提出可证实性或可检验性和可确认性原则。这种理论认为"存在一个合乎逻辑的内部一致的乌托邦,在这个乌托邦中,实在法被制定出来并应该得到服从。……司法判决可以从事先存在的前提中逻辑地演绎出来"[②]。虽然逻辑实证主义作为一种哲

[①] 规范逻辑是研究那些与人类行为规范相关的规范概念之间逻辑关系的理论,它以揭示规范的逻辑推理有效形式为主要研究对象,以"应当""允许""禁止"等规范词为模态词,体现了社会规范领域特有的逻辑特征。当然,以现代数理逻辑为研究工具研究法律逻辑确实可能受到很多人的质疑,例如现代逻辑以形式化的方法作为基本特征,使得对逻辑的研究显示出严格性和确定性,但"这种严格性和确定性是以空洞性为代价而实现的","就其本性来说,形式逻辑没有能力来处理日常思维所涉及的这类问题"。另一种质疑源于道义逻辑系统虽然建立起来了,却存在着一个又一个的道义悖论,这就不得不让人怀疑人们开始的期望是否可行,或者说是否合理。这种担心和质疑是完全没有必要的。以现代数理逻辑为工具,对社会规范进行严格的形式刻画,建立真正意义上的规范(道义)逻辑是从20世纪二三十年代数理逻辑成熟以后才开始的,在规范(道义)逻辑研究初期,在由于研究方法和工具的局限而不能可靠地表达和刻画研究对象的背景下确实出现了大量的道义悖论,但是,随着规范(道义)逻辑研究方法的多元化,多种逻辑方法运用到规范逻辑研究中去,并通过道义逻辑语义学、语用学的发展,规范(道义)逻辑系统的表达能力越来越强大。这样的系统摒弃了经典逻辑单调性、一致性、二值性等特征,而具有了开放性、非单调性等特征。这样的系统也许是不完全的,但它通过借用现代逻辑的思想和方法,对于减少法律思维的模糊性和不确定性将会发挥巨大的作用。特别是近年来规范(道义)逻辑研究和人工智能结合起来,体现了21世纪法律逻辑学发展的基本趋势。

[②] 转引自李桂林、徐爱国:《分析实证主义法学》,武汉大学出版社2000年版,第3页。

学思潮已被广泛地批判，但是，作为一种分析方法它依然在法律思维中发挥着重要作用。第二，法律逻辑分析方法是一种思维形式分析方法。如前所述，任何思维都包括内容和形式两个方面。思维内容就是人们对客观事物、关系、规律的具体认识。对思维内容的研究是各门具体学科的任务，具体到法律思维，其内容就是法学研究的内容。思维形式是从具有不同内容的思维中抽象出来的一般形式结构。思维内容虽然纷繁复杂，但思维形式具有相对稳定的结构和规律，这些规律构成了对法律思维进行评价和分析的标准。例如，美国法学家富勒提出法制的八项原则，其中包括法律的明确性原则、法律的非矛盾性原则、法律的一致性原则。违背其中的任何一条原则，不仅导致坏的法律制度，而且会导致一个根本不能称为法律制度的东西。[1] 这些原则从本质上讲是由逻辑而非法律来保证的。第三，法律逻辑分析方法是不完备的分析方法。任何正确的思维都依赖于内容的真实和形式的有效两个方面，这两个方面分别是正确思维的必要条件，而非充分条件，只有同时满足这两个条件的要求，思维才可能正确。例如，逻辑蕴涵问题，乌尔弗里德·诺伊曼指出："反对法律规范形式化的疑虑，可能一方面来自法律理论的蕴涵，另一方面来自形式化的各种技术困难。从法律理论视角出发，首先可以质疑，把包含用于描述法律规范有条件的结构是不适宜的，它忽视了在事实与结果之间存在的含义关联，并因此导致了不可接受的结论：因为那个蕴涵是真实的，只是在前句是虚假的时候。如果在运用蕴涵中，每个规范是真实的，即有效的，那么，其前句应是虚假的。在一个无人活过100岁的社会中，'每个长于100岁的人，将被处死'之规范，可能是真实的，即有效的。"[2] 从逻辑学的角度看，一个蕴涵命题的真存在两种情况，即前件假或者后件真，也就是只要前件假，不论后件真假，这个蕴涵命题都是成立的；只要后件真，不论前件真假，这个蕴涵命题也是成立的。蕴涵命题可以理解为是一个充分条件推理，和人们的直觉产生了矛盾：为什么允许假命题蕴涵一切命题，而真命题被一切命题所蕴涵？这实质上是因为逻辑蕴涵和日常语言的蕴涵存在着意义

---

[1] 沈宗灵：《现代西方法理学》，北京大学出版社1992年版，第57—63页。
[2] ［德］乌尔弗里德·诺伊曼：《法律逻辑学》，载［德］阿图尔·考夫曼、温弗里德·哈斯默尔主编：《当代法哲学和法律理论导论》，郑永流译，法律出版社2002年版，第324页。

上的区别,逻辑蕴涵只涉及形式,而日常语言中的蕴涵还涉及内容,在实际的推理过程中,我们要求前提必须是真的,只有前提真,才能够通过逻辑推理机制将前提真的属性传递给结论,也就是以前提的真支持结论的真。当我们通过具体的认识活动保证前提真时,逻辑蕴涵前件假后件真的情况实际上已被排除了。具体到该例,假如某社会存在"每个长于100岁的人,将被处死"的规范,并且真有一个人长于100岁,那么得出该人将被处死的结论应该是没有什么不妥当的。至于说某人只因长于100岁就将被处死看起来是怪谬的,那也只是存在着这样一个怪谬的规范,而推理过程是不存在任何问题的。因此,逻辑不是求真,而是保真的理论,不求真是逻辑的局限,但不是它的缺陷。

第八章

司法审判中的求同思维批判

徒法不足以自行，每一个案件的审理都依赖于法律人的逻辑与经验，尤其是其基于历史、文化、时事政策、价值理念等因素所形成的思维模式，往往决定了法律人处理案件时的思维方向、法治理念、证据取舍与判断。假如说一个国家的法律体系、程序制度构成了该国法律运行的硬件，那么，法律人的逻辑与经验就是法律运行的软件，它们往往决定了法律制度的功能能否被很好地实现，也决定了一个案件是否能够得到很好的审理，决定了正义是否能够得到伸张。我国传统上把法律作为社会控制的一种工具。基于这一强大的信念，当恶性案件发生构成对社会稳定的威胁时，往往在打击犯罪的强烈信念下，突破各种法律体系、制衡监督制度，整个法律体系的不同部门之间，各个部门行使其各自职能时都表现为一种强烈的求同思维模式。通常情况下，当发现冤案后，我们习惯于检讨制度的缺陷漏洞，指责办案人员或徇私枉法或不负责任。但事实上，导致冤案屡屡发生的原因往往并不是不存在相应的法律规范和制度，而是规范和制度没有得到很好的遵守和落实，因此制定再多的法律也无异于隔靴搔痒，并不能从根本上防范冤案的发生。在这种情况下，审视冤案背后的逻辑和经验与对司法制度的检讨对于促进法治进步、防范冤案的产生具有同样甚至更为重要的现实意义。本章以张辉、张高平叔侄十年冤案（因该案发生于5月18日，按照公安部门通行说法，下文统称为"5·18"案件）为例，分析案件侦破过程中的错误逻辑，以求对办案过程中的求同思维及其背后的制约因素有更深入的认识。

一、"5·18"案件简介[①]

2003年5月19日,杭州市公安局西湖分局接报,称当日10时许在杭州市西湖区一水沟内发现一具女尸。警方很快确认尸源是安徽人王某。经查5月18日晚9点多,王某的家人将王某托付给要去上海拉货的张辉、张高平(二人为叔侄关系,以下简称张氏叔侄或二张),请他们顺路将王某带到杭州打工。5月19日凌晨1时30分到达杭州市天目山路汽车西站附近,王某借用张高平的手机打电话给朋友周某要其前来接人,而周某让王某自己乘出租车先到钱江三桥后再与其联系。二张的车正好也要经过钱江三桥,于是王某继续搭乘二人的车至钱江三桥附近。这是王某打出的最后一个电话,也就是根据此电话线索以及卡车进入杭州的高速路口收费站监控录像,公安部门锁定张辉、张高平叔侄为本案犯罪嫌疑人。

2004年2月,杭州市人民检察院以张辉、张高平涉嫌强奸罪向杭州市中级人民法院提起公诉,指控:张辉与张高平共谋,在驾驶室内,张辉实施强奸,张高平帮忙揿住王某的腿脚。在实施强奸的过程中,张辉掐住王某脖颈,致其死亡。2004年4月21日,杭州市中级人民法院基于以上指控事实,以强奸罪分别判处张辉死刑、张高平无期徒刑。二人不服一审判决提起上诉,2004年10月19日,浙江省高级人民法院二审一方面采信了杭州市中级人民法院认定的全部犯罪事实,另一方面将构成"累犯""应当从重处罚"的张辉改判死缓,理由是"鉴于本案的具体情况,张辉尚不属于须立即执行死刑的罪犯"。

二张入监服刑后,以自己并未强奸杀人而不断申诉,引起了杭州市司法机关高度重视,为此组成了专案组进行专门复查,发现从此案被害人身上提取的DNA物证与因他案已经被定罪执行死刑的某罪犯DNA高度吻合。这一重大新证据的出现,推翻了该案原一、二审"证据确实充分、犯罪事实清楚"的结论,也使王某被害案的真凶浮出水面。2013年3月20日,浙江省

[①] 本案介绍部分资料来源于2006年4月13日中央电视台第12频道《第一线》节目,以及《南方周末》《羊城晚报》等媒体对案件的公开报道。

高级人民法院对张辉、张高平一案依法再审。3月26日，浙江省高级人民法院公开宣判，认为有新的证据证明，此案不能排除系他人作案的可能，原一、二审判决据以认定案件事实的主要证据不能作为定案依据。据此，依照《刑事诉讼法》之规定，撤销原审判决，宣告张辉、张高平无罪。

该案暴露出来的明显漏洞触目惊心：

其一，法院启动再审，源自出现"新的证据"：受害人身上的DNA经鉴定与他案罪犯勾某某高度吻合，不排除其作案可能。然而，这既非新的证据，也非新的结论。法医对死者王某所做的DNA检验报告称，在王某的8个指甲末端检出混合的DNA谱带，由死者与一名男性的DNA谱带混合形成，"排除由死者和犯罪嫌疑人张辉或张高平的DNA谱带混合形成"。但是，这份鉴定报告却并未作为证据在一审时受到重视。二审对此重要证据也是简单地一笔带过：本案中的DNA鉴定结论与本案犯罪事实并无关联，不能作为排除两被告人作案的反证。

其二，警方在此案侦查中，存在严重违反程序、非法取证的嫌疑。（1）根据杭州市公安局西湖区分局的"情况说明"，张辉于2003年5月23日被抓获后刑拘，5月29日才被送进看守所。这一做法明显违反《公安机关办理刑事案件程序规定》第145条"对被拘留、逮捕的犯罪嫌疑人、被告人应当立即送看守所羁押"的规定，说明张辉在5月29日之前的6天里，一直处于非法关押状态，这期间形成的口供笔录、审讯录像，本应视作非法证据排除，但一审时被认定为张辉犯罪的主要证据的一份口供，恰巧形成于5月28日。（2）形成于5月28日的这份口供，所记时间为18时10分至18时58分，在这48分钟里，侦查人员竟完成了长达12页、共计数千字的笔录。而据律师介绍，同期的审讯录像却显示，当天对张辉的审讯从上午一直持续到次日凌晨0时以后。（3）根据警方提供的材料，6月11日，警方对张辉做了两次现场指认和两份询问笔录，时间分别为10时57分至11时53分、14时46分至15时05分；12时20分至16时0分、12时30分至14时50分。这意味着，当天14时46分至14时50分，张辉一人同时出现在作案现场和两次不同的审讯现场共三个地点，而在此前、此后更长的时间里，张辉至少同时出现在两个不同的地点。

其三，杭州市公安局西湖分局刑侦大队的书面材料中显示，张氏叔侄驾驶的货车进入侦查视野是由于警方查看了杭州市留下某镇收费站的监控录像。根据录像，这辆"可疑货车"驶入杭州市的时间为当天 5 月 19 日凌晨 1 时 16 分许。叔侄两人的委托律师前往沪杭高速路出口调阅监控录像时，却被管理人员告知，由于超出了两个月的保留期限，录像已被销毁。为了证明张氏叔侄有作案时间，侦查人员进行了多次侦查实验，但未直接调取监控录像。并且，如张高平所言，驾驶超载的货车与空车在驾驶时间上会产生较大的误差。

其四，在本案中，一审判决书中共罗列了 26 项证据，其中 5 项是关于死者位置、衣着、死因、遗物等的描述；9 项是死者王某的行程、通信等情况的证明；9 项是张氏叔侄户籍背景、抓捕情况、指认现场、货车及侦查实验等相关情况的阐述；其余 3 项则是定案最为关键的证据，即张辉、张高平承认奸杀被害人的口供，同监关押的袁某某证明曾听到过张辉提及犯罪事实的书面证言，以及杭州市公安局西湖分局刑侦大队证实从未对张辉、张高平刑讯逼供的情况说明。表面上看，本案形成了证据链条，多项证据相互印证。但仔细分析，本案多达 26 项证据中，仅有张氏叔侄的口供属于直接证据，没有任何目击证人或实物证据，在强奸案件中普遍采用的 DNA 证据也没有呈堂；其余证据中证明力最高的仅有未经法庭质证的袁某某的书面证言，并且其证言是被告人供述的传来形式，实际形成了以被告人供述进行自我补强的局面，原则上无法与本案直接证据相互印证。由此可见，本案中并没有形成有效的证据链条。

其五，即使作为定案依据的二张的供述，其对强奸过程的供述也存在多处不一致，律师归纳了两人口供中的多处矛盾：（1）前往作案现场的行车路线说法不一。（2）作案现场的车辆行驶停放情况不明。张辉供述到达现场是先将卡车掉头，然后实施了强奸行为；张高平却说是在作案后将车继续往前开。（3）有关抛尸的情节叙述不一致。侄子说是叔叔从车上递下来的尸体，他一人扛着扔进了水沟；叔叔却说，是侄子抬上身，他抬脚，一起将尸体抛至水沟。（4）具体作案情节供述不一致。张辉供述：他先脱去了王某的裤子，再脱了其上衣，张高平在卡车后排睡觉，从后排伸手过来按住了王某的脚。而张高平的说法是：张辉先脱了王某的上衣，然后是裤子，强奸时自己是坐在副驾驶座上用双手按住了王某的脚,等等。但一审判决书却写道:"张辉、张高平在侦查、批捕阶段多次供述奸杀王某的经过,具体细节一一吻合。"

其六,袁某某的身份及其证言备受质疑。袁某某于2001年5月因贩卖淫秽制品牟利罪被浙江省杭州市拱墅区人民法院判刑6年。后因"多次调派'外地'协助公安机关'工作'"获得减刑,第一次减刑1年半,第二次减刑10个月,于2004年9月出狱。基于袁某某的身份和"工作"性质,人们称其为狱侦耳目,其立功表现至少与两起命案有关。2003年春节后,他被关押在河南省鹤壁市看守所,与当时鹤壁市下辖的浚县发生的一起刑事案件嫌疑人马某某同监。按马某某被无罪释放之后的说法,自己是在不堪折磨后,听从了袁某某的"诱导",才同意"自首"的。那份自首材料也是出自袁某某的手笔。2004年4月,袁某某又现身杭州市拱墅区看守所,与张辉同监关押。法庭上,张辉说,当时一进15号房,"号长"袁某某就问:你干了什么事情?张辉回答说没犯什么事。袁某某说,我都知道你干了什么事,你从安徽带来一个女孩子,把人家强奸了、杀了。袁某某还将在哪里杀的、在哪开车掉头、扔包扔在哪里都说得清清楚楚。张辉一惊:自己都不知道的事,袁某某竟然知道得这么详细。而这只开始。为了让张辉认罪,袁某某指挥另外两个人对其进行殴打。张辉每次提审回来后,都要对袁某某复述,说"错"了就被打,次日按"正确"的说。"指认现场"之前,袁某某连夜给他画"线路图",张辉说路线不熟,有些路根本没听说过。袁某某还画了好几遍让他记牢,后来张辉正是根据袁某某画的图"指认现场",前后指认了三次,第三次才"正确"。

二、"5·18"案件中的求同思维

以上漏洞为张氏叔侄被无罪释放,该案被定性为冤案之后才被引起广泛关注的。如此众多又显而易见的疑点为什么持续了十年时间才被发现或者重视呢?我们有必要进一步审视该案背后的具体逻辑。

在日常思维中,我们往往基于某些迹象、经过经验判断形成一个初步推断,给出事实作出相应的解释,这样的推断的认知性质实质上是一个假说,也就是说它可能被后来更多的证据证实,也可能被证伪。我们往往倾向于证实它,这称为求同思维模式。求同思维又称聚合思维、辐合思维、集中思维,是指在解决问题的过程中,尽可能利用已有的知识和经验,把众多的信息和解题的可能性逐步引导到条理化的逻辑序列中去,最终得出一个合乎逻辑规范的结论。求同思维是问题求解的一种基本思维形式,却又极有可能被错误运用。这是因为其具有定向性、印证性、确定性等特点。分析该案之所以存在诸多漏洞,却能在侦查、起诉、审理各个部门一路畅通,并且历经十年方被纠正,与其背后的求同思维的错误倾向不无关系。

(一)基于信念认同的错误思维定向

当罪案发生后,司法机关面对的是一个具有多种可能性的开放世界,首先要做的是积极发现破案线索和证据,认真观察并作出判断,找出其中关键的现象,并对之梳理、筛选、综合、统一,以建构、还原案件事实。在此过程中并没有确定的逻辑模式可依赖,更多的是基于经验的启迪性和敏锐性,在案件侦破初期尤其如此。但经验认知常常又是不可靠的,具有高度的可错性,即使对于一个相对简单的案件,由于案件发生的时效性、隐蔽性、犯罪嫌疑人的有意对抗,以及人类认知理性的局限性等主客观方面的限制,案件的侦破和审理往往并不是一个简单的任务。基于经验的求同思维更易形成错误的思维定向,把人们引入歧途。尤其是抱有命案必破的强烈信念的时候,对于最早指向的嫌疑人往往容易形成有罪推定的偏见并深信不疑。

"5·18"案件发生后,经警方查证,死者生前最后一次进食的时间为5月18日23时35分许,杭州市刑事科学技术研究所出具的《对于5·19案件中尸体胃内容的消化时间剖析》分析认为,死者死亡的时间应在"两小时之内",即5月19日1时35分之前。但张辉、张高平首次被警方询问时,曾表示直至19日凌晨2时30分死者下车前,三人一直在一起。警方因此认定"二张反映情况不实,有重大嫌疑"。

(二)基于求同倾向的印证逻辑

因为基于经验的思维方向可能出现错误,因此需要进一步地发现证据并对其进行验证和筛选。在侦查阶段主要是通过预审实现这方面的功能。1979年《刑事诉讼法》把预审和侦查、拘留等并列写入公安机关职能。1979年公安部制定的《预审工作规则》称,预审人员的职责是,查明嫌疑人有罪或者无罪,查明犯罪情节的轻重,正确地认定犯罪性质和罪名,检验核实侦查所获的罪证材料是否确凿,"保证不放纵敌人,不冤枉好人"。1996年《刑事诉讼法》修正时明确,"公安机关经过侦查,对有证据证明有犯罪事实的案件,应当进行预审,对收集、调取的证据材料予以核实"。预审承担的是破案后、移送起诉前对相关证据材料审核把关并形成诉讼卷宗的职能。按照规则,预审人员对被捕的嫌疑在24小时以内,必须进行审讯,"对证人所陈述的事实,应当问明来源和根据";对嫌疑人的申诉和嫌疑人提出的反证,都要认真查对处理。预审员发现不应该逮捕的,还应立即报告领导人予以释放。但此环节往往受到先行认知的干扰,从而表现出强烈的印证倾向,选择性地赋予新发现的证据以意义性质解读,并对遗留在犯罪现场的痕迹、物品、尸体等实物证据可能提供的反证缺乏敏感性。

首先,参与侦破、起诉和审理的司法人员有时存在推定嫌疑人有罪的心态,从而把嫌疑人的辩解视为狡辩、对抗,认罪态度不好。2006年4月13日,中央电视台第12频道《第一线》节目讲述了警方人员侦破"5·18"奸杀案的过程。在该案中主持预审工作的警方人员曾言:"预审它是跟人打交道,跟人打交道是困难的,应该说还是比较有挑战性,我能够跟你的交锋当中,我能够制服你,有些案子不明白的地方,通过我的工作以后,能够搞明白,我觉得这也是一个比较有意思的工作。"而关于法案在没有找到任何物证的情况下,通过"突审",让"惊魂未定"的张氏叔侄交代"犯罪事实",进而从"细节"入手,获得了"无懈可击"的证据,警方人员说:"人刚刚到案,处于惊魂未定的状态下,经过突审,开口了,两个人都讲了。"而这里所谓的"突审",被张辉、张高平一致认为是刑讯逼供。

其次,对于有利于被告人的证据有时视而不见或者给出别样解读。在刑事诉讼中,只有对被告人有罪的证明达到了排除其他可能性的程度,法官才能作出有罪裁判。也就是说,只有在证明被告人无罪的证据全部被推翻的情况下,法官才能作出有罪裁决。如果侦查机关对证明被告人无罪的证据有意或无意忽略,而对于被告人的辩护,审判机关也并未深究,则会得出对被告人不利的结论。负责该案预审工作的警方人员起码发现了有三处不利于定罪的"破绽":(1)《第一线》节目采访中提及,从尸体上找不到这上面的痕迹,也就是没有犯罪嫌疑人的精斑等。不仅如此,在12吨解放大汽车驾驶座上实施的强奸,技侦人员同样没有在车上查到任何痕迹物证。警方人员在节目中说,几乎把这个车厢都翻遍了,找遍了,没有能找到这方面的痕迹物证。(2)犯罪嫌疑人的口供没有证据支持,法医提取了死者的指甲做DNA鉴定,结果发现,王某的手指甲里留有男性的DNA,可是这份DNA却与两名犯罪嫌疑人无关。(3)二张的口供存在明显的不一致和矛盾之处。《第一线》节目中的表述为:侄儿讲,他实施强奸的时候,是在汽车的前排,当时叔叔是在后排。叔叔说实施强奸的时候,他们三个人同时都在前排。另外,犯罪嫌疑人张辉讲,实施强奸的时候,把被害人的上衣全脱了,而他的叔叔讲,只脱了裤子,衣服没有脱。

应该说,侦查机关还是做了许多细致的工作,警方人员曾经提及,侦查过程中对细节的要求,应该说已经到了苛刻的程度。

第一,警方决定先查证有没有第三个嫌疑人,侦查员先后三次去了安徽,做了大量工作,试图查找王某指甲内物质的主人,结果一无所获。当这些工作不能排除有第三人作案可能性的合理怀疑时,意味着虽不能从逻辑上排除二张嫌疑,但在法律上应当成为反驳定罪的有力证据。但是,警方对有利于嫌疑人的调查结果的忽略,说明警方的侦查工作中存在不足之处。

第二,二张口供中提到抛尸时听到了水声。为此警方进行了广泛调查,甚至到当地气象局取证确认。

第三,警方采取的是嫌疑人指认和民警现场做侦查实验的办法。安排嫌疑人做指认前,警方对见证人身份提出了特别的要求,要求见证人必须是政协委员或是人大代表。请人大代表来作为见证人是一个突破,其与案件中的每一方都没有关系,其见证非常客观,可信度非常高。这样做的目的在于保证指认过程的客观真实性。

第四,明确意识到"死者王某的体内找不到任何强暴的依据"为这起案子的关键点。对此警方诉诸请教专家,并基于专家一个概然性的解释而失去了避免错误的机会。警方人员提及："他也交代了有强奸的行为,但是最后没有射精,我们也请教了法医,那么法医也给我们一个解释,就是说即使犯罪,就是在这么一个抛尸的这么一个现场,有水,即使本身强奸之后体内是留下物质的,一夜的水冲过以后,也有可能把被害人体内的这些强奸的痕迹冲掉。"

第五,通过侦查实验确认二张作案时间上的可能性。警方让民警专门找来货车司机,开着那辆解放车,从安徽到案发地,再到调头处,最后前往上海,完全按照事发经过,在尽可能接近当天各方面条件的前提下,进行侦查实验。按警方的说法:"时间都是精确到秒的,距离是精确到米的。"三四次的侦查实验作出来,结果都比较接近,由此认定当时这两个犯罪嫌疑人的交代符合客观事实。

综上,侦查机关的调查取证虽然比较认真细致,针对案件的疑点进行了逐一查证,但也存在较为明显的问题,主要表现在几乎所有的调查都是在较为明显的印证逻辑的倾向下给予解释。肯定性结果被放大,否定性结果被忽略,或然性结果被作选择性解释。例如,受害人尸体未有被强奸的遗留物被解释为可能被水冲走,在同样的情况下,体内的遗留物能被水冲走,而指甲缝内的DNA遗留物为什么没有被水冲走呢?侦查过程中对于诸如此类的问题缺乏细致的考虑,甚至有可能选择性地忽略。

有一个细节很多人都没有注意到,就是《羊城晚报》记者曾拿出负责预审工作的警方人员的照片给张氏叔侄看,二人均很确定地表示"没见过"。记者追问有无被女警官提审过,二人均坚决否认,叔叔说"从头到尾都没有女人审过我",《南方周末》记者在本案的案卷记录和一线侦查材料中,也没有找到相关警方人员的名字。如果以上描述为真的话,说明负责预审工作的警方人员甚至没有与嫌疑人有过直接接触,完全是凭着自己主观的思路设计预审方案。通过选择性地赋予认证结果的性质和意义,形成一条有罪的证据链条,使最初的判断不断地得到强化,从而完全背离了预审制度设计的初衷。浙江省一位公安系统人士说,预审工作包括查明案件事实和判断有罪无罪两项主要职能,"既要查找证明证据打击犯罪,又要查找反证以保障无罪的人不受刑事追究,但往往以打击犯罪为出发点"。负责预审工作的警方人员的问题是，只顾查实，忽略证伪。所有的方法，都是冲着证明嫌疑人有罪供述的合理性而去，"其实就是有罪推定"。而负责预审工作的警方人员用以推理串连的各种细节，均基于两位嫌疑人的供述，后续想方设法加以印证。这就使案件的侦查偏离了正确的方向，形成错误的认定。2013年，浙江省高级人民法院对该再审案公开宣判，撤销原审判决，宣告张辉、张高平无罪。判决书确认，从同监犯获取及印证原审被告人有罪供述等侦查程序和行为不合法，本案"不排除公安机关在侦查过程中有以非法方法获取证据的情况"。

最后，办案机关为强化最初的假定，主动获取证据，甚至不惜采用非法手段。2007年，有学者对我国较典型的20起刑事误判案件进行统计，发现"有多达11起案件（高达55%）存在警察违法取证，隐瞒、伪造证据，甚至阻止证人作证的现象。在这11起案件中，有5起（25%）案件存在警察采用违法手段，包括采用暴力或其他手段迫使证人作伪证的现象；有5起（25%）案件存在警察造假，如伪造物证、伪造证人证言等现象；有3起（15%）案件存在警察阻止证人作证的现象；有1起（5%）案件存在警察对证人进行贿赂，诱导证人提供对犯罪嫌疑人不利的证言的现象；有1起（5%）案件存在警察故意隐瞒对犯罪嫌疑人有利的证据（物证）的现象；有1起（5%）案件存在侦查人员在辨认时对被害人进行暗示和诱导的现象"[①]。

（三）基于结果认同的纠错机制失效

由于主客观因素的限制，任何一个法律体系都不可能绝对避免冤案的出现，但是，一个成熟的司法制度能够敏锐地发现所犯的错误并及时纠正。然而，张辉、张高平叔侄冤案长达十年才得以纠正，其过程也是一波三折，绝非如美国检察官吉姆·佩特罗《冤案何以发生》一书里所描述的：一份DNA样本出现，真凶浮现，因奸杀案被定罪的男子沉冤得雪。

2005年年初，服刑期间的张高平从电视中看到一名浙江大学女学生乘坐

---

① 陈永生：《我国刑事误判问题透视——以20起震惊全国的刑事冤案为样本的分析》，载《中国法学》2007年第3期。

出租车被害的新闻。张高平发现此案凶手勾某某的作案手法与其自身案件的作案手法十分类似，并且王某说是要打出租车然后才被害，也与勾某某为出租车司机的身份具有某种联系。他怀疑王某也是被勾某某所害。据此向公安机关报告了自己的怀疑，并要求将勾某某的 DNA 与王某指甲内的混合 DNA 作出比对。此后的事实证实了张高平的怀疑，但在当时，这一怀疑未被重视。

2008 年 5 月，张辉、张高平入狱 5 年，河南鹤壁一起灭门血案当事人马某某无罪获释。出狱后的马某某在接受媒体采访时表示，自己在狱中所写的"自首书"，出自袁某某之手。袁某某的名字立刻勾起了叔侄二人的回忆：2003 年"5·18"案发生后，逼迫张辉写下认罪材料的同监犯的名字也叫"袁某某"，该案一审的判决书记载，袁某某曾出具证言，证明张辉曾在看守所内自陈强奸致人死亡的过程。张高平迅速将情况汇报给驻监检察官。但是，驻监检察官及二张家属的不断反映并没有引起浙江相关司法部门的重视，甚至没有做上诉登记。

直到 2011 年 11 月，一家媒体报道了该案，并提出了六大疑点，引起舆论沸腾，浙江省委政法委成立了评查组，该案的复查工作才得以启动。经公安部和浙江省两级公安机关物证鉴定部门的分析比对，该 DNA 材料终于被鉴定出与 2005 年震动杭州城的女大学生被害案凶手勾某某的 DNA 高度吻合，正因如此，张辉、张高平案才迎来了关键性转折。

（四）基于求同思维的制衡机制失效

《刑事诉讼法》第 7 条规定："人民法院，人民检察院和公安机关进行刑事诉讼，应当分工负责，互相配合，相互制约，以保证准确有效地执行法律。"关于各专门机关的分工，《刑事诉讼法》第 3 条作了明确规定："对刑事案件的侦查、拘留、执行逮捕、预审，由公安机关负责。检察、批准逮捕、检察机关直接受理的案件的侦查、提起公诉，由人民检察院负责。审判由人民法院负责。"

抗诉权或者批捕权都是刑事诉讼法赋予检察机关的基本职权，是检察机关履行司法职责的方式。在本案中，虽然检察机关两次以事实不清为由拒绝提起公诉，退回侦查机关重新侦查。但最终在侦查机关并没有提交新的有力证据并提出充分理由的情况下还是提起了公诉。

审理是定罪量刑的一个基本环节，也是澄清事实，发现纠正侦查、公诉环节可能存在的瑕疵、漏洞、错误的关键环节。罪刑法定是我国司法审判的一项基本原则。《刑事诉讼法》第55条、第200条分别规定："对一切案件的判处都要重证据，重调查研究，不轻信口供。只有被告人供述，没有其他证据的，不能认定被告人有罪和处以刑罚；没有被告人供述，证据充分确实的，可以认定被告人有罪和处以刑罚。""在被告人最后陈述后，审判长宣布休庭，合议庭进行评议，根据已经查明的事实、证据和有关的法律规定，分别作出以下判决：（一）案件事实清楚，证据确实、充分，依据法律认定被告人有罪的，应当作出有罪判决；（二）依据法律认定被告人无罪的，应当作出无罪判决；（三）证据不足，不能认定被告人有罪的，应当作出证据不足、指控的犯罪不能成立的无罪判决。"也就是说，对于检察机关提起的公诉存在三种可能的结果：判决被告人有罪、无罪以及基于疑罪从无的原则判定无罪。这就要求审判机关平等对待各方意见，公正、客观地审查所有证据。然而在本案中，司法机关显然没有很好地履行自己的职责。在本案的一审、二审中，辩护律师明确指出了侦查、检察机关的指控以及一审法院裁判中存在的问题，证明犯罪嫌疑人、被告人是无罪的，但其意见没有受到应有的尊重。

人民检察院、人民法院、公安机关是一种合作与制约共存的关系。面对刑事犯罪行为，发挥各自作用，将犯罪分子绳之以法，是为互相配合。而互相制约，则是指其中某个环节出现认定或判断错误，可以通过批捕权、抗诉权、再审权等权力的运用予以纠正，避免出现与正义、真相相违的决定。

三、求同思维的制度性根源及改进

冤案的发生对于任何一个法治国家和社会都是耻辱和悲剧，每有冤案被披露，往往成为社会关注与讨论的焦点。或探究制度、机制的缺陷与不足，以求亡羊补牢；或痛扁冤案制造者为求一己私利而置法律道德于不顾。然而，有一类冤案成因却往往被人所忽略，即冤案制造者并非存有直接不当之动机，而是基于心目中惩恶扬善、实现正义的强大信念标准和经验认知模式，先假定某当事人为有罪，然后下意识地筛选定案的有利证据，忽略、过滤不利的证据，以证成该当事人确实有罪的结论。此类冤案的成因最为根本的并不是存在制度漏洞，也并非因为办案人存在明显不良动机，而是在面对案件时应注意避免求同思维的"误导"。

随着我国社会主义法律系统的初步形成，尽管制度建设在理论上作为未竟事业仍需继续努力，但更紧迫的是制度的落实与遵守。将制度不完善作为冤案成因并不能解决僭越制度的问题，并且泛化的制度批判反而消解着法治的权威与稳定，不利于对制度的遵守。而对于冤案制造者而言，他们也可能同样是冤案的牺牲者，应当探究导致冤案发生的逻辑缺陷，提高其办案理性，避免"好心"办坏事的悲剧发生。

从以上分析可以看出，求同思维被滥用，对司法公正会产生极其不利而影响。其背后的社会、历史、文化传统值得反思。

（一）社会控制仍是法治的首要目标，各种制衡制度需要加强

考察漫长的中国历史，社会控制占据着一个核心地位。中国人在漫长的历史过程中创造了一个复杂、独特的法律体系。这一庞大的法律体系是土生土长的；只是在 19—20 世纪它才受到其他国家的一些法律理论的影响。儒家学说的中心目标是建设一个管理良好的社会：一个由等级森严的社会组织和政治组织所构成、由贤明睿智的皇帝所领导的受过良好教育的文官系统自上而下加以控制的社会。这种社会最大的优点在于社会和政治的稳定。基于对该目标的追求，存在着政治和意识形态方面的强大压力，要求保持社会的高度一致。

在以社会控制为中心目标的观念下，中国形成了完全不同于西方的法治理念，西方的法律移植被认为是上帝或自然的某种更高级命令在人间的体现，而法家的法律只代表了统治者的命令。新中国成立后，国家、社会性质有了根本的改变，打击犯罪和保障人权是现代刑事诉讼价值的两个维度，但在具体的司法过程中，执法、司法人员往往重打击而轻保护。虽然社会主义法律

体系已初步形成，各项规章制度也在不断完善，但相关制度和规范很难在实践中得到真正落实，法治的专业化、职业化发展依然步履维艰，韦伯曾言："法律朝反形式主义方向发展，原因在于掌权者要求法律成为协调利益冲突的工具。这种推动力包括了要求以某些社会阶级的利益和意识形态代替实体正义；还包括政治权力机关如何将法律目标纳入其理想轨道；还包括'门外汉'对司法制度的要求。"①

（二）我国传统思维方式倾向于认同而疏于求异

思维方式是指"在人类社会发展的一定阶段上，思维主体按照自身的特定需要与目的，运用思维工具去接受、反映、理解、加工客体对象或客体信息的思维活动的样式或模式"②。思维方式随历史的积淀而形成，但一旦形成就具有较稳定、持久的惯性，极大地影响甚至决定着特定社会中的主体认知把握对象的角度、内容、方法、程序以及评价标准等。从而也通过思维主体的思想和行为决定着社会制度的运行。悠久的历史、独特的生态环境、相对独立的物质文化生活等因素塑造了中国人的思维模式，如重直觉轻逻辑、重实质轻形式、重意向轻中立等。这些思维模式的特点具有认知求同的倾向，从而既导致了冤案的产生，又使冤案难以被发现和纠正。

1. 重直觉轻逻辑导致无法对办案过程进行精确分析评估

直觉思维是认知主体基于经验对认知对象的直接、大致的想法。其优点在于启迪性和便捷性，可以利用过去和前人积累的经验，对事物的基本属性、范畴归类、价值意义作出初步的理解和判断，因此，丰富的经验积累对于确定思维方向、选择思维内容具有重要意义。在司法过程中，法律人通过对当事人的描述、证据的初步考察，发现案件线索、关键点，确定案件的性质，规划进一步的思维路线具有重要意义。其缺点在于具有较大的模糊性和极强的定向性。模糊性表现为对认知主体的认知过程和结果难以做精确的分析和评估；定向性表现为一旦直觉形成则会对后续的思考产生较强的导向作用，

---

① ［德］韦伯：《论经济与社会中的法律》，张乃根译，中国大百科全书出版社1998年版，第317页。

② 高晨阳：《中国传统思维方式研究》，山东大学出版社1994年版，第3页。

难以发现并纠正可能出现的错误。以上两点的结合导致批判性思维的缺失，成为"盲从"和"迷信"的根源。故休谟认为："一切从经验而来的推论都是习惯的结果，而不是运用理性的结果。"① 直觉思维是我国最主要的传统思维模式之一，导致我们在思考问题时，重视对事物能够有效地作出初步的判断，忽视作质和量的分析；精于直觉概括，疏于概念分析和严密推理，因而难以把握对象的各具体要素，在推理时难免出现牵强附会。因此，要对直觉思维作出进一步的分析和评估，还必须借助逻辑思维。

逻辑思维是指认知主体借助概念、判断、推理等思维形式能动地反映客观现实的理性认识过程。逻辑思维的作用在于基于真的前提，通过有效的推理模式必然得出真的结论。这里的真可做更广泛的理解，如合法、合理、正当性、可接受性等，即通过有效的推理形式，将前提的真、合法性、合理性、正当性、可接受性等传递给结论，从而证明结论的真等性质，此乃为什么逻辑推理具有普遍的论证力的原因。另外，逻辑的更普遍的作用在于明确的推理规则保证了思维的可分析性、建构性和可判定性，从而推动法治运行的确定性、一致性和公平性。因此，逻辑成为固法的可靠工具。② 但是，逻辑思维也有其在法律领域中应用的局限，可能导致法律运行的机械、僵化。因而，自19世纪后期，以现实主义、后现代主义为代表的法学理论便充斥着对法律逻辑作用的各种批评。

从理论的角度看，直觉思维与逻辑思维都是法律思维的重要模式。相对于法治对确定性、稳定性、公平性、一致性的价值追求，逻辑思维具有更大的意义。然而，我国的一些法学家和法律事务工作者却跟着西方法学家的调子，也在批判法律中对逻辑的运用。这些批评是在西方逻辑思维已经高度发达，甚至导致唯逻辑思维的背景下的矫正。而我国法律人的逻辑思维远没有那么明确和坚定，又遭后天的否定、批判，法律人的逻辑思维意识和能力单薄已成为阻止我国法治建设的重要障碍。在本案中，侦查机关根据相关线索

---

① ［英］休谟：《人类理智研究》，载北京大学哲学系外国哲学史教研室编译：《西方哲学原著选读》（上卷），商务印书馆1981年版，第527—528页。
② 陈金钊：《逻辑固法：对法律逻辑作用的感悟》，载《重庆工学院学报（社会科学版）》2007年第7期。

确定二张为嫌疑人,这样的作为本不存在错误。错误之处在于在随后的预审、起诉、审理过程中,没有清醒地意识到这种基于经验形成的判断需要通过逻辑分析、评估,或进一步发现证据、强化证据链条,或根据发现的否定性证据修正初始的假定,重新组织侦查、起诉和审理。

2. 重实质轻程序导致难以避免冤案中明显的逻辑错误

由于缺乏有效的逻辑工具,我国传统的法律思维难以确立严格的逻辑规则、法律规则作为对思维过程、要素做精确分析、评价的标准和有效的约束。尤其在追求政治效果、社会效果、法律效果高度统一的压力下,我国法律人的思维是一种平民式的追求实质目标而轻视形式过程的思维。这种思维方式可称为实质性思维,与形式性思维相对。具体表现为法律人在法律与情理关系上往往倾向于情理义法的高度统一,甚至置天理、人情于法律、逻辑之上。

这种思维模式导致,一方面不顾情理法之间存在的分歧甚至冲突,片面追求不可实现的法律目标,反而导致极其低级的逻辑错误。"我们'仲尼之徒'一向是注重'以德为政'的。毫无法理常识的'青天大老爷'动不动就来他个'五经断狱'。断得好的,则天理、国法、人情、良心俱在其中;断得不好的,则来他个'和尚打伞,无法(发)无天,满口革命大道理,事实上则连起码的逻辑也没有了。"[①]

另一方面,疏于学习、掌握细致的法律方法。没有方法论的自觉训练,的确可以凭借职权断案,但常断不明案,当事人每每不服。这固然有时是判断者的价值观出了问题,如徇私枉法,如因循守旧,却也大量表现为技艺不行。法学是一门充满实践理性的学科,魅力主要不在于坐而论道,构建价值,因为其他学科也共担这种使命,而在于通过规范把价值作用于事实,作出外有约束力,内有说服力的制断技艺。

3. 重意向轻中立的思维模式导致难以自我发现、纠正办案中的错误

客观、中立地执行、适用法律是保证法律公正的一个基本前提,这就要求法律人在办案过程中尽可能地避免掺杂个人的情感、价值偏好等非理性因素,因而,思维过程中主体、客体的分离也是一项必要的手段。但在传统思

[①] 唐德刚:《胡适口述自传》,华文出版社1992年版,第127页注释23。

维模式中体现出较为强烈的主体意向性：在事实判断中，把主体自身作为宇宙的中心，强调"万物皆备于我"；在价值判断中，把知、情、意融合在一起，从而以主体意向统摄客观事实，以政治判断统摄真假是非，以道德判断作为价值判断。从本案中可以看出，侦查机关为案件侦破还是做了不少努力，但不能顾及事实认定形式上的正当性，甚至抛弃法律形式上的证据事实，而以直观的模糊性思维去判断案件事实。

第九章

当下司法中权变思维的滥用与规制

在我国司法实践中，社会舆论、政治干预等法外因素是影响司法裁判的重要因素，这与我国传统权变思维密切相关。面对社会转型，基于维护稳定、化解纠纷的现实考量，在司法实践中出现了权变思维的滥用现象，不仅扭曲了法律规范在法律思维中的基本制约功能，而且严重影响了我国现代法治秩序的建构进程。本章试图通过对权变思维滥用的现实危害、产生根源进行探讨，探究权变思维滥用的发生机理，以期为有效规制我国司法实践中权变思维滥用提出相应对策，对我国当代法治秩序建构有所助益。

一、司法实践中的权变思维

近年来，随着我国法治建设不断走向深入，司法实践中权变思维滥用带来的不确定性与现代法治秩序的稳定性之间产生了根本冲突，既影响了当代法治秩序的权威确立，也引发了政治干预、舆论审判、司法腐败等诸多社会问题。由此，权变思维滥用成为一个值得关注的法治话题。

（一）权变思维的基本界定

在中国古代，权变是一个哲学用语。在《论语》中孔子提出："可与共学，未可与适道；可与适道，未可与立；可与立，未可与权。"[1] 所谓"权"，本义指称物之锤，即秤砣。引申为动词，指以权衡量，权然后知轻重。在这里，孔子将"权"视为一种具有至高境界的方法论，认为在不同的境遇下要灵活变通。之后权变成为众多思想家重点讨论的一种思维方式。孟子说："男女授受不亲，礼也；嫂溺援之以手，权也。"[2] 表达了既要遵守一般行为

---

[1] 孔子：《论语》，辽宁民族出版社1996年版，第101页。
[2] 孟子等：《四书五经》，中华书局2009年版，第89页。

规范，但也不绝对拘束于既有规则，特殊情形下加以变通的灵活态度。随着人类文明的演进、发展，今天权变已经成为哲学、政治学、社会学等诸多学科研究的一个重要领域。作为一种思维方式，权变思维不仅影响了我国的政治、经济、社会等诸多领域，① 而且深刻影响了我国传统与现代的法治实践，在司法实践中形成了权变思维。对此学者从不同角度也多有论述。

部分学者认为，在传统司法实践中，权变思维是"实用理性"的一种产物。谢晖认为，正是"受制于所谓'实用理性'的深刻影响，一种'权变'的思维便应运而生"。② 武树臣、武建敏认为："中国传统的司法虽然也要求遵照法律的文本世界进行审判，但在许多情况下则往往根据具体的情理作出折中式的判决，这也许正是实践理性的要求和体现。因为在古代法官看来，尽快结束诉讼当事人的非正常状态，使他们恢复合理的正常生活，比写出一篇漂亮的判决书更重要。"③ 这里的"实践理性"实质上是一种"实用理性"，它关注现实社会生活，不作纯粹抽象的思辨，也不让非理性的情欲横行，事事强调实用、实际和实行，满足于解决现实问题。无论是司法裁判中的政治考量还是道德考量都是一种基于恢复既有社会秩序的现实选择，这成为司法实践中权变思维展开的逻辑起点。

也有学者指出，在权变思维作用下，政治、道德等法外因素影响甚至支配着司法裁判结果的形成。孙笑侠指出，在中国法律传统中，我们总是把衡量法律制度合理与否的标准放在目标合理方面；在个别案件与一般规则相矛盾的情形下，我们的评价标准总是倾向于"法本原情""舍法取义"；在法律施行的过程中更多地重视执法者的因素、目标的因素，而较少考虑法律自身的因素和法律过程的因素。在法律与道德的关系上，法律没有独立的自我准

---

① 对此，学者余治平指出，在中国社会，经权、常变不仅是一种纯粹的哲学范畴，而且还是融入所有中国人日常生活方方面面的基本风格与共同智慧，甚至还可以说是一种被绝大多数中国人所追求的非常高超的人生理想或艺术境界。由经权、常变而延伸出的中庸之道，是中国哲学发展历程中的一大重要现象，也是形成中国哲学乃至整个中国文化性格的关键点。参见余治平：《"与时俱进"的传统根源与哲学支持》，载《四川大学学报》2004 年第 1 期。

② 谢晖：《中国古典法律解释的形上智慧——说明立法的合法性》，载《法制与社会发展》2005 年第 4 期。

③ 武树臣、武建敏：《中国传统法学实践风格的理论诠释——兼及中国法治实践学派的孕育》，载《浙江大学学报》2013 年第 5 期。

则，即内部道德，受伦理束缚、受人情支配、受舆论左右；在法律与政治的关系上，法律绝对服从政治目标、一切不符合政治目标的法律都可以随时被改变或废除；在法律与社会事实的关系上，法律因时势变化而变化，因个案中的个别情形或需要而被任意解释。这样一来，法律成为一种"可变"的、不稳定的因素。过于追求实质合理性，必然使人为因素、道德因素、政治因素以及时势因素无限制地膨胀，[1]开始主导司法裁判的形成。季卫东也认为，"从贯穿法学史的德刑礼法术势之论可以看到我国法律思维不同于西方的一个根本特色：不是通过诉讼事实关系的单纯化从而把分析判断的焦点集中到少数法律性争端上，以确保司法的相对纯粹性和可预测性，而是尽量把一切有关的社会背景都收入视野、酌情制宜，以求'摆平'"[2]。整个国家法律体系是一个"由主法集群和副法集群所构成的国家规范体系双重结构。在这里，主法集群是指具有稳定结构的正式规则簇（律令），对事不对人，强调一律性；而副法集群是指正式规则与非正式规则交错、融合的混合体（礼制、条例、情理、习俗等），具有随机应变、融通无碍的特征，强调特殊性、情感性。在一定意义上可以说，多层多样的副法集群构成了主法系统的安全阀，也通过根据具体情况的不同组合方式使主法系统的结构更有弹性。主法与副法，大致相当于所谓'经'与'权'之间的关系。"[3]正是在"实用理性"基础上，在"法本原情""舍法取义"原则指引下，这些道德规则、政治规范在权变思维作用下，开始主导司法裁判的形成，寻求一种司法裁判结果的可接受性。

还有学者认为，由于权变思维的作用，往往导致司法裁判放弃既有法律规则的约束，以政治规范、道德规则作为司法裁判的基本依据。范忠信认为，"古代中国所谓司法，仅仅是国家整体政务的一部分，是皇帝或整个国家机器'为民父母'职责的一部分。没有与所谓行政相对独立或分离的司法概念，也没有相对独立于司法的行政概念。司法所司者，实际上并不是后世所谓法，而是君主的意志。要么是君主通过'律令''律例'的形式表达出来

---

[1] 孙笑侠：《法治、合理性及其代价》，载《法制与社会发展》1997年第1期。
[2] 季卫东：《中国法文化的蜕变与内在矛盾》，载《比较法研究》1987年第4辑。
[3] 季卫东：《中国的传统法律思维模式》，载《中国法律评论》2014年第1期。

的比较稳定的一般意志,要么是君主随时随地随事发出的个别意志。"① 在此意义上,司法裁判更多的是一种基于政治决策解释引申的产物,不是根据法律规范依法裁断的结果。谢晖认为:"这种'权变'思维也成为人们在法律解释中对法律的意涵不断引申,以'实情'而篡改'法条'的口实。只有在这种篡改中,法律才不至于成为实现人们理想中的实质合理的障碍,才不至于束缚判官们以所谓情理道德教化民众的手脚,从而更好地把法律纳入道德教化体系中,以便成为德教的辅助工具。"② 由此可见,在传统司法裁判中,基于行政兼理司法的政治思维和司法官员的行政职责所系,基于维护宗法社会礼法道德秩序的现实需要,法官往往本着一种实用理性的精神,变通实施法律规则或者放弃法律规则而以政治规范、道德规则作为依据来处断司法案件。这在客观上很容易导致突破法律规范对司法裁判构成的有效制约,产生法律虚无主义的不良倾向。

在一般意义上,权变思维旨在强调遇事要善于审时度势,顺应时势,采取不违背大原则的变通处置。综合以上分析,具体到司法实践中,权变思维是指以实用理性为基础,在司法实践中因应政治权术、道德教化需要变通实施法律规范或者放弃法律规范而以政治规范、道德规则作为依据处断案件的一种裁判思维。权变思维伴生于传统法律制度形成之时,随着"引礼入法"得到进一步加强,主导了我国古代的司法实践,也深刻影响了今天我国的司法实践。

(二)权变思维滥用对当下司法实践的危害

权变思维作为一种思维方式,有具体问题具体分析、因应情况灵活变通的优点,但是,这种实用主义思维也可能在不正当利益、非理性情感驱使下被人为滥用。钱穆在《论语新解》中对此就曾经明确指出:"《论语》曰:'立于礼',然处非常变局,则待权其事之轻重,而后始得道义之正。但非义精仁熟者亦不能权,借口适时达变,自谓能权,而或近于小人之无忌惮,故

---

① 范忠信:《专职法司的起源与中国司法传统的特征》,载《中国法学》2009年第5期。
② 谢晖:《中国古典法律解释的形上智慧——说明立法的合法性》,载《法制与社会发展》2005年第4期。

必能立乃始能权。"① 在当代中国法治实践中，随着现代西方法治理念传入，关注道德、政治等法外因素影响的传统权变思维与现代法治文明的形式法治理念之间发生了根本冲突，在社会转型背景下，社会发展迅速，旧体制还未根本退出，新体制仍在建立之中；价值观念日益多元，旧观念仍未彻底根除，新观念还在日渐形成；旧有利益格局还未根本打破，新型利益格局正在形成之中。由此在新旧观念混杂、体制机制转轨中，司法实践中出现了权变思维的滥用，给当代中国法治秩序确立带来诸多不确定因素，严重影响了人们对现代法治秩序的确信、认同；同时，也引发了政治干预、舆论审判、司法腐败等诸多社会问题。

1. 由于权变思维的滥用，司法裁判容易受到公共权力不当干预，背离现行法律规范约束，影响现代法治秩序的稳定、权威

一直以来，在我国法治体制中存在着公检法协同办案机制，以此为基础在刑事办案中形成了一种"以侦查为中心"的诉讼模式。在这一诉讼模式下，"刑事案件的审查起诉和法庭审判很容易成为侦查的附庸，而'政法委'的介入更为这种模式作了背书。……在实践中，地方政法委的领导往往过分强调'互相配合'的重要性。特别是在面临重大疑难案件时，政法委经常牵头组织公、检、法三家'联合办案'……三家联合办，就要强调'协同作战'和'统一指挥'，在公安机关已经侦查终结的情况下，检察院只能提起公诉，法院也只能作出有罪判决。这样，结果往往就成了检、法两家配合公安，许多冤案也就由此而生。"② 这在事实上形成了政法委、公安、检察三种带有政治性因素的权力对法院司法裁判权的干预。由此，司法裁判只能在回应上述政治权力需求中权衡变通，最终突破了现行法治秩序、法律规则对其的既有约束。在以往的"严打"、后来的"维稳"等诸多事件中这种情况尤为明显。③ 本轮司法改革前，法院对同级人大及其常务委员会负责，各地方

---

① 钱穆：《论语新解》，生活·读书·新知三联书店 2002 年版，第 245 – 246 页。
② 何家弘：《当今我国刑事司法的十大误区》，载《清华法学》2014 年第 2 期。
③ 严励：《地方政法委"冤案协调会"的潜规则应该予以废除》，载《法学》2010 年第 6 期；陈永生：《冤案的成因与制度防范——以赵作海案件为样本的分析》，载《政法论坛》2011 年第 11 期；范依畴：《冤狱追责虚化势必纵容错案复发——今日呼格案与昔日杨乃武案比较与反省》，载《法学》2016 年第 9 期。

法院的人事和财务基本上都受制于当地的国家权力机关和行政机关。在这种体制下，司法权往往受立法、行政等诸种权力影响，从而在司法实践中存在一种与协同办案类似的因应各种权力的变通可能。轰动一时的呼格吉勒图案就是其中的一个典型例子。"呼格吉勒图被执行死刑案从发案、破案到审判，从一审判处死刑到二审'维持原判'，核准死刑，再到执行死刑，只经历了短短62天即告完结。显然这不是因为对被杀者生命的尊重，也不是基于要急切地通过执行呼格吉勒图的死刑来实现社会正义和公平，并告慰死者及其亲属，而是因为当时贯彻'从重从快，严厉打击'的刑事政策的要求。"① 在这类案件中，除了事实认定中存在证据不足、互相矛盾等问题，还存在着法律适用中迎合政治干预、变通法律解释的倾向。

正如马克斯·韦伯所说，在追求实质合理性的传统法律中，"它们的目的在于发现一种最适合于当局的通权达变和道德目标的法律类型。法律发展的这些推动者并没有对法律问题进行自成一体的专门'司法处理'的观念，而且根本不关心对法学和伦理学加以区分"。② 当政治因素、道德因素以各种形式进入司法程序的时候，既有法律规范、法治秩序的约束就会在权变思维的作用下被人为突破。法律为了迎合政治干预、舆论压力而变通适用，具有了因时、因地、因人、因事、因势而变的可能，在这一系列的权衡变通中既有法律规范、法治秩序的约束被松弛甚至被抛弃，人们对现代法治秩序的理性认同难以形成，现代法治秩序的权威性更无从确立。

2. 权变思维的滥用可能引发"舆论审判"，最终导致"众愚政治"的不良后果

在传统法律文化中，法官思维是一种大众思维，这使得大众与法官之间存在共同的道德价值判断，当针对特定案件舆论集聚之时，能量巨大的"舆论场"就会影响甚至扭曲司法人员的认知和裁判。

"司法机关在民意面前本应挺直腰板，坚守法治原则，秉持法律精神，依法办案，公正裁判。但是在司法公信力偏低的情况下，领导者往往要强调

---

① 张绍彦：《"呼格案"向我们揭示了什么》，载《人民法院报》2014年12月18日，第2版。
② [德]马克斯·韦伯：《经济与社会》（第二卷），阎克文译，上海世纪出版集团2010年版，第945页。

司法裁判的社会效果，于是，一些司法人员在面对偏向的民意和激昂的民愤时，就无法保持中立和公正，甚至放弃司法的原则，在裁判时屈从民意。"① 而民意更多的是社会公众朴素道德价值观念的一种反映，具有非理性、盲从性、局部性、流变性的特点，针对特定社会敏感案件往往容易迅速集聚，形成一种社会舆论，给司法者造成一种社会压力，客观上成为权变思维发生的一种外在诱因。当公众施加的社会压力与领导者对司法裁判社会效果的关注有机结合时，权变思维的发生就成为一种必然，"舆论审判"的效果也开始显现。曾经广受关注的刘涌案、李昌奎案裁判结果的一波三折、反复不定，在一定程度上，就是道德因素、社会舆论左右司法裁判、司法适用中权变思维发挥作用的最好证明。② 正如前文所述，民意具有情绪化的特点，其本身不一定都是社会转型客观需求的理性反映，有可能是个别社会成员的一种心理宣泄；同时，民意也具有局部性特点，其不一定是社会整体利益诉求的客观反映，而仅仅是个别利益集团、特定利益阶层的特定利益表达；另外，民意还具有流变性特点，这也决定了民意在社会各种因素作用下会不断变异、无法确定，极有可能把社会公众引致某种极端，导致整个社会最终进入"众愚政治"的不归路。如果以这样的民意作为司法裁判权衡变通的依据，就会助长那些根据具体情境操作制度的投机行为，也使得当事人和群众在守法和其他活动中更倾向于在诉讼中进行舆论"造势"，导致"医闹"、缠诉、无休止的上访等各种法治乱象丛生，司法的独立尊严、裁断纠纷的权威地位也将受到人们的理性质疑。

3. 权变思维的滥用，有可能为法官徇私枉法提供非法便利空间

中国人生活在各种各样的人情关系网络之中，即使法官也难以从日常的人情网络中超脱出来，形成一种与社会上人情往来基本隔离的特殊职业及相关的伦理文化。费孝通认为，在差序格局的乡土中国，整个社会"是由无数私人关系搭成的网络。这网络的每一个结都附着一种道德因素，因之，传统

---

① 何家弘：《当今我国刑事司法的十大误区》，载《清华法学》2014 年第 2 期。
② 杨兴培：《李昌奎案：本不应轻启刑事再审程序》，载《东方法学》2011 年第 5 期。孙笑侠：《司法的政治力学——民众、媒体、为政者、当事人与司法官的关系分析》，载《中国法学》2011 年第 2 期。

的道德里不另找出一个笼统性的道德观念来,所有的价值标准也不能超脱于差序的人伦而存在。中国的道德和法律,都因之得看所实施的对象和'自己'的关系而加以程度上的伸缩。"[1] 由此,在实际社会生活中,法官的个人利益除金钱或物质的授受之外还可以有多种表现,如亲属、熟人朋友、同事等的打招呼、说情以及来自内外部领导的压力或干预。[2] 在这种环境下,法官个体往往为了给朋友面子、获得好人缘,或者为了得到领导赏识、获得将来可能的照顾等各种基于人情关系的原因接受说情或屈从于压力干预,对特定案件进行特殊考量。一种情况表现为明显的枉法裁判,从政治、道德角度寻找一种非常牵强的理由进行违法裁判;另一种则表现为在法官可自由裁量范围内的一种"偏向"。这是一些在客观上看来算不上"错误"或违法的"裁量"。说其是一种"偏向",是因为在这里法官不是出于纯粹的事实考量、法律解释或者政策目的,而是基于上述某种个人利益的考虑才作出的选择,事实上实现个体利益的冲动才是产生这种"偏向"的根源所在。由于这种权变往往比较隐蔽,通常由一些法律明确规定的理由予以遮盖,在司法实践中一般不易察觉,实际上更容易发生,危害也更大。正是因为权变思维的存在,在国人的传统法律观念中,法律是一种统治工具,是一种可以由专权者、政治官员进行人为操作的制度工具。因此,在宗法制度盘根错节的熟人社会,借助人情关系的多元途径,司法者成为人们关注的对象,人们希望借助司法者在司法活动中的人为"运作"规避法律的制裁。权变思维的存在为这种"运作"需求恰好提供了一种便利的机制空间。这种思维延续到今天,实践中为了满足个体的非法利益、实现个体的不法目的,形成了以迎合政治需求、适应社会转型、回应民众舆论、顺应人民意愿名义下的权衡变通,枉法裁判。在此意义上,权变思维的滥用为法官徇私枉法提供了非法便利空间。

二、权变思维滥用的原因解析

司法实践中权变思维的泛滥,既是传统法律文化实用主义观念的延续,

---

[1] 费孝通:《乡土社会·生育制度·乡土重建》,商务印书馆2011年版,第70页。
[2] 王亚新:《"司法腐败"现象的一种解读》,载《思想战线》2005年第4期。

一定意义上说,也是转型中国社会发展的特定产物。

(一)传统实用主义法律思维的负面影响

乡土社会的传统中国诞生于古典农耕文明,在这一文明中,"文化是稳定的,很少新的问题,生活是一套传统的办法。如果我们能想象一个完全由传统所规定下的社会生活,这社会可以说是没有政治的,有的只是教化"。[①]经西汉董仲舒等人不断阐扬,注重教化的儒家思想开始成为中国古典社会的主流政治理念,法律开始依附道德,成为推行教化的有力工具。法律具有了与道德一样的弹性,法律适用也具有了因应教化需要的灵活变通。法律不仅没有成为道德滥用的规制手段,相反,道德成了法律适用的指导思想。司法实践中,基于道德教化的权衡变通可以不受既有法律的规则约束;同时,传统中国的统治者深受法家君主专权思想影响,熟习帝王之道、权谋之术。基于维护统治需要,往往会运用至上皇权随意干预司法,变通法律适用,将法律变成实现自己意志的得力工具。由此,维护专权的通权达变与实施教化的因情变通在法律领域中实现了耦合,权变思维成为我国传统司法实践的一种基本思维方式,不仅影响了整个古代中国社会,而且作为一种传统因素也深刻影响了当代中国的司法实践。

庞德认为,社会控制的主要手段是道德、宗教和法律。在近代世界,法律成了社会控制的主要手段,其他社会控制手段只能行使从属于法律并在法律确定范围内的纪律性权力。[②]如前文所述,在传统司法实践中,道德、政治是司法裁判形成的决定因素,法律更多的是一种道德、政治因素的实现手段、外在粉饰。这种法律依附道德、政治的传统关系定位与当代法治秩序下法律主导道德、政治的现代关系定位正好相反。这也成为当代司法实践中权变思维滥用的一个重要根源。只有将这种颠倒的关系扭转过来,确立法律在社会规制中的主导地位,坚持现代形式法治基本理念,才能从根本上抑制权变思维的滥用。只有将社会舆论支持的道德,受利益、信仰驱动的公权等限

[①] 费孝通:《乡土社会·生育制度·乡土重建》,商务印书馆2011年版,第70页。
[②] [美]罗斯科·庞德:《通过法律的社会控制》,沈宗灵译,商务印书馆2010年版,第11—14页。

制在形式法治设定的范围内，无视法律的恣意道德权衡、滥用公权干预的恣意变通才能从根本上得到有效抑制。如韦伯所说，只要"通过理性举证和逻辑推导作出裁决，那么形式主义的裁判就会变成单纯的诉讼当事人之间的抗辩，对此进行调整的目的则是提供相对来说最大的机会以发现真相。推动诉讼发展过程的是当事人而不是国家的关切。他们不会在法官的强迫下去做他们并不愿意主动去做的任何事情。正是出于这个原因，法官就不可能谋求通过裁判，即通过在具体案件中实施具体的权宜考虑或者衡平法考虑，以尽可能实现那些具有政治、伦理或情感性质的实质要求"。[①] 于此，当代司法实践中权变思维的滥用可以在现代形式法治秩序下得到有效抑制。

（二）社会转型期政治对民意的迎合

当代中国社会转型属于外源型或叫后发型现代化社会转型，要实现由传统君主专权社会到现代民主社会转变；由传统农耕文明进入现代工商文明，由计划经济转轨市场经济；由传统乡土社会蜕变成现代市民社会，这就决定了当代中国社会转型的复杂性、艰巨性和长期性；同时，由于三次科技革命的推动，人类社会发展日新月异，使得我国社会转型时不我待、时间紧迫。这在客观上决定了我国社会转型不允许经过长时期的自然历史演化，必须依靠国家政权力量总体协调、科学规划、主动推进。由此，借鉴西方法治文明建构的法律体系开始规范国人生活。司法实践中，基于转型期社会秩序稳定的政治需要，民意往往成为司法裁判考量的重要因素。一旦特定案件引致民意喧嚣，基于维稳、和谐的政治考虑，民意就会与政治形成合力，迫使司法因应民意、权衡变通，共奏和谐。由此舆论获得了审判的力量，所谓民意被等同于民主，投机性质的行为模仿开始上演，"医闹"、无休止的上访等社会怪象开始出现，缺乏理性的流水民意没有受到法治质疑，顺应民意的恣意权变却得到社会认同。由此导致的最终结果，就如学者所说，"如果把司法权也投入迎合群众的疑似民主主义的旋涡里去搅拌，那么理性和自律精神就会加速融化，对物质的欲望、追逐眼前利益的短期行为、民粹主义以及情绪化舆

[①] ［德］马克斯·韦伯：《经济与社会》（第二卷），阎克文译，上海世纪出版集团2010年版，第948页。

论就会急剧膨胀，过不了多久，得到的将只有所谓'众愚政治'的苦果"。[1]

客观而论，面对社会全面转型，当代中国司法实践中权变思维有其存在的现实价值。因为在实践中法官通过权衡变通适用法律，可以缓解社会转型带来的既有法律规范与现实社会秩序之间的紧张关系，弥合法律条文和社会事实之间的裂缝，促进现代法治秩序早日形成。但是，随着经济发展、社会进步，转型中国社会阶层不断分化、利益冲突日渐复杂、价值观念日益多元，基于政治、道德等法外因素运作的权变思维即使在形式法治秩序下操作，也往往容易突破现行法治秩序，造成权变思维的滥用。因为面对多元利益交融、多元主体冲突的复杂格局，法官可能会面临"剪不断、理还乱"的权衡困境，一旦有特定利益因素介入，权变思维实施中的滥用就在所难免，而且这种滥用更为隐蔽。因此，需要借助一定司法操作技术、方法的有效运用才能保证司法实践中权变思维操作合法、有序，才能实现"在处理个案的过程中不断弥合条文和事实之间的裂缝、填补权利空白、在一个具有确定性的法律框架中不断应用专业技能进行微调并创制具体的政策与法理"[2]。

三、权变思维滥用的规制

从以上分析可以看出，权变思维滥用已经成为影响我国现代法治秩序建构的一个很大障碍。实践中，存在着两种权变思维的滥用：一种是产生意义上的滥用，主要表现为在政治、道德因素驱使下不需要权变的案件进行了权衡变通；另一种是实施意义上的滥用，主要表现为在权变中不尊重法治秩序、客观现实随意实施权衡变通。因此需要采用一定手段、技术对其进行有效规制：首先，树立形式法治理念，将权变思维规制在法治秩序之下；其次，坚持法律解释适用基本位序，有效抑制产生意义上的权变思维滥用；最后，强化权衡变通中的法律论证，对实施意义上的权变思维滥用进行有效规制。

（一）树立现代形式法治理念，为有效规制权变思维滥用创造条件

如前文所述，传统中国社会是道德、政治主导的社会，法律依附于道德、

---

[1] 季卫东：《法治秩序的建构》，商务印书馆2014年版，第320页。
[2] 季卫东：《法治秩序的建构》，商务印书馆2014年版，第316页。

政治发挥作用,是实现道德教化、政治专权的得力工具。而现代社会是法律主导的法治社会,道德、政治等只有在法治秩序之下才能有效发挥对社会的调节、规制作用。因此,现代社会需要把三者之间这种颠倒的传统错位关系彻底翻转过来,构建形式主义的现代法治秩序。"法律形式主义使得法律制度能够像一部具有技术理性的机器那样运转,因而保证制度内部的个人与群体拥有相对最大的自由度,并使他们得到越来越多的机会去预测自身行为的法律后果。程序变成了一种特殊类型的和平诉争,只服从不可侵犯的固定的'游戏规则'。"① 由此,现代世界具有了一种稳定可期的社会秩序,人们可以依此预测、规划自己的未来。只是在这一社会秩序中,法律规则在整个社会中居于至上地位,人们需要对法治表示敬意,对规则表达忠诚。

(二) 坚持法律解释适用基本位序,有效抑制产生意义上的权变思维滥用

作为现代社会规制人们行为的主导规范,法律在司法适用中往往具有一定的不确定性和模糊性。主要表现在:(1) 立法者所创立的法律(或司法者所认可的判例法规则)是一般性的抽象存在,需要在个案中加以具体化。(2) 法律都是用语言来加以表述的,语言本身的概括性、模糊性需要解释才能具体、清晰。(3) 法律的稳定与社会不断变化之间的矛盾,也会使法律变得不确定,需要用解释方法来协调。同时,在当代中国,中国特色社会主义法律体系已经基本建成,但是,由于我们目前的社会处于转型时期,立法不可能解决所有的社会问题,法律适应社会的变化应该主要依靠解释,我们不能没完没了地立法,应该学会尊重法律的稳定性,在解释中完善法律,在解释中使法律适应社会的发展。② 由此,在司法实践中逐渐形成了文义解释、体系解释、历史解释、目的解释、社会学解释、价值衡量、漏洞补充等一系列的法律解释方法。在各种法律解释方法适用过程中,"虽然不能说各个解释方法之间有一种固定不变的位阶关系,但也不应认为各种解释方法杂然无序,可由解释者随意选择使用。其间应有某种大致的规律可循"。③ 对此问

---

① [德] 马克斯·韦伯:《经济与社会》(第二卷),阎克文译,上海世纪出版集团2010年版,第946页。
② 陈金钊:《法律解释学》,中国人民大学出版社2011年版,第69-71页。
③ 梁慧星:《民法解释学》(第四版),法律出版社2015年版,第247页。

题，学者多有论述。① 拉伦茨认为，在法律解释方法适用中，首先是字义解释，字义既是制定法解释工作的出发点，同时也为制定法解释划定界限；其次是探究制定法用语和语句在法律中的意义脉络；再次倘若制定法的字义和法律的意义脉络仍然导致多种解释，则优先采用历史的目的论解释；最后求助于客观的目的论解释。② 麦考密克和萨默斯也有类似观点。主张在解释一个制定法条文时，按照下列顺序考虑解释观点：首先，适用语法解释；其次，适用体系解释；最后，采用目的解释。③ 梁慧星认为，任何条文之解释，必须从文义解释入手；当其存在复数结果之可能时，应采用论理解释，在论理解释中应首先采用体系解释和法意解释确定法律意旨，继之以扩张解释、限缩解释和当然解释，仍不能澄清法律规范意义时，再作目的解释，最后通过合宪性解释对之是否符合宪法作出评价；如果论理解释仍不能确定法律解释结论，可进一步作比较法解释或社会学解释，各种解释都不得无视法律文义；如果各种解释都言之成理，应进行利益衡量和价值判断，从中选出具有社会妥当性的解释结果，作为解释结论。④ 从以上学者的观点中可以看出，在法律解释方法适用位序中，形式法治的法律解释方法（文义解释、体系解释、历史解释等）优先于实质法治的法律解释方法（目的解释、社会学解释、价值衡量、漏洞补充等）。这是由人们坚守现代形式法治理念和追求稳定预期社会秩序的客观需求所决定的。但是，在我国司法实践中，由于传统实用主义法律思维的不良影响，在法律解释过程中司法者往往会基于政治、道德、民意等法外因素影响，违背法律解释方法适用基本位序进行法律解释，从而在司法实践中引发了权变思维的滥用。就此而言，抑制司法实践中的权变思维滥用需要在法律解释过程中坚持基本的法律解释方法适用位序，如果运用文义解释、体系解释、历史解释方法能够进行有效解释、依法作出裁判，就不应该适用实质法治的法律解释方法了。实质法治法律解释方法适用应以形

---

① 针对法律解释方法适用位序，学者们进行了诸多研究，提出了不同理论、观点。在此，只是基于论述需要对当前主流观点作一简单引述。
② ［德］卡尔·拉伦茨：《法学方法论》，陈爱娥译，商务印书馆2003年版，第219－221页。
③ 张志铭：《法律解释学》，中国人民大学出版社2015年版，第113页。
④ 梁慧星：《民法解释学》（第四版），法律出版社2015年版，第247－248页。

式法治法律解释方法无法有效解释法律、依法作出裁判为前提，否则，没有法律解释方法适用位序约束，在特定利益驱使下司法者往往容易先行适用实质法治法律解释方法，在对道德、政治、民意等实质因素考量中引发权变思维滥用。

（三）强化权衡变通中的法律论证，对实施意义上的权变思维滥用进行有效规制

形式正义保证了利害关系当事人得享最大限度的自由以表明自己形式上的合法利益。但是由于形式正义的制度从法律上认可了经济权力的不平等分配，这种自由必定会一再产生一些与宗教伦理或政治权宜考虑的实质要求背道而驰的结果。因此，由于形式正义必然具有的抽象性、确定性，它往往会侵害实质正义的理想。[1] 尤其在转型期中国，由于社会急剧变动往往在既有法律规范与现行社会秩序之间形成一种紧张关系，基于法律的稳定性，立法不能朝令夕改，缓解规范与事实之间紧张的任务只能由司法予以完成。因此，司法实践中，考量道德、政治、民意基础上的权衡变通就成为一种现实需求。但是，当代中国社会阶层不断分化、利益冲突日渐复杂、价值观念日益多元，司法者在实际考量权衡中可能面临"剪不断，理还乱"的现实困境和不良利益驱动的诱惑，这也往往成为导致实施意义上权变思维滥用的发生根源。为了避免实施意义上权变思维的滥用就需要司法者公开对道德、政治、民意等法外因素权衡考量的思维过程，证明其权衡考量过程的合理、正当。这就需要运用法律论证方法，基于一些根据和理由，证成或者正当化自己的裁判结论，说明该结论的正确性。正如拉伦茨所说，"解释不是计算题，而是一种有创造性的精神活动。在遇到临界事例时（它们经常会到达最高法院，由其作成裁判），解释者所从事的工作，与依据须填补的评价标准来判断案件事实以及就案件事实作归类的工作，并无大异，解释者于此都拥有判断余地，于其内，多数不同的裁判都是'可接受的'。虽然有判断余地存在，但不能因此就认为依方法从事解释是没有价值的，甚至认为可以任意'选择方法'。

---

[1] ［德］马克斯·韦伯：《经济与社会》（第二卷），阎克文译，上海世纪出版集团2010年版，第948页。

解释者必须考虑各种不同的解释观点,并说明其选择某种观点为决定性标准之理由。"① 通过法律论证方法,司法者将其整个权衡变通的思考过程展现在法律共同体、社会公众面前,接受法律共同体、社会大众的监督、批判,权衡变通中的不当因素、不良动机在此过程中将被统统排除。由此,实施意义上的权变思维滥用将得到有效规制。

四、结语

权变思维作为一种思维方式,对转型期的中国法治实践具有一定现实价值。实践中法官通过权衡变通适用法律,可以缓解社会转型带来的既有法律规范与现实社会秩序之间的紧张关系,弥合法律条文和社会事实之间的裂缝,促进现代法治秩序早日形成。但是,由于受传统法律实用主义的不良影响,转型期政治对民意迎合的负面作用,导致司法实践中出现了权变思维滥用的不良后果,给我国的现代法治秩序建构带来了诸多危害。面对转型中国,首先,应当树立形式法治理念,将权变思维规制在法治秩序之下;其次,坚持法律解释适用基本位序,有效抑制产生意义上的权变思维滥用;最后,强化权衡变通中的法律论证,对实施意义上的权变思维滥用进行有效规制。趋利避害,使权变思维在应对社会转型中发挥有益作用。当然,我们也应当意识到,仅靠制度、方法进行规制还是不够的,具体实施权变的司法者的职业素质和职业伦理水平也是影响权变思维滥用规制效果的重要因素。只有科学系统、合理有效的制度、方法与心存敬畏、技能娴熟的司法者实现有机结合,司法实践中的权变思维的滥用才能从根本上得到有效遏制。

---

① [德] 卡尔·拉伦茨:《法学方法论》,陈爱娥译,商务印书馆2003年版,第222页。

第十章

社会学解释：法官职业思维与大众传统思维的兼容路径

近年来，在我国司法实践中，泸州遗产继承案、中国冷冻胚胎第一案、贾敬龙故意杀人案、于欢故意伤害案先后成为人们关注一时的热点案件。案件之"热"源于面对同一案件法官基于现代法治的职业思维形成的判断与社会大众基于传统法律思维形成的判断之间差距过大，社会公众无法对法官的职业判断形成基本认同。究其本质，这是现代法治理念与我国传统法制思维之间冲突的反映。传统法制思维基于自然、朴素的实质正义观念，更多关注基于个案正义的司法裁判社会效果；现代法治理念基于法律规制安定可期、法律秩序至上权威的需要，在司法实践中更关注对形式法治的坚守，限制对政治、道德、传统等因素的具体考量。立足中国当代法治秩序建构实践，这两种冲突是否可以消弭，抑或可以融合创新？本章试图通过对司法实践中职业思维与大众思维二者的关系分析，立足我国司法实践，从法律方法角度协调二者之间的关系，通过社会学解释的"中国化"，实现法官职业思维与大众传统思维的有效兼容，提高司法裁判可接受性，助力我国现代法治秩序的有序建构。

一、法官职业思维与大众传统思维的冲突

源于传统法律文化的大众思维形成于儒家伦理道德主导的君主专权时代，关注政治、道德因素主导作用的发挥，致力于在天理、国法、人情中寻求平衡；而诞生于现代法治的法官职业思维则产生于法律规范主导下的形式法治文明之中，关注法治的安定性、可预测性，致力于法治秩序的权威建构。两种思维差异明显、追求各异。当二者在现代法治场景相遇时，便发生了激烈的冲突。

（一）法律主导下的法官职业思维与道德、政治主导下的大众传统思维的冲突

在近代世界，法律为社会控制的主要手段。其他社会控制手段只能行使从属于法律并在法律确定范围内的纪律性权力。[1] 在商品经济、民主政治、市民社会发展过程中，法律与政治、道德逐渐分离，法学也开始成为一门独立学科，现代法治具有形式理性的鲜明特征。如韦伯所说："西方现代法律的理性化是两股同时起作用的力量的产物。一方面是资本主义的力量，它关心严格的形式法与司法程序，倾向于使法律在一种可计算的方式下运作，最好就像一台机器一样；另一方面是专制主义国家权力的官吏理性主义的力量，它所关心的是系统地制定法典和使法律趋于一致，并主张将法律交由一个力争公平、地方均等之升迁机会的、受过合理训练的官僚体系来执行。"[2] 在此形式理性法律秩序中，为了获得统一性、一贯性和确定性，只要这些规则对于发生的所有案件并非明显不合情理和不便利，我们就必须运用这些规则；在尚未慎重地适用这些规则的时候，我们没有理由因为我们认为这些规则不像我们本来可能设计的那样便利和合乎情理而拒绝这些规则。只有当形式主义的恶魔以科学秩序的诱惑力来欺骗我们智识的时候，我们才不仅需要法律的确定性、统一性、秩序和连贯性，而且需要法官把即将作出的司法裁判放置到社会秩序中进行考量。[3] 具体到司法实践表现为：在法律主导的社会调控中，只有在适用文义解释、体系解释、历史解释等方法之后，既有法律规范仍无法有效规制案件所涉纠纷时，现代法治意义上关涉政治、道德等因素的司法裁判社会效果考量才可以展开。同时，基于现代法治秩序的稳定性、可预测性，司法裁判的社会效果考量应该在法律文义射程范围内实施。

而在传统文化中，"中国古代的法哲学虽然起步早，发展一以贯之，但它的基本立场在于论证法律在宗法家族体制中的地位，君君臣臣、父父子子之间的法律关系，法律在统治人民、平息纠纷、镇压敌对分子中对道德的辅

---

[1] ［美］罗斯科·庞德：《通过法律的社会控制》，苏力译，商务印书馆2010年版，第12－14页。
[2] ［德］马克斯·韦伯：《儒家与道教》，洪天富译，江苏人民出版社2010年版，第158页。
[3] ［美］本杰明·卡多佐：《司法过程的性质》，苏力译，商务印书馆1997年版，第38－40页。

助作用，而从来没有去研究如何保护国民（中国古代未出现过'公民'，所以我们只能使用'国民'一词）的权利和自由问题，也没有取得过独立于伦理和政治的地位。因此，中国古代的法哲学实质上是一种伦理法哲学、政治法哲学。"① 正是这种独具特色的法哲学使得法律与政治、伦理之间并无严格的界限。同时，基于儒家思想主导下君主专权的现实政治格局，在整个国家、社会治理体系中政治、道德处于主导地位，法律处于对政治、道德依附的从属状态。这种从属状态具体到司法实践中表现为：对于每一个案件，司法者都需要在天理、国法、人情之间进行整合权衡。"一个明白自己职责所在的合格地方官，绝不致不加分别地将同一条法律适用于所有同类的案件，他会细心地区分这一事与另一事之间的不同，体察人心的细微之处，如果有一条成文法律阻碍着合乎情理的结果的实现，他就会重新去体会'法意'，直至达到法意与人情的两不相碍。……法官们调合法意人情而为某种合情合理的安排，可以说极尽曲折。"② 由此可见，对司法裁判的社会效果考量是传统法律适用的常态思维，对于每一个案件司法者都需要进行政治权衡，推动道德教化。由此，当既有法律规范明确可用时，司法者也可能基于特定法外原因能动地进行社会效果考量，在社会效果考量的旗帜下抛弃既有法律规范的约束，作出超越法律的裁判结果。

通过比较可以看到：在法律主导的社会调控中，现代意义上的司法裁判首先要尊重法律规则。只有在既有法律规范无法有效规制具体案件时，才可以通过司法裁判社会效果考量来考虑政治、道德等法外因素，同时即使进行社会效果考量也应当在既有法律的文义范围内进行。而在我国传统法律文化中，由于政治、道德主导国家、社会调控，司法者在每一个案件中都把政治权衡、道德教化置于首要追求的目标。在司法裁判中是否坚持法律的主导地位问题上，法官职业思维与大众传统思维之间存在根本冲突。

（二）传统法制整合性思维与现代法治分析性思维的冲突

伯尔曼认为："罗马皇帝查士丁尼治下所汇编的法律作品的发现，对之

---

① 何勤华：《中国法学史》（第一卷），法律出版社2006年版，第46页。
② 梁治平：《寻求自然秩序中的和谐：中国传统法律文化研究》，商务印书馆2013年版，第298页。

加以分析与综合的经院主义方法以及在欧洲大学中对于法律的讲授——都属于西方法律传统的根本起因。而在这其中,经院主义的方法使一种在整个西方占优势的法律思维模式存留至今。""这种出现于11世纪晚期和12世纪的西方的法律方法——它的逻辑、它的论题、它的推理类型、它的一般化层次、它的联系个别与一般及案件与概念的技术——乃是将法律作为一门自主科学而对之进行有意识地系统化过程的一个实质组成部分。"事实上,正是由于经院主义辩证方法(这种辩证法与逻辑学没有实质性差异,只是多了一些浓重的修辞学和语法学因素)的引入,近代西方法律受到了形式逻辑理论的彻底"洗礼"。[1] 在资本主义经济、政治、新教伦理等因素作用下,以分析推理为特征的现代形式法治传统开始形成。在这一思维形式下,立法过程中,通过现代民主立法机制汇聚民意,将一国法律塑造成一个自主、自治的法律规范体系;司法实践中,通过三段论的逻辑演绎,将一般法律规范适用于具体司法案件,运用法律规范对现实社会秩序进行有效规制,实现司法裁判的适用统一。由此,现代法律制度具有了确定性、可预期性,法律规范成为人们的理性行为指南,现代法治的权威性在市民社会运行中逐渐获得认同,开始确立起来。

而在我国传统文化中,中国传统哲学并不像希腊的哲学那样,具有一种分析与系统化的性质,它缺乏西方法律学所具有的理性——形式化的特性,因为它并不像以希腊思想为基础的西方与近东哲学那样从事专门的逻辑学研究,逻辑学的概念对中国哲学向来是陌生的。中国的哲学始终以全然实际的问题与家产制官僚体系的等级利益为其思考的取向,它离不开经书,缺乏辩证性。因此,中国哲学家的思维方式是极其实践的、务实的,中国的语言尽管有其逻辑的特性,但中国的思维还是一直停滞于相当具体形象(直观)的状态,逻辑、定义与推理的力量并没有被中国人所接受。[2] 在实用理性支配下,中国传统司法实践中形成了一种结果导向的司法裁判文化。在这种文化中,"只要是在神圣传统所允许的活动范围内,他绝对不会根据形式的律令

---

[1] [美]哈罗德·J. 伯尔曼:《法律与革命:西方法律传统的形成》,贺卫方等译,法律出版社2008年版,第118-129页。

[2] [德]马克斯·韦伯:《儒家与道教》,洪天富译,江苏人民出版社2010年版,第134-136页。

第十章 ‖ 社会学解释：法官职业思维与大众传统思维的兼容路径

和'一视同仁'来进行审判。情况恰恰根本相反，他会根据被审者的实际身份以及实际的情况，或者根据实际结果的公正与适当来判决"。① 在儒家伦理、君主专权主导社会治理的背景下，借助整合性思维，在天理、国法、人情的整合权衡中，既有法律规范的确定性、安全性经常被变通去除，基于政治权衡、道德教化的理由往往成为司法裁判的主导依据。

通过分析不难看出：在现代法治理论看来，司法裁判需要尊重现行法治秩序，基于司法三段论的分析性思维占据主导地位；而在传统法律文化中，道德、政治主导整个社会控制，基于天理、国法、人情权衡的整合性思维主导了司法裁判全过程。在司法裁判过程中，大众熟悉的传统法制整合性思维与法官遵循的现代法治分析性思维之间发生了激烈冲突。

（三）传统法制实质正义诉求与现代法治形式正义追求的冲突

传统中国诞生于古典农耕文明，在这一文明中，"文化是稳定的，很少新的问题，生活是一套传统的办法。如果我们能想象一个完全由传统所规定下的社会生活，这社会可以说是没有政治的，有的只是教化"②。经西汉董仲舒等人不断阐扬，注重教化的儒家思想开始成为中国古典社会的主流政治理念，法律开始依附道德，成为推行教化的工具。法律具有了与道德一样的弹性，法律适用也具有了因应教化需要的灵活变通。同时，作为人治社会，传统中国的统治者深受法家君主专权思想影响，熟习帝王之道、权谋之术，基于维护专制统治需要，往往会运用至上皇权随意干预司法，变通法律适用，将法律变成实现自己意志的工具。维护专权的通权达变与实施教化的因情变通在法律领域中实现了耦合，在整合思维作用下，司法不是遵循形式正义的规制实现，而是实质正义突破法律的情景表达。实质正义的实现成了传统法制追求的价值目标，形式正义的诉求只是一种次要的价值附随。

在现代法治秩序中，"法律是主权者意志的表现；随着人民主权思想的普及和政治的民主化，法律规定的内容必须取决于民意。法院的职能是忠于主权者意志，严格适用议会按照民主程序制定的法律，而不能逾越立法权所

---

① ［德］马克斯·韦伯：《儒家与道教》，洪天富译，江苏人民出版社2010年版，第157-158页。
② 费孝通：《乡土社会·生育制度·乡土重建》，商务印书馆2011年版，第90页。

划定的范围"。① 由此奠定了现代法治的形式主义基础。"法律形式主义使得法律制度能够像一部具有技术理性的机器那样运转，因而保证制度内部的个人与群体拥有相对最大的自由度，并使他们得到越来越多的机会去预测自身行为的法律后果。程序变成了一种特殊类型的和平讼争，只服从不可侵犯的固定的'游戏规则'。"② 现代世界具有了一种稳定可期的社会秩序，人们可以依此而自由地预测、规划自己的未来。在这一社会秩序中，法律规则在整个社会中居于至上地位，人们需要对法治表示敬意，对规则表达忠诚，不能随意用实质正义的诉求代替形式正义的规制，毕竟"制度需要被基本遵守，能动与创新只是局部现象，我们需要在法律基础上实现正义"。③

综上可以看出：在传统法制中，基于政治、道德的主导地位，在整合思维作用下，司法不是遵循形式正义的规制实现而是实质正义突破法律的情景表达。实质正义的实现是传统法制追求的价值目标，形式正义的诉求只是次要的价值附随；而在现代法治中，法律规则在整个社会中居于至上地位，不能随意用实质正义的诉求代替形式正义的规制，制度需要被基本遵守，能动与创新只是局部现象，我们需要在法律基础上实现正义。

二、社会学解释对法官职业思维与大众传统思维的协调

从身处社会转型的我国法治实践出发，既需要坚持形式法治，构建安定可期的现代法治秩序，也需要法律与社会沟通、对接，实现法律对社会的有效规制。因此，在司法实践中既需要关注坚守形式正义的法官职业思维，也需要关注追求实质正义的大众传统思维，能否找到协调两种思维、兼容两种诉求的有效法律方法就成为化解法官职业思维与大众传统思维冲突的关键所在。

（一）法律适用中法官职业思维与大众传统思维的兼容协调

如前文所述，传统中国，在儒家文化主导下的君主专制社会，政治、道

---

① 季卫东：《法治构图》，法律出版社2012年版，第79页。
② ［德］马克斯·韦伯：《经济与社会》（第二卷），阎克文译，上海世纪出版集团2010年版，第946页。
③ 陈金钊：《魅力法治的苦恋：法治理论及其思维方式研究》，上海三联书店2015年版，第406页。

第十章 社会学解释：法官职业思维与大众传统思维的兼容路径

德是主导社会治理的核心要素，法律依附于政治、道德，是实现君主专制、道德教化的工具。在传统司法实践中，法官关注司法裁判的政治效果、社会效果，关注司法裁判的可接受性，甚至为此不惜"屈法伸情"。而在现代法治秩序中，法律成为社会主导性行为规范，强调政治、道德等其他社会控制手段只能行使从属于法律并在法律确定范围内的纪律性权力。形式法治理念开始形成。为了实现法的确定性、安全性、可预期性，实现法治的至上权威，法官应当在既有法律规范下规制社会秩序，严格依法作出裁判。关注形式正义、恪守形式法治的法官思维与关注实质正义、追求社会效果的大众传统思维之间形成了一种冲突，二者无法兼容。

如果立足司法实践从法律适用出发，我们可以发现社会学解释也许是一种化解二者冲突，兼容恪守形式法治与追求社会效果两种诉求的有效方法。从社会学解释的形成过程来看，在近代，占据法学理论主流的概念法学认为，制定法是一个逻辑自足的规则体系，可以为所有问题提供答案，司法裁判就是将一般规则适用于特定事实的逻辑推演，无须考虑法律的本来目的、社会发展的需求与动向。19世纪末20世纪初，随着科技革命的发展、深入，人类社会变迁步伐开始加快，原有的法律适用理论已经显得僵化而机械。"无论是英美法系国家还是大陆法系国家，它们都在大致相同的时期经历了大致相同的抛弃机械论、转向社会法学等现代法学的转变。"[1] 在坚持形式法治的前提下，司法实践中引入了对裁判的社会效果考量，法官由对司法裁判逻辑演绎的一维关注转向对法律适用逻辑演绎与社会效果的二维考量。从社会学解释的具体适用来说，社会学解释是"将社会学方法运用于法律解释，着重于社会效果预测和目的衡量，在法律条文可能文义范围内阐释法律规范意义内容的一种法律解释方法"。[2] 社会学解释的结论不能超出法律的可能文义范围，应当在既有法律秩序范围内对各种法律解释方案进行社会效果考量，于复数解释结论中选出能够实现最佳社会效果的解释结论，使恪守形式法治的目标得以实现；同时，复数法律解释方案的选择基于对其实施社会效果的考

---

[1] 孔祥俊：《法官如何裁判》，中国法制出版社2017年版，第149页。
[2] 梁慧星：《民法解释学》，法律出版社2015年版，第239页。

量,使得社会效果考量结果又成为作出解释结论的最终判断依据。在社会学解释适用过程中,司法裁判的作出既恪守了形式法治秩序又进行了社会效果考量。由此可见,社会学解释可以实现对关注形式正义、恪守形式法治的法官思维与关注实质正义、追求社会效果的大众传统思维的有效兼容。

(二) 社会学解释的中国化"改造"

由于我国处于法治建设初期,坚持形式法治基本理念,形成法治至上权威是我国法治建设的基本任务。这就要求在一般案件中,"对明确的法律规范,尤其是强制性法律规范,法官等法律人应该直接认定其意义并加以贯彻,而不能解释,尤其不能过度解释"。[①] 因为一旦解释就可能存在人为的意义添加或缩减,把政治、道德等法外因素引入法律解释、适用之中,毁坏法律意义的安全性。因此,在一般情况下,应当坚持法的明晰性原则,对明确的法律规范,法官应该直接认定其意义并加以贯彻、适用。只有当文义解释出现一法多解时,社会学解释才可以发挥作用,借助对多元法律解释方案进行社会效果考量,在抽象规范与具体事实之间进行沟通,在恪守形式法治的前提下,通过社会效果考量提高司法裁判的可接受性。

同时,在现代法治秩序建构中不能忽视传统法律文化影响的客观存在,不能忽视我国法治建构的文化传统语境。在传统文化中,关联思维是中华文明的一个显著特征,这种思维把天、地、人、万事万物看成关联的整体,认为关联是互动、和谐的基础,互动、和谐是关联的本质要求。主张在个人与其他对象结成的关系中,个人与他方构成关系时,不是以自我为中心,而是以自我为出发点,互以对方为重。[②] 同时,在与他人相处中致力于和谐共处,当发生冲突时致力于通过发觉人们内心的善念,在各方协调、沟通基础上恢复既有社会关系的和谐。具体到司法实践中,人们对司法裁判的社会效果考量主要表现为:在法律规范、法律价值和其他社会规范之间探寻一致性,进行融贯式理解,追求在法律效果优先的前提下,法律效果与社会效果、政治

---

① 陈金钊:《反对解释的场景及主体》,载《北方法学》2017 年第 1 期。
② 陈来:《中华文明的核心价值:国学流变与传统价值观》,生活·读书·新知三联书店 2015 年版,第 28－35 页。

第十章 ‖ 社会学解释：法官职业思维与大众传统思维的兼容路径

效果的一致性；同时致力于在现有法律框架下通过司法者的裁判为双方矛盾化解、既有法律关系恢复和谐提供一条可能的实现路径。

社会学解释通过在法律文义范围内对司法裁判进行社会效果考量，遵循只有当文义解释出现一法多解时才可能适用的谦抑原则，实现了对形式法治的坚守，满足了当下我国现代法治秩序建构初期对法治安定性、可预期性、权威性的目标追求；同时，社会学解释通过在法律规范、法律价值和其他社会规范之间探寻一致性，强化了既有法律规范与具体社会秩序之间的沟通，有利于司法裁判可接受性的提高。关注司法裁判社会效果的传统大众思维与恪守形式法治基本理念的法官职业思维之间在社会学解释的语境中实现了和谐共存，现代法治权威的确立获得了现实的社会基础，司法裁判的接受、实现也具有了一定的现实可能性。

三、社会学解释在我国司法实践中的具体适用

从我国现代法治秩序建构实际出发，需要坚持形式法治基本理念，实现法的安定性、确定性、可预测性，从而树立法治的权威性；同时，立足我国社会从传统到现代的转型现实，需要对司法裁判社会效果进行有效考量，实现法治与现实的有效对接，在协调中提高司法裁判的可接受性。具体到司法实践，一方面，坚持形式法治基本理念，优先适用文义解释、体系解释、历史解释等基本方法，在运用这些方法无法作出司法裁判时，才可以运用社会学解释，进行社会效果考量，同时，遵循在法律条文可能文义范围内进行社会效果考量原则，有效发挥现代形式法治确定性、一贯性、可预期性的优势，抑制司法裁判社会效果的恣意考量；另一方面，发挥我国传统文化关联思维的优势，在社会效果考量中整合个体认同、社会推动、国家强制力量的优势，推动司法裁判接受与实现，同时，从道德教化传统出发，遵循社会关系修复理念，在社会效果考量中关注开启人们心智、实现社会关系和谐的智慧传承，助力现代法治秩序的有序构建。具体来讲，在我国司法实践中，社会学解释的具体适用应遵循以下基本原则。

（一）合法性原则

传统中国社会，在政治、道德主导下的社会治理中不是法律规制道德、

政治而是道德、政治主导了法律；同时，由于形式法治理念的缺失，法律规则的确定性、可预期性、一致性无法确立，法治的权威性也无从形成，在传统整合思维作用下，法律成了推行道德教化、实现专权统治的工具。在现代法治文明中，法律成为社会控制的主要手段，其他社会控制手段只能行使从属于法律并在法律确定范围内的纪律性权力。现代形式法治理念开始形成，司法实践中对政治、道德等社会因素的考量也需要在既有法律的限度内展开。由此，在社会学解释中，针对复数解释结论，进行"社会效果预测和目的衡量"，必须在法律的可能文义范围内进行，如果超出法律的可能文义范围，就属于漏洞填补的范畴。这在一定程度上构成对司法裁判社会效果的恣意考量的一种限制，有利于现代法治权威的确立与形成。

（二）补充性原则

如前所述，在法律主导的社会调控中，只有在适用文义解释、体系解释、历史解释等方法之后既有法律规范仍无法有效规制案件所涉纠纷时，现代法治意义上关涉政治、道德等因素的司法裁判社会效果考量才可以展开。可见，社会学解释中的社会效果考量是一种补强意义上的法律适用，是对形式法治法律方法适用不足的一种补充。这种社会效果考量是以尊重形式法治秩序为前提的，并不是像传统中国司法实践一样，案件都要情法兼顾、理法兼得，致使司法裁判社会效果考量可能被人为扩大、肆意滥用，出现借社会效果考量之名行枉法裁判之实的不良后果。因此，司法裁判社会效果考量应当在形式法治框架下展开，司法裁判社会效果考量不应是司法裁判的常态行为，而仅仅是对于形式法治方法论不足的有益补充。

（三）关联性原则

传统中国的哲学观基于关联思维，认为宇宙的一切都是相互依存、相互联系的，每一事物都是在与他者的关系中显现自己的存在和价值，人与自然、人与人、文化与文化应当建立共生和谐的关系。主张关联是互动、和谐的基础，互动、和谐是关联的本质要求。[1] 在当代中国，面对社会转型，基于对传统文

---

[1] 陈来：《中华文明的核心价值：国学流变与传统价值观》，生活·读书·新知三联书店2015年版，第29-34页。

明的继承与发展,在强调国家法律统一和权威的同时,需要给予公序良俗、公共道德、自治规则、民族习惯等社会规范一定的生存空间,尊重和发挥传统文化、民间社会规范的积极作用。① 具体到司法实践,法官可以通过社会学解释中的社会效果考量,寻求法律制度与公共政策、自治规则、公共道德、公序良俗、民族习惯等价值指向的"共振",在实践中积淀人们的现代法治理念、形塑现代法治秩序的至上权威。

(四) 恢复性原则

在传统中国,"乡土社会是安土重迁的,生于斯、长于斯、死于斯的社会"。② 人们低头不见抬头见,可能一生都在同一环境中共同生活。即使彼此之间有了矛盾,在双方无法和解的情况下,也需要在外力作用下"化干戈为玉帛",恢复彼此共生、和谐共存的社会关系。人们相信,通过发掘人心中所固有的"道"、"理"、善良信念,可以恢复业遭破坏的和谐。③ 这一理念在今天仍有重要的现实意义。因为随着全球化、互联网时代的到来,现代交通、通信技术的飞速发展,人类世界俨然变成了一个"地球村",世界由"陌生人社会"又开始回到"熟人社会"。在此意义上,"冤家路窄"的预言又可能在世界范围内变为现实。现代司法在寻求公平正义价值追求的同时也应当进行纠纷解决是否有利于修复社会关系的深层追问,因为作为一种社会控制手段,只有利用所有的机会劝导人们,以各种方式开启他们的心智,使之重返人道之正,才可能从根本上化解社会矛盾,实现社会关系和谐这一现代国家治理的终极价值追求。

四、结语

随着我国现代法治建构向纵深拓展,现代法治思维与传统法制思维之间的矛盾在司法实践中日益显现,恪守形式法治的法官职业思维与关注社会效果考量的大众传统思维之间冲突激烈。立足司法实践从法律适用角度出发,

---

① 范愉等:《多元化纠纷解决机制与和谐社会的构建》,经济科学出版社2011年版,第23-28页。
② 费孝通:《乡土社会·生育制度·乡土重建》,商务印书馆2011年版,第54页。
③ 梁治平:《寻求自然秩序中的和谐:中国传统法律文化研究》,商务印书馆2013年版,第346页。

社会学解释无疑是一种化解法官职业思维与大众传统思维冲突，兼容两种现实诉求的有效方法。具体到司法实践，一方面，坚持合法性、补充性原则发挥现代形式法治确定性、一贯性、可预期性的优势，有效抑制社会效果的恣意考量；另一方面，遵循关联性、修复性原则发挥传统法律文化实现个体正义、促进司法裁判接受、实现的优势，在解释中实现法官职业思维与大众传统思维的互相兼容，助力现代法治秩序有序确立。当然我们也应该看到，司法实践中的社会效果考量需要具备一定的条件，比如，法官需要对公序良俗、公共道德、自治规则、民族习惯等社会规范有一定了解，需要对人情事理有一定的领悟、体会，而这与法官个体的人文素养有着密切的关联。同时，在社会效果考量过程中，用社会效果代替法律效果，变通法律、突破形式法治界限也是值得关注的问题。在司法实践中，社会学解释需要同其他法律方法互相结合、共同适用，以推动司法裁判的接受与实现，助力我国现代法治秩序的有序建构。

参考文献

一、著作类

[1] 陈波:《逻辑哲学》,北京大学出版社 2005 年版。

[2] 陈锐:《规范逻辑和法律科学》,天津人民出版社 2002 年版。

[3] 李娜:《数理逻辑的思想与方法》,南开大学出版社 2006 年版。

[4] 刘奋荣:《动态偏好逻辑》,科学出版社 2010 年版。

[5] 余俊伟:《道义逻辑研究》,中国社会科学出版社 2005 年版。

[6] 张家龙:《模态逻辑与哲学》,中国社会出版社 2003 年版。

[7] 张清宇、郭世铭、李小五:《哲学逻辑研究》,中国社会科学文献出版社 1997 年版。

[8] 张清宇:《弗协调逻辑》,中国社会科学出版社 2003 年版。

[9] [荷] 冯·赖特:《知识之树》,陈波编选,陈波、胡泽洪、周祯祥译,生活·读书·新知三联书店 2003 年版。

[10] [德] 施太格缪勒:《当代哲学主流》(下卷),王炳文、王路、燕宏远、李理等译,商务印书馆 1992 年版。

[11] Azizah al-Hibri, Deontic Logic: A Comprehensive Appraisal and a New Proposal. University Press of America, 1978.

[12] B. Chellas, Modal Logic: An Introduction. Cambridge University Press, 1980.

[13] von der Gardner, An Artificial Intelligence Approach to Legal Reasoning. MIT Press, 1987.

[14] E. Mally, Grundgesetze des Sollens. Elemente der Logik des Willens.

Leuschner & Lubensky, Graz, 1926.

[15] W. D. Ross, The Right and the Good. Oxford University Press, 1930.

[16] van der Torre, Reasoning about Obligations: Defeasibility in Preference-based Deontic Logic. PhD Thesis, Erasmus University Rotterdam, 1997.

[17] G. H. von Wright, The Logic of Preference. Edinburgh University Press, 1963.

二、论文类

[1] 孔红:《关于法律规范推理的道义逻辑》,中国社会科学院2006年博士学位论文。

[2] 张传新:《法律方法的普遍智力品格及其限度》,载《求是学刊》2008年第8期。

[3] 张传新:《法律中的逻辑分析方法》,载《甘肃社会科学》2008年第5期。

[4] 张传新:《法律论题学的逻辑基础》,载《山东大学学报》2010年第6期。

[5] 张传新:《法律逻辑研究三十年》,载《山东社会科学》2010年第1期。

[6] 张传新:《法律思维的理性力量之源》,载《海南大学学报》2010年第4期。

[7] 张传新:《法律思维的理性力量之源——论法律推理的形式性》,载《海南大学学报》2010年第2期。

[8] 张莉敏:《义务冲突的道义逻辑研究》,南开大学2006年博士学位论文。

[9] 周北海、毛翊:《一个关于常识推理的基础逻辑》,载《哲学研究》2003年增刊。

[10] C. E. Alchourrón, Logic of Norms and Logic of Normative Propositions, Logique Analyse 12, pp. 242–268, 1969.

[11] L. Åqvist, Good Samaritans, Contrary-to-duty Imperatives and

Epistemic Obligations, Nous 1, 1967.

[12] L. Åqvist, J. Hoepelman, Some Theorems about a "Tree" System of Deontic Tense Logic. In R. Hilpinen (ed.), New Studies in Deontic Logic. Reidel, Dordrecht, pp. 187 – 221, 1981.

[13] L. Åqvist, Some Results on Dyadic Deontic Logic and the Logic of Preference, Synthese, 66, pp. 95 – 110, 1986.

[14] L. Åqvist, Deontic Logic, In D. Gabbay and F. Guenthner (eds.), Handbook of Philosophirol Logic, Volume 8, Kluwer Acaldemic Publishers, p. 149, 2002.

[15] Sinnott – Armstrong, Walter, Moral Dilemmas, Oxford: Basil Blackwell. 1988.

[16] Ruth Barcan Marcus, Moral Dilemmas and Consistency. Journal of Philosophy, 72 (3), pp. 121 – 136, 1980.

[17] Diderik Batens, A Universal Logic Approach to Adaptive Logics. Logica Universalis, 1, pp. 221 – 242, 2007.

[18] T. J. M. Bench – Capon, Deep Models, Normative Reasoning and Legal Expert Systems. In Proceedings of the Second International Conference on Artificial Intelligence and Law (ICAIL' 89), pp. 37 – 45, 1989.

[19] J. van Benthem, Davide Grossi, Fenrong Liu, Deontics = Betterness + Priority. In G. Governatori and G. Sartor (Eds.): DEON 2010, LNAI 6181, pp. 50 – 65, 2010.

[20] C. Boutilier, Conditional Logics of Normality: A Modal Approach. Artificial Intelligence, 68, pp. 87 – 154, 1994.

[21] G. Brewka, Adding Specificity and Priorities to Default Logic. In Proceedings of European Workshop on Logics in Artificial Intelligence (JELIA' 94). Springer Verlag, 1994.

[22] D. Brink, Moral Conflict and its Structure. The Philosophical Review, 103, pp. 215 – 247, 1994.

[23] Jose Carmo, J. I. Jones, Deontic and Contrary – to – duties. In D.

Gabbay Mid Guenthner (eds.), Handbook of Philosophirol Logic, Volume 8, pp. 265 – 343, 2002.

[24] A. L. Brown, S. Mantha, T. Wakayama, Exploiting the Normative Aspect of Preference: A Deontic Logic without Actions, Annals of Mathematics and Artificial Intelligence 9, pp. 167 – 203, 1993.

[25] H. N. Castaneda, The Paradoxes of Deontic Logic: The Solution to All of Them in One Fell Swoop. In R. Hilpinen (ed.): New Studies in Deontic Logic. Reidel, Dordrecht, pp. 37 – 85, 1981.

[26] R. M. Chisholm, Contrary – to – duty Imperatives and Deontic Logic. Analysis, 24, pp. 33 – 36, 1963.

[27] M. E. Coniglio, Logics of Deontic Inconsistency. Revista Brasileira de Filosofia 233, pp. 162 – 186, 2009.

[28] Alan Donagan, Moral Dilemmas, Genuine and Spurious: A Comparative Anatomy. Ethics, 104, pp. 7 – 21, 1993.

[29] J. A. van Eck, A System of Temporally Relative Modal and Deontic Predicate Logic and its Philosophical Applications. Logique'et Analyse 100, pp. 249 – 381, 1982.

[30] Liu, F., Changing for the Better. Preference Dynamics and Agent Diversity. PhD Thesis, University of Amsterdam, 2008.

[31] Philippa Foot, Moral Realism and Moral Dilemma. Journal of Philosophy, 80, pp. 379 – 398, 1983.

[32] van Fraassen, Values and the Heart Command, Journal of Philosophy 70, pp. 5 – 19, 1973.

[33] J. W. Forrester, Conflicts of Obligation, American Philosophical Quarterly, 32, 31 – 44, 1995.

[34] P. Girard, Modal Logic for Belief and Preference Change. PhD thesis, University of Amsterdam, 2008.

[35] L. Goble, Multiplex Semantics for Deontic Logic, Nordic Journal of Philosophical Logic, 5, pp. 113 – 134, 2000.

[36] L. Goble, Preference Semantics for Deontic Logic. Part I: Simple Models, Logique et Analyse 183 – 184, pp. 383 – 418, 2003.

[37] L. Goble, Preference Semantics for Deontic Logic. Part II: Multiplex Models. Logique et Analyse 185 – 188, pp. 335 – 363, 2004.

[38] T. F. Gordon, The Importance of Nonmonotonicity for Legal Reasoning. In H. Fiedler, F. Haft, R. Traunmuller (eds.), Expert Systems in Law. Tubingen, pp. 110 – 126, 1988.

[39] B. Hansson, An Analysis of some Deontic Logics. In R. Hilpinen, editor, Deontic Logic: Introductionary and Systematic Readings, D. Reidel Publishing Company, Dordrecht, Holland. Reprint from Nous, pp. 121 – 147, 1969.

[40] S. O. Hansson, A New Semantical Approach to the Logic of Preference, Erkenntnis. pp. 311 – 42, 1989.

[41] S. O. Hansson, Defining "Good" and "Bad" in terms of "Better", Notre Dame Journal of Formal Logic 31, pp. 136 – 149, 1990.

[42] S. O. Hansson, Preference – based Deontic Logic (PDL), Journal of Philosophical Logic 19, pp. 75 – 93, 1990.

[43] H. L. A. Hart, The Concept of Law. Clarendon Press, Oxford, 1961.

[44] J. F. Horty, Nonmonotonic Techniques in the Formalization of Commonsense Normative Reasoning. In Proceedings of the Workshop on Nonmonotonic Reasoning, Austin, Texas, pp. 74 – 84, 1993.

[45] J. F. Horty, Deontic Logic as Founded in Nonmonotonic Logic, Annals of Mathematics and Artificial Intelligence 9, pp. 69 – 91, 1993.

[46] J. F. Horty, Moral Dilemmas and Nonmonotonic Logic. Journal of Philosophical Logic, 23: 35 – 65, 1994.

[47] J. F. Horty, Nonmonotonic Foundations for Deontic Logic. In Defeasible Deontic Logic, D. Nute (ed.), Kluwer Academic Publishers, pp. 17 – 44, 1997.

[48] J. F. Horty, Reasoning with Moral Conflicts, Nous, 37, pp. 557 – 605, 2003.

[49] Z. Huang and M. Masuch, The logic of Permission and Obligation in the Framework of ALX3: How to Avoid the Paradoxes of Deontic Logic, Logique et Analyse, 149, 1997.

[50] R. Jeffrey, The Logic of Decision. 2nd edition. University of Chicago Press, 1983.

[51] R. E. Jennings, Can there Be a Natural Deontic Logic? Synthese 65, pp. 257 – 274, 1985.

[52] A. J. I. Jones, Deontic Logic and Legal Knowledge Representation. In Expert Systems in Law, Bologna, 1989.

[53] A. J. I. Jones, Towards a Logic of Defeasible Deontic Conditionals. Annals of Mathematics and Artificial Intelligence, 9, pp. 151 – 166, 1993.

[54] A. J. I. Jones, M. Sergot, On the Characterisation of Law and Computer Systems: The Normative Systems Perspective. In J. – J. Meyer and R. Wieringa, editors, Deontic Logic in Computer Science. John Wiley & Sons, 1993.

[55] S. Kanger, New Foundations for Ethical Theory, In Hilpinen (ed.), Deontic Logic: Introductory and Systematic Readings (D. Reidel, Dordrecht), 1971. Originally published in 1957.

[56] S. Kraus, D. Lehmann, M. Magidor, Nonmonotonic Reasoning, Preferential Models and Cumulative Logics, Artificial Intelligence 44, pp. 167 – 207, 1990.

[57] E. J. Lemmon, Moral dilemmas, Philosophical Review 71, p. 152, 1962.

[58] D. Lewis, Counterfactuals. Blackwell, Oxford. Semantic Analysis for Dyadic Deontic Logic. In S. Stunland, Editor, Logical Theory and Semantical Analysis, pp. 1 – 14, 1973.

[59] D. Lewis, Semantic Analysis for Dyadic Deontic Logic, In: Logical Theory and Semantical Analysis, ed. S. Stunland (D. Reidel, Dordrecht, Holland), pp. 1 – 14, 1974.

[60] D. Makinson, General Patterns in Nonmonotonic Reasoning, In Gabbay, D. M., Hogger, C. and Robinson, J. (eds.), Handbook of Logic in

Artificial Intelligence and Logic Programming, vol. 3: Nonmonotonic Reasoning and Uncertain Reasoning, Oxford: Clarendon Press, pp. 35 – 110, 1994.

[61] L. T. McCarty, Modalities over Actions: Model Theory. In Proceedings of the Fourth International Conference on Principles of Knowledge Representation and Reasoning (KR'94), pp. 437 – 448, 1994.

[62] L. T. McCarty, Defeasible Deontic Reasoning, Fundamenta Informaticae 21, pp. 125 – 148, 1994.

[63] Paul McNamara, Deontic Logic. In Dov Gabbay and John Woods, Editors, Handbook of the History of Logic, pp. 197 – 288, Elsevier, 2007.

[64] Joke Meheus, Mathieu Beirlaen, Frederik Van De Putte, Avoiding Deontic Explosion by Contextually Restricting Aggregation. In G. Governatori, G. Sartor (Eds.), DEON 2010, LNAI 6181, pp. 148 – 165, 2010.

[65] J. J. Ch. Meyer, A Different Approach to Deontic Logic: Deontic Logic Viewed as a Variant of Dynamic Logic. Notre Dame Journal of Formal Logic 29 (1), pp. 109 – 136, 1988.

[66] J. J. Ch. Meyer, R. J. Wieringa, Deontic Logic: A Concise Overview. In J. – J. Meyer, R. Wieringa, Editors, Deontic Logic in Computer Science, John Wiley Sons, Chichester, England, pp. 1 – 16, 1993.

[67] J. D. Mullen, Does the Logic of Preference Rest on a Mistake? Metaphilosophy 10, pp. 247 – 255, 1979.

[68] P. H. Nowell – Smith, E. J. Lemmon, Escapism: The Logical Basis of Ethics. Mind 69, 1960.

[69] D. Nute, X. Yu, Introduction, In: Defeasible Deontic Logic, ed. D. Nute, Synthese Library, Vol. 263 (Kluwer, Dordrecht), pp. 1 – 16, 1997.

[70] D. Nute, Norms, Priorities, and Defeasibility. In P. McNamara and H. Prakken (eds.), Norms, Logics and Information Systems, IOS Press, Amsterdam, pp. 201 – 218, 1999.

[71] J. Pearl, From Conditional Oughts to Qualitative Decision Theory, In: Proceedings of the 9th Conference on Uncertainty in Artificial Intelligence (UAI'

93)(Morgan Kaufmann), pp. 12 - 20, 1993.

[72] L. Powers, Some Deontic Logicians, Nous, 1, pp. 380 - 400, 1967.

[73] H. Prakken, Logical Tools for Modelling Legal Argument. Doctoral Dissertation Free University Amsterdam, 1993.

[74] H. Prakken, M. J. Sergot, Contrary - to - duty Imperatives, Defeasibility and Violability. In Proceedings of the Second International Workshop on Deontic Logic in Computer Science ($\triangle$EON'94), A. J. I. Jones, M. J. Sergot, eds, pp. 296 - 318, Complex 1/94 NRCCL, Tano A. S., Oslo, 1994.

[75] H. Prakken, Two Approaches to the Formalisation of Defeasible Deontic Reasoning. Studia Logica, 57, pp. 73 - 90, 1996.

[76] H. Prakken, M. J. Sergot, Contrary - to - duty Obligations. Studia Logica, 57, pp. 91 - 115, 1996.

[77] H. Prakken, M. J. Sergot, Dyadic Deontic Logic and Contrary - to - duty Obligations, In: Defeasible Deontic Logic, ed. D. Nute, Synthese Library, Vol. 263, pp. 223 - 262, 1997.

[78] Alf Ross, Imperatives and Logic, Theoria 7, pp. 53 - 71, 1941.

[79] A. N. Prior, Escapism: The Logical Basis of Ethics. Essays in Moral Philosophy, ed. A. I. Melden, Seattle: University of Washington Press, p. 144, 1958.

[80] R. Reiter, A Logic for Default Reasoning, Artificial Intelligence 13, pp. 81 - 132, 1980.

[81] R. Routley, V. Plumwood, Moral Dilemmas and the Logic of Deontic Notions, In Paraconsistent Logic: Essays on the Inconsistent, G. Priest, R. Routley, J. Norman, eds., Philosophia Verlag, Munich, Hamden, Vienna, pp. 653 - 690, 1989.

[82] Y. Ryu, R. Lee, Defeasible Deontic Reasonig: A Logic Programming Model, In: Deontic Logic in Computer Science: Normative System Specification, Wiley, Chichester, UK, pp. 225 - 241, 1993.

[83] J. P. Sartre, ExistentialismIs a Humanism, Trans, Philip Mairet, in

Walter Kaufmann (ed.), Existentialism from Dostoevsky to Sartre, New York: Meridian. pp. 287 -311, 1957.

[84] P. K. Scotch, R. E. Jennings, Non - kripkean Deontic Logic. In R. Hilpinen (ed.): New Studies in Deontic Logic. Reidel, Dordrecht, pp. 149 - 162, 1981.

[85] Y. Shoham, Reasoning about Change, MIT Press, Cambridge, MA, 1988.

[86] Christian Straßer, Joke Meheus, Adaptive Versions of the Deontic Logics DPM. Presented at CLMPS 2007, Beijing.

[87] Christian Straßer, An Adaptive Logic Framework for Conditional Obligations and Deontic Dilemmas. http://ugent.academia.edu/ChristianStra%C3%9Fer/Papers.

[88] Y. H. Tan, L. W. N. van der Torre, DIODE: DeonticLogic Based on Diagnosis from First Principles. In Proceedings of the Workshop "Artificial Normative Reasoning" of the Eleventh European Conference on Artificial Intelligence (ECAI'94), Amsterdam, 1994.

[89] Y. - H. Tan, L. W. N. van der Torre, Representing Deontic Reasoning in a Diagnostic Framework. In Proceedings of the Workshop on Legal Applications of Logic Programming of the Eleventh International Conference on Logic Programming (ICLP'94), 1994.

[90] Y - H Tan, L. W. N. Van der Torre, Multi Preference Semantics for a Defeasible Deontic Logic, In A. Soeteman (eds.), Legal Knowledge Based Systems JURIX 94: The Foundation for Legal Knowledge Systems, Lelystad: Koninklijke Vermande, pp. 115 -126, 1994.

[91] Y. H. Tan, L. W. N. van der Torre, Why Defeasible Deontic Logic Needs a Multi Preference Semantics. ECSQARU, pp. 412 -419, 1995.

[92] Y. H. Tan, L. van der Torre, How to Combine Ordering and Minimizing in a Deontic Logic Based on Preferences. In Deontic Logic, Agency and Normative Systems. Proceedings of the Third International Workshop on Deontic Logic in Computer Science (Deon'96), Springer, Workshops in Computing,

pp. 212 – 232, 1996.

[93] F. Jackson, On the Semantics and Logic of Obligation, Mind 94, pp. 177 – 196, 1985.

[94] L. van der Torre, Violated Obligations in a Defeasible Deontic Logic. In Proceedings of the Eleventh European Conference on Artificial Intelligence (ECAI'94), pp. 371 – 375, 1994.

[95] van der Torre, Yao – Hua Tan, Prohairetic Deontic Logic and Qualitative Decision Theory. In Proceedings of the AAAI Spring Symposium on Qualitative Approaches to Deliberation and Reasoning, 1997.

[96] Prohairetic Deontic Logic and Qualitative Decision Theory. In Proceedings of the AAAI Spring Symposium on Qualitative Approaches to Deliberation and Reasoning, 1997.

[97] van der Torre, Yao – Hua Tan, Prohairetic Deontic Logic (PDL). Prohairetic Deontic Logic (PDL). JELIA, pp. 77 – 91, 1998.

[98] L. van der Torre, Y. Tan, Contrary – To – Duty Reasoning with Preference – based Dyadic Obligations. Annals of Mathematics and Artificial Intelligence, 27, pp. 49 – 78, 1999.

[99] L. Wang, The Detachment Problem of Conditional Obligations, Paper Presented at the 2008 Annual Conference of Taiwan Philosophy Association, National Cheng – Chi University, October, pp. 25 – 26, 2009.

[100] G. H. von Wright, Deontic Logic. Mind, 60, pp. 1 – 15, 1951.

[101] G. H. Von Wright, A Note on Deontic Logic and Derived Obligation. Mind 65. pp. 507 – 509, 1956.

[102] G. H. von Wright, A New System of Deontic Logic. In Danish Yearbook of Philosophy 1, pp. 173 – 182, 1964.

[103] G. H. von Wright, A New System of Deontic Logic, In: Deontic Logic: Introductory and Systematic Readings, ed. R. Hilpinen (D. Reidel, Dordrecht, Holland, pp. 105 – 120, 1971.

[104] G. H. von Wright, Deontic Logic—as I See It, In Norms, Logics and Information Systems—New Studies in Deontic Logic and Computer Science, 1998.

后　记

本书是我近年来思考法律逻辑与法律思维这个主题的结集。最初是在我主持的教育部人文社会科学基金一般项目"自适应道义逻辑研究"（13YJAZH131）下展开的，后来以《实现法治的逻辑基础》一书结项。在此期间，我主持了山东省高等学校本科教学改革研究课题"大学生理性思维培养与评估体系研究"（B2016Z017），基于我的教学工作主要在法学院，所做的探究及思考主要集中在法学领域，所以大学生的理性思维也相应地被限定在法律思维方面，因此，也可以算作是该项目的研究成果。本书各章内容看起来虽然有些过于宽泛，但都还在理性思维这个主题之下，鉴于我一直坚持的大逻辑观，对于我国当下持各种逻辑观念而各自为政的法律逻辑研究现状，应当仍有一些意义。

在此，对支持本人学术思考的相关部门表示真挚的感谢。需要特别指出的是，本书第九章、第十章为我与山东大学博士研究生贾建军合著，经贾建军本人同意结集在本书，对此深表感谢！

张传新

2021 年 11 月 6 日